1001
DICAS
DE PORTUGUÊS

Manual descomplicado

Consulte nosso catálogo completo e últimos lançamentos em **www.editoracontexto.com.br**.

1001 DICAS DE PORTUGUÊS

Manual descomplicado

DAD SQUARISI
PAULO JOSÉ CUNHA

editoracontexto

Todos os direitos desta edição reservados à
Editora Contexto (Editora Pinsky Ltda.)

Montagem de capa e diagramação
Gustavo S. Vilas Boas

Preparação de textos
Lilian Aquino

Revisão
Karina Oliveira

Dados Internacionais de Catalogação na Publicação (CIP)
Angélica Ilacqua CRB-8/7057

Squarisi, Dad
1001 dicas de português : manual descomplicado /
Dad Squarisi e Paulo José Cunha. – 1. ed., 5ª reimpressão. –
São Paulo : Contexto, 2023.
320 p.

ISBN 978-85-7244-908-3

1. Língua portuguesa - Gramática 2. Redação I. Cunha,
Paulo José

15-0653	CDD 469.5

Índice para catálogo sistemático:
1. Língua portuguesa - Gramática

2023

EDITORA CONTEXTO
Diretor editorial: *Jaime Pinsky*

Rua Dr. José Elias, 520 – Alto da Lapa
05083-030 – São Paulo – SP
PABX: (11) 3832 5838
contato@editoracontexto.com.br
www.editoracontexto.com.br

ENFIM, UM MANUAL PRÁTICO, INFORMATIVO E DIVERTIDO

Quem escreve sabe a dificuldade que enfrenta para esclarecer rapidamente uma dúvida de português. Os manuais à venda, em sua maioria, oferecem verdadeiros minicursos de gramática. Objetividade que é bom, nada. Resultado: até sanar a dúvida, a inspiração e a paciência já deram adeus. Ora, quem precisa tirar uma dúvida enquanto escreve é que nem alguém que sofreu um corte na altura do fêmur, precisa conter o sangramento e fazer um curativo de emergência. Não dispõe de tempo pra compulsar gordos compêndios de medicina até descobrir como usar gaze e esparadrapo. Não dispõe de uma grande quantidade[1] – ou seria quantia? – de tempo para saber se a forma correta é femural ou femoral.[2] Precisa é saber como resolver o problema e ponto-final.

Além disso, via de regra, os tira-dúvidas do mercado são complexos e eruditos. Este *1001 dicas de português* contém o mínimo indispensável de informações para salvar um redator em apuros. Não pretende glamourizar [3] – ou seria glamurizar? – o ato de escrever. Numa comparação ligeira, é ágil como um adolescente de tênis disputando corrida com uma dondoca de sapato salto 15. Bem-humorado, não quer criar uma confusão monstro[4] – ou seria uma confusão monstra? – para dirimir uma dúvida. Com verbetes em ordem alfabética, é bem fácil de ser consultado. Xô, confusão!

Divertido, não quer ser seriíssimo[5] – ou seria seríssimo? – como os manuais de regras de português que a gente encontra por aí. A ideia foi produzir um tira-dúvidas eficiente, prático, informativo e bem-humorado. A fórmula que orientou sua feitura é simples: informação precisa e direta, associada a curiosidades sobre palavras e expressões. As duas bem coladas, juntinhas como irmãos xifópagos[6] – ou deveria escrever xipófagos? Ou é melhor esquecer e dizer logo *irmãos siameses*? Por falar nisso, será que alguém sabe de onde veio a expressão *irmãos siameses*?[7]

1001 dicas de português não se destina a esta ou àquela categoria de leitor. É igualmente útil para o jornalista e para o estudante; para o advogado e para o funcionário público; para o ministro e para o redator dos discursos do presidente da República. E até para alguém que suspira de amor, precisa urgentemente conquistar aquela criatura e não pode errar na hora de enviar um e-mail apaixonado pra ela. É útil também para poetas insones que, de repente, tropeçam na pedra da dúvida, esquecida no meio do caminho da inspiração. E também para quem quer apenas se divertir lendo algumas curiosidades.

Boa leitura. Com menos dúvidas, o texto flui, leve e solto!

Notas

[1] Só se usa *quantia* para dinheiro. O certo, na frase lá de cima, é *quantidade* de tempo (p. 241).

[2] Apesar de se referir a *fêmur*, a forma correta é *femoral* (p. 125).

[3] Nem *glamourizar* nem *glamurizar*: a palavra correta é *glamorizar* (p. 138).

[4] O correto é *confusão monstro*. Como adjetivo, *monstro* não se flexiona em gênero nem em número (p. 197).

[5] Escreve-se *seriíssimo* (p. 262).

[6] O certo é *xifópago* (p. 306).

[7] *Siamês* é quem vem ao mundo no Sião, hoje Tailândia. Lá nasceram, em 1811, os gêmeos Chan e Eng, unidos um ao outro por uma membrana na altura do tórax. Os irmãos siameses viveram 63 anos. A medicina da época não dispunha de meios para separá-los (esta curiosidade está na p. 306).

ALFABETO

No delicioso baião "ABC do sertão", Luiz Gonzaga cnsina: "Lá no meu sertão / pros caboclo ler / têm que aprender / outro ABC / o jota é ji, o ele é lê / o esse é si, / mas o erre/ tem nome de rê".

O abecedário era ensinado com uso das famosas *Cartilhas do ABC*, livrinhos de capa mole do tamanho de um folheto de cordel, ilustrados com desenhos toscos. Em comparação com os livros didáticos de hoje, pareciam o primeiro estágio da civilização depois dos papiros e pergaminhos. Mas era divertido.

Minha avó contava duas histórias ótimas. Aprendia-se a soletrar dizendo o nome das letras de cada sílaba. Assim: gê-á, ga; tê-ó, to = gato. Dê-á, da; de-ó, do = dado. E assim por diante. Delícia era ouvir a cantiga dos meninos. Na cartilha havia o desenho de um copo e, ao lado, a palavra correspondente: copo.

Quem tivesse estudado a lição sabia. Mas quem tivesse malandrado... Tudo ia bem até a professora tomar a lição de um aluno metido a esperto. Soletrou: cê-ó, co; pê-ó, po =... E o camarada, nada. Repetiu: cê-ó, co; pê-ó, po... e nada. Até surgir um ar de iluminação na cara do infeliz:

– Essa é fácil, professora: cê-ó, có; pê-ó, pó = caneco!

A turma se desmanchou na risada. Pior foi no dia da soletração da letra cê. Lá ia bem a toada: cê-á, cá; cê-é, ce; cê-i, ci; cê-ó, co; cê-u, cu.

– Cê-u, cu? O seu, o seu! O meu não! Quá, quá, quá!

Pronto, não dava mais pra continuar. Fim da aula.

1. Etimologia de alfabeto

A palavra *alfabeto* nasceu na terra de Platão e Aristóteles. Formaram-na dois vocábulos da mesma origem. Um: alfa, a primeira letra do alfabeto grego. O outro: beta, a segunda. Abecedário é o sinônimo latino. Vem de *abc*.

2. Criação do alfabeto

Os gregos batizaram o alfabeto, mas não o criaram. Tampouco os fenícios, que o espalharam mundo afora e ficaram com a fama de genitores. Os pais da criança foram os egípcios. Antes da novidade, a ideia era representada por símbolos. O povo dos faraós lançava mão dos hieróglifos. Os babilônios, da escrita cuneiforme. Ainda hoje chineses não têm letras, mas ideogramas.

3. As letras

As 26 letras que formam o alfabeto português jogam no time masculino. Podem ter duas faces – maiúscula e minúscula. Cinco delas são vogais. Vinte e uma, consoantes. Escrevê-las e pronunciá-las como mandam os mestres pega tão bem quanto usar cinto de segurança, agradecer uma gentileza e dar bom-dia ao entrar no elevador.

4. Grandonas e miúdas

Eis as senhoras letras: aA, bB, cC, dD, eE, fF, gG, hH, iI, jJ, kK, lL, mM, nN, oO, pP, qQ, rR, sS, tT, uU, vV, wW, xX, yY, zZ.

5. A senhora vogais

Piauiense e *tuiuiú* são as palavras que reúnem o maior número de vogais em sequência da língua portuguesa. As de *piauiense* são mais variadas.

6. A taça vai para...

Pneumoultramicroscopicossilicovulcanoconiótico. O que é isso? É a palavra mais longa da nossa língua.

7. De trás pra frente
Assim como no alfabeto árabe, no hebraico os textos são escritos da direita para a esquerda.

8. O menorzinho
O alfabeto havaiano é o menor do mundo. Só tem 13 letras: cinco vogais e oito consoantes.

9. Português é moleza
Difíceis as regrinhas do nosso português? Pois os japoneses têm de aprender a falar e escrever a língua de três formas diferentes: em Hiragana e Katakana, em que sinais representam sílabas; e em Kanji, em que mais de 40 mil desenhos formam um "alfabeto" de símbolos que representam ideias e conceitos. Só quem conhece pelo menos o significado de 1.945 kanjis é considerado "alfabetizado" no Japão.

10. Campeões e lanterninhas
Na língua portuguesa, a letra mais frequentemente usada é a vogal A (14,3%). A de menor ibope é o U (4,63%). A consoante mais comum é o S (7,81%). A mais rara, o W (0,01%).

11. Nas nuvens
O alfabeto aeronáutico é utilizado por pilotos e controladores de voo. Para facilitar a compreensão via rádio, cada letra e cada número corresponde a uma palavra. Por exemplo: se uma aeronave tiver o prefixo TAM JJ3016, o piloto identificará o avião assim: TAM Juliet Juliet Três Zero Uno Meia. Os pilotos não falam *seis* porque a pronúncia, parecida com *três*, pode confundir quem ouve.

12. De Á a Z
O alfabeto completo da aviação, em português, é o seguinte: A – Alpha; B – Bravo; C – Charlie; D – Delta; E – Echo; F – Foxtrot; G – Golf; H – Hotel; I – Índia; J – Juliet; K – Kilo; L – Lima; M – Mike; N – November; O – Oscar; P – Papa; Q – Quebec; R – Romeo; S – Sierra; T – Tango; U – Uniform; V – Victor; W – Whiskey; X – Xray; Y – Yankee; Z – Zulu.

13. Traços e pontos
No alfabeto Morse, criado pelo norte-americano Samuel Morse, as letras são representadas por pontos e traços, capazes de ser transmitidos pelo telégrafo ou por lampejos, apitos, batidas. O ponto significa sinal breve; o traço, sinal longo.

14. Que fora!
Uma vez, o compositor Lamartine Babo, autor de "O teu cabelo não nega" e "Rancho Fundo", foi aos Correios passar um telegrama. O telegrafista bateu o lápis na mesa, em morse, para um colega: "Magro e feio". Lalá, como era conhecido, tirou um lápis do próprio bolso e bateu no balcão: "Magro, feio e ex-telegrafista".

11

15. Palavras vivas

A fonoaudióloga Mara Neubart ama as palavras. Dá-lhes vida e sentimento. Os vocábulos escritos com *b*, diz ela, são redondos (bola, bomba). Os com *p* são saltitantes (pipoca, pororoca). Com *m*, amorosos (mãe, mulher, mulata).

á – Nome da primeira letra do alfabeto. O plural é *ás* ou *aa*: *Leu o texto de á a zê. Não disse nem á nem bê.*

a / há – 1. Na referência a tempo, a preposição **a** indica futuro: *O curso se inicia daqui a dois dias. A dois meses das eleições, não se tem a definição dos favoritos. O filme começa daqui a pouco.* 2. **Há** exprime passado: *Chegou há pouco. Moro em Natal há oito anos. Há anos ele preside a empresa.*

Curiosidades

O tempo

O tempo dá coceira. Ninguém fica indiferente a ele. Tasso, lá por 1500, encontra-lhe uma aplicação: "Perdido está todo o tempo que em amor não se gasta". "Tempo é dinheiro", responde-lhe Teodore Wanke quatro séculos depois. "O que o tempo traz de experiência não vale o que leva de ilusões", avalia Gabriel Pomeland. "És um senhor tão bonito quanto a cara do meu filho", compara Caetano. Machado de Assis não deixa por menos. "Matamos o tempo: o tempo nos enterra".

a / o – Veja *lhe / o.*

a baixo / abaixo – **A baixo** = movimento da posição superior à inferior ou da inferior à superior: *Olhou-a de alto a baixo. A cortina rasgou-se de alto a baixo. O policial observou o suspeito de cima a baixo.* **Abaixo** = em lugar menos elevado. É o contrário de *acima*: *A casa veio abaixo. A correnteza levava o barco rio abaixo. A temperatura está abaixo de zero.*

a cores / em cores – **A cores** não existe. Xô! A expressão é **em cores**: *TV em cores, reprodução em cores.*

MANHAS DA Língua

Você diz transmissão em cores? Revista em cores? Pôster em cores? Filme em tecnicolor? Por que discriminar a tevê? A tevê é, também, em cores. A outra coitada, aquela que ninguém conhece mais? É ela mesma – tevê em preto e branco.

à custa de / as custas

à custa de / as custas – **À custa de** = com sacrifício, dano ou prejuízo de alguém ou algo: *Formou-se à custa de muito esforço. Desenvolvimento à custa do meio ambiente. Vive à custa dos pais. Burro empacado não anda nem à custa de pancadas*. **As custas** = despesa feita em processo judicial: *Cabe a ele pagar as custas do processo*.

à distância / a distância

à distância / a distância – Só se usa crase quando o substantivo *distância* estiver determinado: *Vigie-a discretamente, a distância. Vigie-a discretamente, à distância de uns 200 metros. Vi a criança à distância de 200 metros. Vi a criança a distância. Treinamento a distância. Curso a distância*.

a fim de / afim

a fim de / afim – **A fim de** = *para*, ou *com vontade de*: *A fim de melhorar a pronúncia, ouvia música americana. Clara não está a fim de viajar. Você está a fim? Não, não estou a fim*. **Afim** = afinidade, parentesco: *disciplina afim, parentes afins, gostos afins*.

- **Diálogo**
- João: – Vamos ao cinema?
- Rafa: – Não estou a fim.
- João: – Você está a fim de fazer o quê?
- Rafa: – Estou a fim de ver um filminho em casa.
- João: – Filminho em casa ou no cinema são afins. Estou indo aí assistir com você.

à frente / em frente / na frente

à frente / em frente / na frente – **À frente** = na dianteira, na vanguarda; na direção, no comando: *O queniano passou à frente na corrida. O papa mantém-se à frente da Igreja*. **Em frente de** = diante, defronte, perante, na presença de: *Falou na frente de todos, sem constrangimento. Estava em frente de casa, perto do portão*. **Na frente de** = antes, anteriormente: *Chegou ontem, três dias na frente do adversário*.

a gente / agente

a gente / agente – **A gente** significa *nós*, mas exige o verbo na 3ª pessoa do singular: *A gente vai sair mais tarde. A gente conseguiu entrar no cinema. Falou com a gente ontem à noite*. **Agente** é o ser que executa uma ação: *O agente penitenciário mantém a ordem na prisão. O mais conhecido agente secreto é o inglês 007. É fácil identificar o agente da passiva*.

- **Barriga cheia**
- *"A gente nasce com um montão de palavras na barriga. Na vida,*
- *vai falando e gastando o estoque. Quando todas acabam, a gente*
- *morre"* (pensamento africano).

à medida que / na medida em que – **À medida que** = à proporção que. **Na medida em que** = porque, pelo fato de que, uma vez que, tendo em vista: *À medida que as investigações avançam, mais indícios incriminam o marido da vítima. Minha redação melhora à medida que escrevo mais e mais. A dengue se alastra na medida em que não se combatem os focos do mosquito transmissor. Aumentaram os casos de desidratação na medida em que a umidade relativa do ar chegou a níveis críticos.* Cuidado com os cruzamentos. Parte de uma estrutura se junta a parte de outra. Nascem os mostrengos *à medida em que* ou *na medida que*. Xô, satanás! Acuda-nos, Senhor! Pra não cair em tentação, lembre-se do 8 ou 80. *À medida que* não tem a preposição *em*. *Na medida **em** que* tem duas.

a menos que – Significa *a não ser que, salvo se.* Confere à frase sentido negativo: *Não passará na prova a menos que haja um milagre. Viajarei na segunda-feira a menos que haja reforma ministerial. Não ficará curado a menos que faça o tratamento com seriedade.*

à mesa / na mesa – *Gente educada senta-se **à mesa** e põe os pratos **na mesa**. Espalha os livros na mesa para estudar.*

Curiosidades

Na mesa, à mesa
Em entrevista à *Veja*, Fernando Henrique quis dar exemplo de democracia e tolerância. "Na minha casa", contou ele, "havia uma senhora, filha de escrava do meu bisavô, que era próxima da família. Ela comia na mesa, o que naquele tempo era inacreditável". Ops! É inacreditável até hoje. *Comer na mesa* quer dizer mais ou menos isto: pôr a comida sobre a mesa – direto, sem prato. A mulher, quis dizer FHC, comia à mesa. É o mesmo que sentar-se. Nós sentamos à mesa. Sentar na mesa é assentar o bumbum na companhia de copos, pratos, talheres, arroz, feijão e bife.

a meu ver – Expressões usadas com pronome possessivo dispensam o artigo: *a meu ver, a meu lado, a seu pedido, a nosso bel-prazer* (não: ao meu ver, ao meu lado, ao seu pedido).

a não ser – Equivale a *salvo, senão.* É invariável: *Nada sobrou da festa a não ser frutas.*

a palácio / ao palácio – **A palácio** se usa quando a pessoa tem audiência na casa do todo-poderoso: *O deputado foi a palácio tratar das emendas.* **Ao palácio**, se a criatura só faz uma visitinha: *Na viagem, os turistas se dirigiram ao palácio presidencial – uma das atrações do roteiro.*

- **A palácio ou ao palácio?**
- Bateu um desejo na primeira-dama. Marisa Letícia morreu de von-
- tade de dar uma voltinha no Palácio do Planalto. Os assessores es-
- tremeceram só de pensar na nota à imprensa. Deveriam dizer que a
- senhora Lula da Silva iria a palácio ou iria ao palácio? Consulta daqui e dali, eis
- a resposta: como só ia fazer uma visitinha pra matar o tempo, ela ia ao palácio.

a par / ao par – **A par** = expressão invariável que equivale a *ciente, informado, inteirado do que se passa*: *Estou a par dos comentários que circulam na Esplanada. O presidente está a par das reivindicações dos grevistas.* **Ao par** = *estar emparelhado, em equivalência de valor* (título ou moeda de valor idêntico): *O dólar esteve ao par do real. A pesquisa chinesa não está ao par da norte-americana.*

a partir de / desde – **A partir de** é expressão de tempo. Quer dizer *a começar em*. Por isso, *a partir de* não combina com o verbo *começar*. É pleonasmo escrever "Os novos ônibus vão começar a circular a partir de 1º de dezembro". Diga as-sim: *Os novos ônibus vão começar a circular em 1º de dezembro.* Ou assim: *Os novos ônibus vão circular a partir de 1º de dezembro.* **Desde** indica tempo passado. Pode aparecer sozinha ou combinada com *até*: *Está no Brasil desde dezembro de 1993. Trabalhou desde o amanhecer até a meia-noite.*

- Esta é do Galvão Bueno. O homem não cansa de anunciar: "Participação especial do comentarista desde Paris". "Transmitiremos a partida desde Dubai para o Brasil." *"Falo desde Londres para o mundo."* E por aí vai. A conclusão é uma só. Ele deve estar ouvindo espanhol sem parar. Na língua de Cervantes, a preposição *desde* significa "de determinado lugar". No idioma de Camões, a coisa muda de figura. *Desde quer dizer a começar de, a partir de: Moro em São Paulo desde 2010. Trabalho desde os 14 anos.* Em bom português, nosso narrador global teria dito: *Participação especial do comentarista diretamente de Paris. Transmiti-remos a partida de Dubai para o Brasil. Falo de Londres para o mundo.*
- Veja esta: "O vinho é feito a partir da uva". Na verdade, o vinho é feito da uva, assim como a cachaça é feita da cana e o uísque do malte. Fuja do modismo.

a ponto de – É a construção correta, não *ao ponto de*.

a primeira vez que, a segunda vez que, a última vez que – Ex-pressões temporais, as danadinhas dispensam a preposição *em* antes do *que*: *A primeira vez que vi Maria* (não: *a primeira vez em que vi Maria*).

Teresa
A primeira vez que vi Teresa
Achei que ela tinha pernas estúpidas
Achei também que a cara parecia uma perna
Quando vi Teresa de novo
Achei que os olhos eram muito mais velhos que o resto do corpo
(Os olhos nasceram e ficaram dez anos esperando que o resto do corpo nascesse)
Da terceira vez não vi mais nada [...]
(Manuel Bandeira)

a princípio / em princípio – **A princípio** = no começo, inicialmente: *A princípio o Brasil era o favorito das apostas. Depois da partida de estreia, deixou de sê-lo. Toda conquista é, a princípio, muito excitante. Com o tempo, pode mudar de figura.* **Em princípio** = teoricamente, em tese, de modo geral: *Em princípio, toda mudança é benéfica. Estamos, em princípio, abertos às novidades tecnológicas.*

a sós – Sempre no plural: *Maria prefere viver a sós* (sozinha). *Moramos a sós no mesmo apartamento* (sozinhos).

à toa – É locução adverbial ou adjetiva: *andar à toa, estar à toa, correr à toa, conversar à toa, leitura à toa, trabalho à toa.* Chico Buarque cantou: "Estava à toa na vida / O meu amor me chamou / Pra ver a banda passar / Cantando coisas de amor". Manuel Bandeira poetou: "Andorinha lá fora está dizendo:/ — Passei o dia à toa, à toa!/ Andorinha, andorinha, minha cantiga é mais triste! Passei a vida à toa, à toa…"

Toa
Sabia? *Toa* é a corda com que uma embarcação reboca outra. O navio que está à toa não tem leme nem rumo. Vai pra onde o navio que o reboca determinar.

a toda prova – Sem crase.

a ver / haver – **A ver** = significa *ter relação*: *Minha história tem tudo a ver com a de Paulo. Este fato não tem nada a ver com aquele. O que uma coisa tem a ver com a outra?* **Haver** = verbo: *Deve haver 3 milhões de estudantes fora da sala de aula. O emprego do verbo haver oferece dificuldade aos estudantes. Vai haver aula amanhã?*

abaixar / baixar – São sinônimos. Mas há empregos em que só o *baixar* tem vez. 1. quando o verbo for intransitivo (a temperatura baixou, o nível da água baixa na seca, o preço da carne baixará); 2. no sentido de expedir (o presidente baixa decreto, o secretário baixou portarias, o ministro baixa instruções). 3. Na expressão "baixar programas na internet". No mais, com objeto direto, um ou outro verbo têm uso corrente: *baixou (abaixou) a voz, baixa (abaixa) o preço, baixou (abaixou) o volume do som.*

abaixo-assinado / abaixo assinado – **Abaixo-assinado** = o documento. **Abaixo assinado** = signatário: *Os manifestantes entregaram o abaixo-assinado ao presidente. João da Silva, abaixo assinado, solicita...* Plural: *abaixo-assinados, abaixo assinados.*

Abaixo-assinado quer dizer isto, sem tirar nem pôr: assinar abaixo. A duplinha tem irmãozinho pra lá de repetido. "Assino embaixo", dizemos quando concordamos com uma afirmação em gênero, número e grau.

ABC / abc / á-bê-cê / abecê – Abecedário. Plural: á-bê-cês; abecês: *Ele ainda estuda o á-bê-cê* (os abecês).

- **A cedilha**
- Sabia? A cedilha nasceu na Espanha. Vem da palavra *cedilla*,
- diminutivo de *ceda* (nome do z na língua de Cervantes). O pe-
- queno z se colocava sob o c pra indicar que a letra correspondia
- ao som de [s]. O castelhano abandonou o sinalzinho no século 18.
- Mas ele se mantém em português, catalão e francês.

abdicar – Pede a preposição *de*: *Ninguém abdica do poder sem dor.*

abdome / abdômen – As duas formas estão corretas. Prefira *abdome*. Mais simples, não dá chance ao azar. Plural: abdomes, abdomens (sem acento, como hifens e edens), abdômenes.

abolir – Verbo defectivo, é pra lá de preguiçoso. Só se conjuga nas formas em que o *l* é seguido de *e* ou *i*. Por isso não tem a primeira pessoa do singular do presente do indicativo, o presente do subjuntivo e o imperativo negativo: *aboles, abole, abolimos, abolem; aboli, aboliu, abolimos, aboliram; abolia, abolias, abolíamos, aboliam; abolisse; abolirei; aboliria.* E por aí vai.

a.C. – antes de Cristo. Olho vivo! Só o C, de Cristo (nome próprio), se escreve com maiúscula. A preposição *antes* não tem nada com isso.

Jesus e o menor esforço

Jesus não foi pouca coisa. O nascimento do garotinho mudou a referência do tempo. Os acontecimentos anteriores à vinda dele receberam a marca *antes de Cristo*. Os posteriores, *depois de Cristo*. Mesmo sendo quem é, o filho de Deus não escapou da lei do menor esforço. As abreviaturas pediram passagem e se instalaram – *a.C* e *d.C.* Desse jeitinho: o *a* e o *d* minúsculos. O *C*, majestosamente maiúsculo.

aborígene / aborígine – As duas formas estão certinhas. Você escolhe.

abraçar – Verbo transitivo direto. A gente abraça alguém: *Abracei João. Abracei-o com amizade.*

abreviação / abreviatura – **Abreviação** = processo que reduz a palavra até o limite de sua compreensão. É o caso de *fotografia (foto), cinema (cine), motocicleta (moto), pneumático (pneu), microcomputador (micro), refrigerante (refri), Pelourinho (pelô), Belo Horizonte (Belô)*. **Abreviatura** = representação de uma palavra por meio de algumas de suas letras ou sílabas: *apartamento (ap.), página (p. ou pág.), metro (m), hora (h).*

MANHAS DA Língua

- A família rapidinha pertence ao clã dos impacientes. *Abreviar* é um dos seus membros. *Breviário*, outro. *Abreviatura*, mais um. Todos são filhos do mesmo pai – o senhor *breve*. A dissílaba significa *de pouca duração* ou *de pouca extensão*. Opõe-se a comprido, extenso, prolixo.
- A língua colabora com os apressadinhos. Dá, mas cobra. Impõe regras pra usar as pequeninas. As formadas pela diminuição de palavras têm três exigências. Uma: o ponto final. Outra: o *s* do plural. A última: o acento da grandona original: *caps., págs., cias., sécs.*
- Nem todos são iguais perante as imposições. Alguns, mais iguais, gozam de tratamento diferenciado. Dispensam o ponto e o *s* indicador de plural as abreviaturas de hora, minuto, segundo, metro, quilograma, litro e respectivos derivados (quilômetro, grama, decilitro): *11h30, 55km, 10dl.*
- A abreviatura de hora é *h*; de minuto, *min*; e segundo, *s* (sem ponto). Não se observam espaços entre o número e a abreviatura: *5h, 5h25, 5h25min30* (só se escreve *min* se forem especificadas as horas até segundo. Em cronometragem esportiva, usam-se as abreviaturas *min* e *s*, mas milésimos de segundo dispensam indicação).

- Cuidado: Não abrevie medidas do sistema decimal como se fossem horas. Use vírgula: *1,60m* (não 1m60), 5,8kg, 10,5l.
- A abreviatura dos meses leva ponto quando escrita em letra minúscula e dispensa-o quando grafada em maiúsculas (jan., JAN).
- Televisão? Que palavra comprida! Que tal encurtá-la? Há dois caminhos. Um: a dissílaba *tevê*. O outro: *TV*. Assim, letras maiúsculas. Não escreva Tv. A pobrezinha fica manca.

absolver / absorver – **Absolver** = perdoar, remir: *O juiz absolveu o réu*. **Absorver** = sorver, consumir: *A terra seca absorveu a água rapidamente. O esforço lhe absorveu a energia.*

abster-se – É derivado de ter. Um e outro se conjugam do mesmo jeitinho, observadas as regras de acentuação: *eu me abstenho, ele se abstém, nós nos abstemos, eles se abstêm; eu me abstive, ele se absteve, nós nos abstivemos, eles se abstiveram; se eu me abstiver, ele se abstiver, nós nos abstivermos, eles se abstiverem; eu me tenho abstido; ele está se abstendo.*

acabamento final – É senhor pleonasmo. Basta acabamento.

acaso / caso – Ambas indicam condição. Mas têm empregos diferentes. **Acaso** pede a conjunção *se*; **caso** dispensa-a: *Se acaso você chegasse a tempo, poderia ir à festa. Se acaso você antecipar o trabalho, resolverá o problema. Caso você chegasse a tempo, poderia ir à festa. Caso você antecipe o trabalho, resolverá o problema.*

acautelar-se – Pede a preposição *com*: *Acautele-se com as paixões avassaladoras.*

aceder – Rege a preposição *a*: *O prefeito acedeu ao apelo da população.*

aceitado / aceito – Use **aceitado** com os auxiliares *ter* e *haver* (havia aceitado, tinha aceitado) e **aceito** com os verbos *ser* e *estar* (foi aceito, estava aceito).

A língua tem verbos generosos. Abundantes, eles oferecem dois particípios. Um, terminado em -ado ou -ido, é regular (amado, vendido, partido). O outro, mais curtinho, irregular. Como usá-los? Depende da companhia. Com os auxiliares *ser* e *estar*, é a vez do pequeno. Com *ter* e *haver*, do grandão: *Ele já havia aceitado os termos do contrato quando soube das mudanças. O contrato foi aceito. Paulo tinha imprimido o nome em todos os cartões. O nome está impresso.*

acender / acender-se – Alguém acende a luz, mas a luz se acende: *Maria acendeu a luz. Sem que ninguém percebesse, a luz se acendeu. Terminado o ato, as cortinas se fecharam e as luzes se acenderam.* (Veja *aceitado / aceito.*)

acendido / aceso – **Acendido** = usa-se com os auxiliares *ter* e *haver.* **Aceso** = usa-se com os auxiliares *ser* e *estar: Antes de entrar, tinha (havia) acendido a luz. A luz foi (está) acesa com antecedência.* (Veja *aceitado / aceito.*)

acento / assento – **Acento**: sinal gráfico (agudo, grave, circunflexo). **Assento**: lugar onde se senta (assento preferencial, assento na ABL, assento dianteiro).

• O acento tônico pode ter acento gráfico. (Aí entram as regras apresentadas a seguir.) Em português só há dois: o agudo (avó) ou o circunflexo (avô). Eles são altamente seletivos. Recaem na sílaba tônica. O agudo informa que o som é aberto. Manda escancarar a boca (sofá, café, fósforo). O circunflexo fecha o timbre (lâmpada, você, complô).

E o til? É sinal de nasalidade. Diz que o nariz entra na jogada. Ao pronunciar a sílaba, por ele sai parte do ar (compare: Irma, irmã). Se a palavra não tiver acento (agudo ou circunflexo), o til faz a festa. Cai na sílaba tônica. É o caso de *coração, cidadã.* Com acento, cessa tudo o que a musa antiga canta. O sinalzinho perde a majestade. O acento é que indica a sílaba tônica. *Órgão* e *órfã* são exemplos. A sílaba tônica é *ór.*

O acento grave não tem nada com a sílaba tônica. Sua função é outra: indicar a fusão de dois *aa* (crase). É isso. Com os acentos, vale a regra: um é bom, dois é demais.

• Tamanho é documento? Nem sempre. Na língua de Camões, as letras maiúsculas não gozam de privilégio. Acentuam-se normalmente: *África, Índia, Érica.*

acentuação gráfica – As palavras com mais de uma sílaba têm a sílaba tônica. A fortona às vezes vem acentuada. É o caso de *lâmpada, táxi, café.* Às vezes dispensa o acento. Valem os exemplos de *casa, tupi, sereno.*

• Quando o português usava fraldas, era pra lá de difícil acertar a sílaba tônica dos vocábulos. Rubrica ou rúbrica? Nobel ou Nóbel? Que rolo! As palavras, então, se reuniram em conselho. Discute daqui, briga dali, firmaram este acordo:

Artigo 1° – As terminadas em **a**, **e** e **o**, seguidas ou não de **s**, são paroxítonas.

Artigo 2° – As terminadas em **i** e **u**, seguidas ou não de qualquer consoante, são oxítonas.

Artigo 3° – Quem se opuser ao acordo será punido com acento gráfico. Conclusão: só se acentuam as palavras rebeldes. As primeiras a reclamar foram as proparoxítonas. Se aderissem, desapareceriam da língua. É que não sobrou nenhuma vogal para elas. Por isso todas são acentuadas.

- Em decorrência do acordo, acentuam-se:

    1. as proparoxítonas sem exceção: *rítmico, álibi, satélite, vendêssemos, partíamos, fósforo*;

    2. as oxítonas terminadas em a) *a*, e *o*, seguidas ou não de *s*: *está, estás, cantá-la, vendê-lo, vocês, compô-lo, compôs*, e b) *em, ens*: *alguém, contém, contéms, armazéns*;

    3. as paroxítonas terminadas em a) *a, e* e *o* seguidas de consoante diferente de *s*: *tórax, revólver, Nélson* (exceção: paroxítonas terminadas em *am, em* e *ens*: amam, jovem, jovens, item, itens). b) *i* e *u* seguidas ou não de qualquer consoante: *táxi, fácil, álbum, álbuns*; c) ditongo: *órgão, órfãos, pônei*; d) *ã, ãs*: *imã, imãs, órfã, órfãs*.

- No pacto, ficou acertado que as terminadas em *x* são oxítonas. O acento tônico cai na última sílaba. É o caso de *inox, pirex, xerox*. Mas, no reino dos vocábulos como no dos homens, há os rebeldes. Alguns querem ser diferentes. Desrespeitam o trato. Invejosos, torcem pelas paroxítonas. Tudo bem. Só que precisam do acento. O sinalzinho gráfico avisa que eles mudaram de time. Eis alguns vira-casacas: *Félix, ônix, tórax, fênix*.

- *Órgão* e *órfã* têm dois acentos? Não. Na nossa linguinha, as palavras com mais de uma sílaba têm uma que soa mais forte. É a sílaba tônica, que nem sempre tem acento. Nas oxítonas, ele cai na última sílaba (urubu, sofá). Nas paroxítonas, na penúltima (casa, táxi). Nas proparoxítonas, na antepenúltima (tâmara, fósforo). Olho vivo: as proparoxítonas são sempre acentuadas.

    4. Os monossílabos tônicos terminados em *a, e* e *o* seguidos ou não de *s*: *dá, dás, lê, lês, nó, nós, pôs, pô-lo*.

- Monossílabo tônico ou átono? Como distinguir? Há um truque. O tônico é fortão. Pode figurar sozinho na frase. Veja o diálogo:

– Ele vê televisão?
– Vê.
– Onde está o aparelho?
– Lá.

O átono, coitadinho, não tem força pra nada. Figurar sozinho na frase? Nem a pedido dos orixás. Dá a impressão de que a sentença não acabou. A gente tem de usar reticências:

– Pra que você comprou as alianças?
– Pra...

Viu? O pra não se aguenta nas pernas.

- Atenção, galera. Na fala descontraída, a preposição *para* fica preguiçosa que só. Aí, dispensa uma letra. Vira *pra*. Torna-se leve como pluma no ar. Por isso, a hedonista faz uma súplica: "Não me deem o peso de um acento. Livrar-se de um fardo e ganhar outro? Seria trocar seis por meia dúzia. Nada inteligente": *Pra frente, Brasil. Gasta dinheiro pra chuchu. Acende uma vela pra Deus e uma pro diabo.*

  5. Os ditongos abertos *éi, éu* e *ói* (exceto nas paroxítonas) também ganham grampinho: *papéis, chapéus, herói, dói.*

- *Herói* tem acento. *Heroico* não tem. Por quê? O pai de toda a confusão é o ditongo *oi.* As letrinhas podem ter duas pronúncias. Uma: aberta. Aí a duplinha será acentuada se aparecer nas oxítonas ou nos monossílabos tônicos (*herói, lençóis, dói*). Nas paroxítonas, o grampinho não tem vez (*heroico, paranoico, joia, jiboia, apoio*). A outra: fechada. Nada de acento. É o caso de *comboio* ou do substantivo *apoio*.

  6. O *i* e o *u* quando preencherem três condições. Uma: serem antecedidas de vogal. Duas: formarem sílaba tônica sozinhas ou com *s*. A última: não serem seguidas de *nh*: saí (sa-í), baús (ba-ús), contribuí (con-tri-bu-í), egoísta (e-go-ís-ta). Mas: bainha (ba-i-nha), campainha (cam-pa-i-nha).

  7. Palavras com acento diferencial: o substantivo *ás* (‡ *as*, artigo); o verbo *pôr* (‡ preposição por); *quê* quando substantivo ou em fim de frase (‡ conjunção ou pronome *que*); *porquê* (‡ *porque*, conjunção); *pôde*, pretérito perfeito do indicativo do verbo poder (‡ *pode*, presente do indicativo).

- O verbo *pôr* tem um sósia. É a preposição *por*. Mas ele não gosta de confusão. Tem o maior cuidado para o nome dele não cair na boca do povo. Nem no Serviço de Proteção ao Crédito. Por isso usa acento. Com o chapeuzinho, fica diferente. Compare: *Vamos pôr os pontos nos is. Vou pôr o livro na estante. Gosto de pôr tempero na comida. Anda por todos os lados. Vou por aqui.*

  8. A terceira pessoa do plural dos verbos ter e vir: *eles têm, eles vêm* (os derivados desses verbos obedecem à regra das oxítonas: *ele contém, eles contêm, convém, convêm*).

acerca de / cerca de / há cerca de / a cerca de – **Acerca de** = *sobre, a respeito de*: *Pronunciou-se acerca da oscilação do dólar.* **Cerca de** = aproximadamente: *Recebeu cerca de R$ 500.* **Há cerca de** indica contagem de tempo passado (faz aproximadamente): *Viajou há cerca de dois meses.* **A cerca de** exprime tempo futuro: *Viajará daqui a cerca de dois meses. A cerca de dois meses das eleições, regras do pleito podem ser mudadas.*

achar que – É achismo. Com ele, o enunciado fica fraco, inconvincente. Em vez de "Acho que o Brasil entrará num período de crescimento sustentado", basta "O Brasil entrará num período de crescimento sustentado". Mais: o *particularmente*, que costuma acompanhar o verbo achar, também sobra: *(Eu, particularmente, acho que) O Brasil entrará num período de crescimento sustentado.*

acidente / incidente – **Acidente** = fato imprevisto, em geral desastroso (acidente de trânsito, acidente aéreo, acidente que matou 10 pessoas). **Incidente** = episódio, atrito, fato de importância menor (incidente diplomático, incidente entre os irmãos).

aconselhar – Pede objeto direto ou direto e indireto (preposição *a*): *O padre aconselhou o fiel. O pai aconselha o filho a dedicar-se mais aos estudos. Ninguém o aconselha a trabalhar de madrugada.*

acontecer – **Acontecer** tem a acepção de ocorrer de repente: *Caso acontecesse o ataque, haveria muitos mortos.* O verbo é bem-vindo na companhia dos pronomes indefinidos (tudo, nada, todos), demonstrativos (este, isto, aquilo) e o interrogativo (que): *Tudo pode acontecer durante o conflito. Aquilo não aconteceu de uma hora para outra. O que aconteceu?* Não use acontecer no sentido de ser, haver, realizar-se, ocorrer, suceder, existir, verificar-se, dar-se, estar marcado para: *O show acontece* (está marcado para) *às 22h. O festival aconteceu* (ocorreu) *no ano passado. Acontecem* (ocorrem*) injustiças no concurso. As provas estão previstas para acontecer em setembro* (previstas para setembro).

As palavras, como as pessoas, têm manias. Combinam. Brigam. Fazem exigências. Armam ciladas. Um verbo cheio de caprichos é o *acontecer*. Elitista, ele tem poucos empregos. E quase nenhum amigo. Mas, por arte do destino, os colunistas sociais o adotaram. A moda se espalhou como notícia ruim. O pobre virou praga. Tudo acontece. Até pessoas: *Neymar está acontecendo no futebol europeu. O casamento acontece na catedral. O show acontece às 22h.* E por aí vai. Violentado, o verbo vira a cara. Esperneia. E se vinga. Deixa mal quem abusa dele. Diz que o atrevido sofre de pobreza de vocabulário. Para não cair na boca do povo, só há uma saída: empregá-lo na acepção de *suceder de repente*.

acórdão – Plural: acórdãos.

acusar – Pede objeto direto e indireto (preposição *de*): *O promotor acusou o réu de estelionato. Acusou-o de sonegação fiscal.*

ad nutum – A duplinha latina significa *a qualquer momento*. Funcionário de-missível *ad nutum* pode perder o emprego sem aviso prévio. É o caso de ministros e secretários de Estado.

No olho da rua

Em 1808, a família real chegou ao Brasil. Com ela, veio a cor-te portuguesa. Onde abrigar tanta gente? O jeito foi desalojar os moradores das casas mais ajeitadas. A forma era simples. Colava-se na porta das residências escolhidas um papel com a inscrição PR. As duas letrinhas queriam dizer *príncipe regente*. Os cariocas fizeram outra leitura. Interpretaram-nas como *ponha-se na rua*.

Os tempos mudaram. Recados ganharam nova linguagem. No serviço públi-co, o bem-humorado *ponha-se na rua* virou expressão pra lá de sisuda. É *de-missível ad nutum*. A latina atinge os ocupantes de cargos de confiança. Eles podem ser demitidos a qualquer momento. Depende da vontade do chefe.

As duas palavrinhas vêm do latim. *Ad* quer dizer conforme, segundo, de acordo com. *Nutum*, sinal ou aceno de cabeça. Em bom português: a um movimento de cabeça do poderoso, rua! Da insegurança do funcionário nasceu o decálogo do puxa-saquismo. Primeiro mandamento: o chefe tem sempre razão.

adaptar – Pede objeto direto ou direto e indireto (preposição *a*): *Adaptou as regras do jogo. Adaptou o programa às exigências dos novos estudantes. Adaptou-se aos rigores do inverno de Nova York.*

ademais – Significa *além disso, de mais a mais: O dia estava frio; ademais, ele estava sem agasalho.*

adentrar – Prefira entrar. É mais curto e mais simples. Se usar, prefira a regência transitiva direta: *O time entrou em campo. O time adentrou o campo.*

adentro – Escreve-se assim, coladinha: *Fugiu mato adentro. A discussão prosse-guia noite adentro.*

adequar – Só se conjuga nas formas em que a sílaba tônica cai fora do radical (adeq). O presente do indicativo tem apenas duas pessoas (adequamos, adequais). Por não ter a 1ª pessoa do singular do presente do indicativo, não se flexiona no presente do subjuntivo e no imperativo negativo. Do imperativo afirmativo só tem a 2ª pessoa do plural (adequai). Os demais tempos e modos são regulares (adequei, adequaste, adequou, adequamos, adequastes, adequaram; adequava, adequavas, adequava, adequávamos, adequáveis, adequavam; adequarei; adequaria; adequasse; adequando; adequado). No sufoco, pode ser substituído por *adaptar*.

aderir – 1. Pede a preposição *a*: *O partido aderiu ao programa proposto pelo líder. Não se pode aderir a todos os modismos.* 2. Apresenta irregularidade na 1ª pessoa do singular do presente do indicativo e, por extensão, em todo o presente do subjuntivo. Presente do indicativo (eu adiro, tu aderes, ele adere etc.), presente do subjuntivo (que eu adira, tu adiras, ele adira etc.).

adiar – É deixar a realização de algo para depois. Por isso, abra os dois olhos. "Adiar para depois" é pleonasmo: *O presidente adiou a reunião. O diretor adiou a viagem para a próxima quarta-feira. Que tal adiar o casamento?*

adjetivo anteposto a mais de um substantivo (concordância) –

Concorda com o mais próximo, ou seja, o primeiro deles: *má hora e lugar, sérios encargos e obrigações.*

A exceção confirma a regra. Quando os substantivos são nomes próprios ou nomes de parentesco, o adjetivo vai sempre para o plural: *O Brasil admira os denodados Caxias e Tamandaré. O professor elogiou as aplicadas tia, prima e sobrinha.*

adjetivo posposto a dois ou mais substantivos (concordância) – Pode concordar com o mais próximo ou com todos, observando-se a primazia do masculino sobre o feminino e do plural sobre o singular: *Estudo a língua e a literatura portuguesa (ou portuguesas). Comprei uma bolsa e um sapato esportivo (ou esportivos).*

adjetivos compostos – **1.** Só o último elemento se flexiona tanto em número quanto em gênero: *povos anglo-germânicos, império austro-húngaro, relações euro-americanas, literatura franco-germânica, línguas indo-europeias, escola teuto-japonesa, relações sino-libanesas, tratado líbano-israelense, partidos social-democratas, governo democrata-cristão, esforços sobre-humanos, ações antissociais, cursos técnico-profissionais, operação médico-cirúrgica.*

Eis três exceções: azul-marinho (invariável), claro-escuro (claros-escuros), surdo-mudo (surdos-mudos).

2. Os referentes a cor são invariáveis quando o segundo elemento da composição é substantivo: *uniformes verde-oliva, blusas azul-turquesa, canários amarelo-ouro, sapatos verde-garrafa, vestidos vermelho-sangue, toalha azul-pavão.*
3. Ultravioleta é invariável.

adjetivos gentílicos brasileiros (unidade da Federação e capital) – Acre, Rio Branco (acriano, rio-branquense), Alagoas, Maceió (alagoano, maceioense), Amapá, Macapá (amapaense, macapaense), Amazonas, Manaus (amazonense, manauense ou manauara), Bahia, Salvador (baiano, soteropolitano), Ceará, Fortaleza (cearense, fortalezense), Distrito Federal (brasiliense), Espírito Santo, Vitória (capixaba, vitoriense), Goiás, Goiânia (goiano, goianiense), Maranhão, São Luís (maranhense, são-luisense), Mato Grosso, Cuiabá (mato-grossense, cuiabano), Mato Grosso do Sul, Campo Grande (sul-mato-grossense, campo-grandense), Minas Gerais, Belo Horizonte (mineiro, belo-horizontino), Pará, Belém (paraense, belenense), Paraíba, João Pessoa (paraibano, pessoense), Paraná, Curitiba (paranaense, curitibano), Pernambuco, Recife (pernambucano, recifense), Piauí, Teresina (piauiense, teresinense), Rio de Janeiro, Rio de Janeiro (fluminense, carioca), Rio Grande do Norte, Natal (potiguar ou norte-rio-grandense, natalense), Rio Grande do Sul, Porto Alegre (gaúcho ou sul-rio-grandense, porto-alegrense), Rondônia, Porto Velho (rondoniano ou rondoniense, porto-velhense), Roraima, Boa Vista (roraimense, boa-vistense), Santa Catarina, Florianópolis (catarinense ou barriga-verde, florianopolitano), São Paulo, São Paulo (paulista, paulistano), Sergipe, Aracaju (sergipano, aracajuano ou aracajuense), Tocantins, Palmas (tocantinense, palmense).

Curio sida des

1. Barriga-verde

Por que o catarinense é barriga-verde? O nome vem do colete verde usado pelos soldados de um batalhão de fuzileiros do estado, criado pelo brigadeiro Silva Pais no século 19.

2. Gaúcho

A palavra *gaúcho* não é exclusividade do português. Ela existe na língua espanhola. Dizem que nasceu na região platina, entre o Uruguai e a Argentina, pra designar criaturas especiais – os moradores das zonas rurais que se dedicavam à criação de gado nos pampas. Os rio-grandenses, segundo as *más línguas*, se apoderaram do termo e o naturalizaram verde-amarelo.

3. Carioca

Carioca vem de duas palavras tupis. Uma: *kara'iwa*, que quer dizer homem branco. A outra: *oka*, que significa casa. Os índios passaram a usar "casa do homem branco" para se referir à cidade do Rio de Janeiro. O vocábulo se tornou gentílico mais tarde, lá pelo século 18.

4. Capixaba

Quem nasce no Espírito Santo é capixaba. Trata-se de herança dos índios. No tupi, *kapixaba* quer dizer *terra de plantação*. Explica-se: a região produzia alimentos que abasteciam as tribos indígenas locais.

5. Soteropolitano

Baiano não nasce. Estreia. O show começa com o gentílico. Quem vem ao mundo na capital de Bethania, Caetano, Gil & cia. talentosa não deixa por menos. É soteropolitano. Em grego, *soter* significa *salvador*. *Polis*, cidade. A bênção, Senhor do Bonfim.

6. Potiguar

Potiguar? Em tupi quer dizer *quem come camarão*. O litoral do Rio Grande do Norte tem o crustáceo pra dar, vender e emprestar. Daí o gentílico.

7. Mineiro

O único gentílico terminado em -eiro é mineiro. Estranho? Sem dúvida. Mas a excentricidade tem explicação. O sufixo -eiro forma, entre outras, palavras que designam profissões (ferreiro, engenheiro, pedreiro). Eis o xis da questão. Mineiro era quem trabalhava nas minas. Ou era proprietário de minas.

adjetivos gentílicos estrangeiros – Açores (açoriano), Afeganistão (afegane, afegão), Além dos Alpes (transalpino), Além dos Andes (transandino), Além do Prata (transplatino), Além do Reno (transrenano), Alpes (alpino), Andes (andino), Angola (angolano), Aquém dos Alpes (cisalpino), Aquém dos Andes (cisandino), Aquém do Reno (cisrenano), Arezzo (aretino), Bagdá (bagdali), Bálcãs (balcânico),

Batávia (batavo), Baviera (bávaro), Bélgica (belga), Bengala (bengalês), Beira (bei-rão), Bilbao (bilbaíno), Birmânia (birmanês), Borgonha (borguinhão), Braga (bra-carense), Buenos Aires (portenho), Cairo (cairota), Camarões (camaronês), Canárias (canário), Ceilão (cingalês), Chipre (cipriota), Coimbra (coimbrão), Congo (congo-lês), Córsega (corso), Costa Rica (costa-riquenho, costa-ricense), Croácia (croata), Curdistão (curdo), Dalmácia (dálmata), Damasco (damasceno), Estados Unidos (norte-americano, americano ou estadunidense), Etiópia (etíope), Filipinas (filipi-no), Flandres (flamengo), Galícia (galego), Gália (gaulês), Gana (ganense), Genebra (genebrino), Goa (goense), Guatemala (guatemalteco), Guiné (guinéu), Honduras (hondurenho), Iêmen (iemenita), Índia (indiano), Iraque (iraquiano), Israel (is-raelense), Java (javanês), Jerusalém (hierosolimita, hierosolimitano, jerosolimita), Laos (laociano), Levante (levantino), Lima (limenho), Madagascar (madagascarense, malgaxe), Madri (madrilenho), Malásia (malaio), Manchúria (manchu), Milão (mi-lanês), Minho (minhoto), Mônaco (monegasco), Mongólia (mongol), Níger (ni-gerino), Nigéria (nigeriano), Nova Zelândia (neo-zelandês), País de Gales (galês), Panamá (panamenho), Papuásia (papua), Parma (parmesão, parmesino), Patagônia (patagão), Pequim (pequinês), Porto (portuense), Porto Rico (porto-riquenho, porto-riquense), Rio da Prata (platino), Romênia (romeno), Salvador (salvadorenho), Sardenha (sardo), São Domingos (dominicano), Sião (siamês), Somália (somali), Tânger (tangerino), Terra do Fogo (fueguino), Trás-os-Montes (transmontano), Trento (tridentino), Trieste (triestino), Túnis (tunisino), Tunísia (tunisiano), Veneza (veneziano), Vietnã (vietnamita), Zaire (zairense), Zululândia (zulu).

Curiosidades

Brasileiro
Por que brasileiro se chama brasileiro? Pela mesma razão que mineiro se chama mineiro. Na nossa linguinha de todos os dias, o sufixo -eiro indica profissão (barbeiro, costureiro, jardineiro). Os portugueses chamavam de brasileiro quem explorava pau-brasil pra ga-nhar a vida e, com sorte, enricar. A palavra ganhou asas. Passou a designar o imigrante que vinha pra esta alegre Pindorama. Por fim, adeus, discrimina-ção! Todos somos brasileiros.

admirar / admirar-se – **Admirar** não pede preposição. **Admirar-se** exige a preposição *de* ou *em*: *Admirava a democracia americana. Admiramos o trabalho apresentado. Sempre admiraram Picasso. Admirou-se da eficiência dos novos contra-tados. Admira-se em superar as dificuldades que lhe têm sido apresentadas.*

Aedes aegypti – Escreve-se em itálico. *Aedes* tem inicial maiúscula; *aegypti*, minúscula.

á-é-i-ó-u – Nome das vogais.

- **Modinha**
- O á-é-i-ó-u
- são letras do abecê.
- Ó Maria, tu não sabes
- quanto eu gosto de você.

aero – Pede hífen quando seguido de *h* e *o*. No mais, é tudo colado: *aero-hidro-terapia, aero-ondulante, aeroclube, aeroespacial, aeroshopping*.

affaire – Palavra francesa, significa caso, aventura, negócio. É substantivo masculino: *A então ministra Zélia Cardoso de Melo teve um* affaire *com Bernardo Cabral*.

aficionado – É a forma nota 10. *Aficcionado* não existe. Xô!

afixar – Pede objeto direto e adjunto adverbial com a preposição *a*: *Mandou-o afixar o aviso à porta de entrada*.

afora / a fora – **Afora** = à exceção de, além de, ao longo de: *Afora o pai, veio toda a família. Exerceu alguns cargos, afora o de presidente da República. Viajou Brasil afora*. **A fora** = contrário a *de dentro*: *De dentro a fora*.

afro – Afro joga em três times. Um: substantivos. Aí, não tem feminino nem masculino. Mas tem singular e plural (o afro, os afros). Dois: adjetivos. No caso, é invariável (cultura afro, culturas afro, cabelo afro, cabelos afro). O último: prefixos. Pede hífen na formação dos adjetivos pátrios ou quando for seguido de *h* ou *o*. No mais, é tudo colado: *afro-americano, afro-brasileiro, afro-germânico, afro-histórico, afro-organização, afrodescendente, afrofobia, afronegro*.

agradar – 1. Prefira a regência transitiva indireta no sentido de satisfazer, contentar: *As medidas agradaram a patrões e empregados. A restrição ao crédito não agradou aos comerciantes*. 2. Na acepção de fazer agrados, acariciar, afagar, é transitivo direto: *A mãe agradava longamente o filho adormecido*.

agradecer – 1. Pede objeto direto de coisa e indireto de pessoa: *Agradeceu o presente. Agradeceu ao pai. Agradeceu o presente ao pai. Agradeço ao diretor pela promoção*. 2. Na substituição do alguém pelo pronome, é a vez do lhe: *Agradeço-lhe pela colaboração*.

agro – Pede hífen quando seguido de *h* e *o*. No mais, é tudo colado: *agro-história, agro-operário, agroindústria, agropecuária, agronegócio.*

água-de-colônia – Mantém o hífen.

Água-de-colônia

Por que água-de-colônia se chama água-de-colônia? Porque nasceu na cidade alemã de Colônia. Giovanni Maria Farina vivia em Piemonte, na fronteira da Itália com a Suíça. Mudou-se para Colônia no início do século 18. Inventor de perfumes, criou uma fragrância desconhecida, bem diferente dos aromas fortes e açucarados que enchiam os salões da nobreza europeia. A fórmula: óleos essenciais de frutas cítricas, como limão, laranja, tangerina ou *grapefruit*. Para homenagear a cidade que tão bem o acolhera, chamou a nova mistura aromática de água-de-colônia.

aguar – Indicativo: presente (águo, águas, água, aguamos, aguais, águam); pretérito perfeito (aguei, aguaste, aguou, aguamos, aguastes, aguaram), imperfeito (aguava etc.); presente do subjuntivo (águe, águes, águe, aguemos, águeis, águem).

ah! – Interjeição que exprime admiração.

Meus oito anos
Ah! que saudades que eu tenho
Da aurora da minha vida,
Da minha infância querida
Que os anos não trazem mais!

Que amor, que sonhos, que flores,
Naquelas tardes fagueiras
À sombra das bananeiras,
Debaixo dos laranjais!
(Casimiro de Abreu)

aids – Síndrome da imunodeficiência adquirida, doença causada pelo vírus HIV. Não se recomenda usar o termo *aidético* em referência a portador do HIV.

ainda continua / ainda mais – Não use. São pleonasmos: *Ele (ainda) continua doente. O trabalho (ainda) vai levar mais uma semana.*

aja – Veja *haja / aja.*

ajudar – Transitivo direto ou indireto (preposição a) indiferentemente: *Ajudou o amigo. Ajudou ao amigo. Ajudou-o a concluir o trabalho.*

alcançar – Transitivo direto, não pede preposição: *Alcançou o objetivo perseguido. Alcançou o filho antes de chegar à esquina.*

álcool – Plural: álcoois.

- **A viagem das palavras**
- De onde vêm as palavras? O português é língua pra lá de rica.
- Tem quase 500 mil palavras. Já imaginou? Dê uma olhadinha no
- dicionário. Ele é gordo que só. Os vocábulos que a gente usa
- estão todos lá. Os que não usa também. Quando precisar deles,
- é só abrir o livrão. A maior parte veio do latim, pai do português.
- Mas outras línguas entraram na jogada. Do francês herdamos
- *garagem, musse* e *abajur.* Do italiano, *fiasco.* Do japonês, *caratê*
- e *judô.* Do inglês, *xampu, gangue* e *estresse.*
- O árabe também nos presenteou com um montão de vocábulos. Muitos têm
- uma marca. Começam com *al.* As duas letrinhas são o artigo da língua das
- Arábias. Correspondem ao nosso *a* e *o*: *a mesa, o gato.* As senhoritas árabes
- são velhas conhecidas nossas. Eis algumas: *álcool, alface, alcachofra, alfafa,*
- *almeirão, almirante, almofada, alfaiate, alfinete, algarismo, álgebra, algazarra.*
- Abra os dois olhos. Não pense que todas começam com *al.* Se assim fosse,
- seria muito chato, não é? Há as que fogem da regra. É o caso de *oxalá*. A da-
- nadinha quer dizer *tomara, Deus queira*: "Oxalá faça sol no fim de semana".

Alcorão / Corão – Livro sagrado dos muçulmanos, aceita as duas grafias. (O *al*, de Alcorão, é o artigo definido árabe). Tal como a *Bíblia*, significa livro.

- **Está tudo lá**
- "Queimai as bibliotecas, pois o que elas têm de precioso está no
- *Corão.*" (califa Omar)

além – Na formação de palavras compostas, usa-se sempre com hífen (além-mar, além-túmulo, além-oceano. Mas: Alentejo).

Além de indica adição. *Também* e *ainda* transmitem a mesma ideia. Por isso são pleonásticas construções como esta: *Além do presidente, estavam também (ainda) os ministros*. Diga: *Além do presidente, estavam os ministros. Além de estudar, trabalha. Estuda e também trabalha. Estuda e, ainda, trabalha.*

alertar – Quando transitivo indireto, pede as preposições de, para, sobre ou contra: *O assessor alertou o ministro sobre (para) a repercussão da medida. Alerta-o sempre contra as drogas.*

alface – É feminina: *a alface, alface americana, alface crespa.*

alternativa – 1. Alternativa não é sinônimo de opção. A alternativa se escolhe entre duas opções. Por isso, não diga *outra alternativa* ou *única alternativa*. Por quê? A alternativa é sempre outra. Se não há outra, só pode ser única: A *alternativa foi ficar. Não havia alternativa.* 2. Se forem mais de duas opções, dê passagem para uma destas palavras: *saída, possibilidade, recurso, opção*: *Antes de decidir precisava avaliar as outras opções que lhe ofereciam.*

MANHAS DA Língua *Ora, ora* são conjunções alternativas. Elas se bastam. Dispensam a companhia do *e*: *Ora estuda, ora trabalha* (nunca *ora estuda e ora trabalha*). *Ora faz sol, ora faz chuva* (não: *ora faz sol e ora faz chuva*). *Ora está eufórico, ora deprimido.*

alto e bom som – A expressão não tem a preposição em (em alto e bom som): *O presidente anunciou a renúncia alto e bom som. Proclamou os vencedores alto e bom som. O delegado disse alto e bom som o que pensava do episódio.*

alto-falante – Plural: alto-falantes.

Curiosidades

Tropicália
Caetano cantou: "Emite acordes dissonantes / Pelos cinco mil alto-falantes / Senhoras e senhores / Ele põe os olhos grandes / Sobre mim".

aludir – Pede a preposição *a*: *Aludiu ao problema com extrema cautela.*

alunissar / alunizar – Pousar suavemente na superfície lunar. Ambas as grafias merecem nota mil.

Alzheimer – Doença caracterizada pela deterioração do funcionamento cerebral. Conhecida como mal de Alzheimer ou doença de Alzheimer (*mal* e *doença* devem ser grafadas com minúsculas).

amar – O verbo é transitivo direto: *João ama Maria. Maria ama João. João a ama. Maria o ama.*

ambi – Pede hífen quando seguido de h e i. No mais, é juntinho como unha e carne: *ambi-hilariante, ambi-ilusão, ambivalente, ambidestro.*

ambos – Depois de ambos, o substantivo deve ser antecedido de artigo: *ambos os alunos, ambos os países, ambas as provas.*

amerissar – Pousar a aeronave na água.

Usar a palavra certa no lugar certo faz a diferença. Não se trata de certo ou errado. Trata-se de precisão. A criança que aprende a falar domina poucas palavras. *Casa*, por exemplo, se encaixa em todos os contextos da criaturinha. Com o tempo, ela amplia o vocabulário. Aprende lar, residência, domicílio, pousada & cia. Qual delas usar? Depende da ocasião.

A tragédia do navio italiano Costa Concordia desafiou os falantes da língua portuguesa. Alguns jornais disseram que a embarcação afundou. Outros preferiram noticiar que a nave naufragou. Houve até quem se limitasse a dizer que encalhou. Nada feito. Afundar, naufragar, soçobrar transmitem a ideia de que o navio desapareceu nas águas e foi ao fundo. Encalhar informa que parou de navegar e ficou entravado. Não foi o que aconteceu.

Língua de calejados marinheiros que um dia se lançaram à conquista dos mares do planeta, o português tem palavras específicas para tudo o que se refere à navegação. O verbo que descreve com exatidão o acidente é *adernar*. O navio adernou, isto é, deitou-se de lado sem ir ao fundo.

amigo-oculto / amigo oculto – **Amigo-oculto** = brincadeira na qual ocorre a troca de presentes. **Amigo oculto** = cada participante da brincadeira: *O amigo-oculto da família será sexta-feira. O vovô é o meu amigo oculto.*

amoral / imoral – **Amoral** = indiferente à moral. **Imoral** = contrário à moral: *Atos de crianças e loucos são amorais. Algumas religiões consideram imoral a relação sexual fora do casamento.*

Tudo em sua hora
Conhece a piada? O repórter pergunta ao padre: "O que o senhor acha da relação sexual fora do casamento?" "Sem problema", ele responde. "O problema ocorre quando a relação se dá durante o casamento porque pode atrapalhar a cerimônia".

analisar / análise – Escreve-se com *s*.

aneurisma – É masculino.

anexo – Concorda em gênero e número com o substantivo a que se refere: *carta anexa, documentos anexos*. **Em anexo** é invariável: *A carta segue em anexo. Os documentos estão sendo encaminhados em anexo.*

Eis o drama de quem escreve ofícios, memorandos e requerimentos. Volta e meia, precisa empregar *em anexo* ou *anexo*. Cheias de manhas, as palavrinhas têm mistérios. Ora aparecem flexionadas, ora não. Ora vêm no início da oração, ora perdidas no meio ou no fim. Ora com vírgula, ora sem vírgula. Como lidar com elas?

Em anexo é locução adverbial. Equivale a anexamente. Apresenta-se sempre com a mesma cara: *Em anexo, encaminho os documentos. Em anexo, encaminho a correspondência.*

Sempre com vírgula? Não. A vírgula depende da colocação do termo na frase. *Em anexo* tem o lugar dele. É no fim da oração. Se estiver lá, nada de vírgula: *Encaminho os documentos em anexo.*

Mas, como criança arteira, vive mudando de lugar. Ora aparece no começo da oração, ora no meio. Deslocado, vírgula nele: *Em anexo, encaminho os documentos solicitados. Encaminho, em anexo, os documentos solicitados.*

Anexo pertence a outra gangue. Adjetivo, flexiona-se segundo o substantivo: *Anexa, encaminho a carta. Anexas, encaminho as cartas. Anexo, encaminho o ofício. Anexos, encaminho os ofícios.*

A pontuação? Se *anexo* vem antes do objeto, não duvide. É vez da vírgula: *Anexa, encaminho a carta. Encaminho, anexa, a carta.*

Na ordem direta, fica assim: *Encaminho a carta anexa.* Reparou? É ambígua. Parece que anexa é qualidade permanente da carta. Na verdade, o recado é este – *encaminho a carta que está anexa.* A carta não é anexa. Está anexa. A clareza é a maior qualidade do estilo. Anexa, na ordem direta, compromete-a. Dá duplo sentido à frase. Xô!

anfi – Pede hífen quando seguido de h e i. No mais, é tudo colado: *anfi-hexaedro, anfiteatro, anfioxo, anfípode.*

anglo – Usa-se com hífen na formação dos adjetivos pátrios: *anglo-americano, anglo-germânico, anglo-saxão*. Nos demais compostos, é colado: *anglomaníaco, anglofilia, anglocatolicismo*.

anistiar – É transitivo direto: *O Congresso anistiou os rebeldes.*

ano – Não use ponto para separar o milhar: *Portugal descobriu o Brasil em 1500. Em 1822, o Brasil tornou-se independente de Portugal. Você nasceu em 1994?*

ano-novo – Escreve-se com a inicial minúscula: *Feliz ano-novo*. Plural: *anos-novos*.

anos + numeral – O numeral fica no singular. A razão é simples. Subentende-se a expressão *da década de*: *anos (da década de) sessenta, anos oitenta, anos vinte*.

ansiar – Conjuga-se como odiar (anseio, anseia, ansiamos, anseiam). Quando transitivo indireto, pede a preposição *por*: *Ansiava pela hora de encontrá-lo.*

- **Gangue do MARIO**
- Alguns a chamam de Gangue dos Cinco. Outros, de Gangue do
- MARIO. Explica-se. A patota é composta de cinco verbos. Juntando-
- se a inicial de cada um, forma-se o nome Mario: **m**ediar, **a**nsiar,
- **r**emediar, **i**ncendiar, **o**diar. Todos obedecem ao chefe. Odiar man-
- da. Os outros vão atrás. Conjugam-se do mesmo jeitinho: *eu odeio*
- *(medeio, anseio, remedeio, incendeio), tu odeias (medeias, anseias,*
- *remedeias, incendeias), ele odeia (medeia, anseia, remedeia, incendeia), nós*
- *odiamos (mediamos, ansiamos, remediamos, incendiamos), vós odiais (mediais,*
- *ansiais, remediais, incendiais), eles odeiam (medeiam, anseiam, remedeiam, in-*
- *cendeiam); eu odiei (mediei, ansiei, remediei, incendiei); que eu odeie (medeie,*
- *anseie, remedeie, incendeie).* E por aí vai.

Curio
sida
des

Antártida – O substantivo escreve-se dessa forma, mas o adjetivo é *antártico*: *continente antártico, zona antártica*.

ante – Pede hífen antes de *h* e *e*. Nos demais casos, escreve-se tudo junto: *ante-histórico, ante-estreia, anterreforma, anterrepublicano, antessala, antessocrático, antepasto, anteontem, antenupcial*.

anti – Exige hífen antes de *h* e *i*. No mais, é tudo junto: *anti-histórico, anti-humano, anti-imperialismo, anticristo, antiamericano, antirregional, antirregimental, antissistêmico, antissocial*. Quando se liga a nome próprio substituindo a preposição *contra*, usa-se com hífen: *anti-Dilma, anti-Sarney, anti-Estados Unidos*.

antropo – Pede hífen quando seguido de *h* e *o*. Nos demais casos, é tudo colado: *antropo-historiografia, antropo-organização, antropologia, antropomorfo, antropossociologia*.

ao contrário / diferentemente – **Ao contrário** = o contrário, o oposto (sair x entrar, morrer x sobreviver, ficar em casa x ir pra rua). **Diferentemente** = de forma diferente: *Ao contrário do prometido (ficar em casa), saiu tão logo o telefone tocou. Diferentemente do publicado na pág. 20 da edição de ontem, o brinquedo custa R$ 50, não R$ 500.*

ao encontro de / de encontro a – Ops! Uma expressão é o contrário da outra. Trocar as bolas é o passaporte para demissões e perda de amores. **Ao encontro de** = *em favor de* ou *na direção de: O projeto veio ao encontro de seus interesses. O resultado das eleições pareceu-lhe vir ao encontro das ambições do prefeito. Caminhou ao encontro do filho. Vou ao encontro dos meus sonhos.* **De encontro a** = *contra, em sentido contrário a, em oposição: O carro foi de encontro à árvore. O projeto vai de encontro às pretensões do governador.*

Deu zebra

Deu no *Fantástico*. A reportagem falava de uma zebra presa em armadilha. Estava, claro, louquinha pra escapar. "Libertada", explicou o repórter, "a fêmea corre de encontro à família." Baita pisada de bola. O jornalista se esqueceu de cilada pra lá de comum na língua. Confundiu Germano com gênero humano. A zebrinha, feliz, correu ao encontro da bicharada preta e branca.

ao invés de / em vez de – **Ao invés de** = ao contrário de: *Morreu ao invés de viver. Comeu ao invés de jejuar. Ao invés de pobre, era rica. Ao invés de rir, chorou. Dormiu ao invés de ficar acordado.* **Em vez de** = em lugar de: *Escreveu em vez de ler. Foi ao teatro em vez de ir ao cinema. Em vez de Portugal, visitou a Espanha. Comprou carne em vez de peixe.* Superdica: deixe *ao invés de* pra lá. *Em vez de* vale pelas duas: *Morreu em vez de viver. Dormiu em vez de ficar acordado.*

ao nível de / em nível de – **Ao nível de** = à mesma altura: Santos está ao nível do mar. **Em nível de** = em instância, no âmbito, paridade, igualdade: *Faço um curso em nível de pós-graduação. A decisão foi tomada em nível de diretoria. O consenso só será possível em nível político. As duas chefias estão em nível presidencial.* Superdica: *em nível de* é dispensável. Sobra. Sem ele, a frase ganha em concisão e elegância: *Faço um curso de pós-graduação. A decisão foi tomada pela diretoria.* Olho vivo: *a nível de* não existe. É praga. Xô!

aonde – Só se usa com verbo de movimento que exige a preposição *a*: *Aonde ele foi? Não sei aonde ele foi. Você sabe aonde esta estrada vai levar? Talvez ele saiba aonde conduziremos os hóspedes.*
Superdica: na hora de escrever *aonde* pintou a dúvida? Parta pro troca-troca. Substitua *a* por *para*. Se couber *para*, vá em frente. Dê a vez ao *aonde*: *Para onde ele foi? Não sei para onde ele foi. Aonde ele foi. Não sei aonde ele foi.*

aos domingos / no domingo – **Aos domingos** = *todos os domingos: Vou à missa aos domingos. Há médicos que preferem dar plantão aos domingos. O comércio abre aos domingos.* Os demais dias da semana seguem a mesma regra. Pedem a preposição *a* quando indicam ação que se repete: *Os museus fecham às segundas-feiras (todas as segundas). Estudo inglês às terças e sextas. Costumo ir à livraria aos sábados.* **No domingo** (*no sábado, na segunda*) = o fato ocorre uma vez ou de vez em quando: *Rafael se casa no sábado. João Marcelo nasceu na sexta-feira. Quero ir ao cinema na quarta.* Em bom português: Se a ação se repete, é a vez da preposição *a*. Se ocorre uma vez ou de vez em quando, *em*.

37

Nunca aos domingos

[...]
Com vento frio ou com Sol ardente
Com seu beijo quente, chego a desmaiar
Mas, por favor, nunca aos domingos
Venha me beijar, nem falar de amor!
(Sidney Lima)

apagão – É preferível a blecaute.

1. Apagão

No começo era a inglesa blecaute. Aí, bateu a escuridão em Buenos Aires. Os jornais falaram no *apagón* da capital portenha. Então, aconteceu. Nós passamos a usar apagão. A palavra não aparecia no dicionário. Mas é de formação legítima. Tínhamos *apagar* e *apagamento*. Apagão é um apagamento dessssssssssss-te tamanho.

2. Blecaute

Blecaute deu nome a famoso cantor dos anos 1950 que fez sucesso com a marchinha "General da banda". Será que vai surgir algum chamado Apagão?

apagar – Alguém apaga a luz, mas a luz se apaga.

apelar – 1. No sentido de interpor recurso, o verbo rege a preposição *de*: *Os advogados vão apelar da sentença. Os candidatos apelaram dos critérios adotados na prova.* 2. Na acepção de recorrer, a preposição é *para*: *O senador apelou para o presidente. O médico apelou para o bom senso do paciente. Para quem apelar nessas condições?* 3. Não use *apelou que*, construção inexistente em português.

apesar de / apesar do / apesar de o – **Apesar de** = antecede verbos, adjetivos ou substantivos sem artigo: *Apesar de estudar muito, não se classificou no concurso. Apesar de tímida, saiu-se bem na entrevista. Apesar de professor competente, tem dificuldade de manter a atenção dos alunos.* **Apesar do (da)** = vem antes de substantivo acompanhado de artigo: *Apesar do feriado, o comércio abriu. Apesar das férias longas, sente-se cansado. Apesar dos contratempos, conservou o bom humor.* **Apesar de o (a)** = usa-se quando o artigo faz parte do sujeito. Aí, como dois bicudos, a preposição fica de um lado; o artigo, de outro: *Apesar de o governo negar, há risco de aumento da carga tributária. O programa não foi ao ar apesar de a TV o ter anunciado.*

Como saber se o artigo faz ou não faz parte do sujeito? Primeiro: o substantivo terá de ser seguido de verbo no infinitivo (fazer, dizer, corrigir). Segundo:  recorra a truque pra lá de simples. Suprima o substantivo: *Apesar de o governo negar, há risco de aumento da carga tributária. Apesar de negar, há risco de aumento da carga tributária. O programa não foi ao ar apesar de a TV o ter anunciado. O programa não foi ao ar apesar de ter anunciado.* Terceiro: deu certo, fez sentido? Ótimo. Então, ao acrescentar o substantivo (sujeito), o artigo ficará lá e o substantivo cá.

após – É artificial. Use-o em expressões consagradas (ano após ano, dia após dia). No mais, dê preferência ao depois: *Depois do sinal, deixe o recado. Depois de consultado o ministro, o presidente soltou a nota.*

aposentar / aposentar-se – O INSS aposenta o trabalhador. Mas *o trabalhador se aposenta. Eu me aposento. Nós nos aposentamos.*

Na língua há verbos hermafroditas. São criaturas que jogam em dois times. Um deles: transitivos diretos. O outro: pronominais. É o caso do aposentar. Quem aposenta aposenta alguém: *O Tesouro aposenta os servidores públicos* (*Tesouro* é o sujeito; *servidores públicos*, o objeto direto). Às vezes, o sujeito e o objeto são o mesmo ser. O verbo vira pronominal: *O servidor público se aposentou* (ele pratica e sofre a ação). *Eu me aposento daqui a dois anos. Ele se aposentou na semana passada. Com a mudança na lei, nós não sabemos quando nos aposentaremos.*

apreender / aprender – **Apreender** = fazer apreensão, apanhar, pegar: *A polícia apreendeu a mercadoria.* **Aprender** = adquirir conhecimento, aptidão ou experiência: *Paulo aprendeu as manhas da língua com rapidez. Treinou, mas não aprendeu as regras do jogo. Passou a vida e não aprendeu nada.*

aquele / aquilo – Veja *este / esse / aquele.*

aquém – Nas composições, escreve-se sempre com hífen: *aquém-mar, aquém-oceano, aquém-fronteira.*

árbitra – Feminino de árbitro.

arco-íris – Plural: arco-íris.

O arco de Íris

Sabia? Na mitologia grega, Íris era a mensageira de Hera, mulher de Zeus. Criatura do ar, voava até a Terra com recados da primeira-dama do Olimpo. Usava um xale colorido e, de tão rápida, deixava um rastro no céu – o arco de Íris. Com o tempo, o arco passou a simbolizar a ligação, ponte entre os deuses e os homens. Íris virou substantivo comum que dá ideia de cores. Eis por que a parte colorida dos olhos se chama íris.

ar-condicionado / ar condicionado – Com hífen, é o aparelho. Sem hífen, o ar fresquinho.

arguir – Modo indicativo: presente (eu arguo, tu arguis, ele argui, nós arguímos, vós aguís, eles arguem); pretérito perfeito (arguí, arguíste, arguiu, arguimos, arguístes, arguíram); pretérito imperfeito (arguía, arguías, arguía, arguíamos, arguíeis, arguíam); mais que perfeito (arguíra, arguíras, arguíra, etc.); futuro do presente (arguirei, arguirás, arguirá, arguiremos, arguireis, arguirão). Futuro do pretérito (arguiria, arguirias, arguiria etc.). Modo subjuntivo: presente (argua, arguas, argua, arguamos, arguais, arguam); imperfeito (arguísse, arguísses, arguísse etc.).

MANHAS DA Língua

Vamos combinar? A reforma ortográfica foi pra lá de criticada. Mas deu uma senhora mãozinha pra gente pequena e gente grande também. As crianças que estão se alfabetizando poderão ocupar a cabeça com outros assuntos. E nunca mais tropeçarão no verbo arguir. O danadinho tinha três faces na conjugação. Ora o *u* aparecia com trema. Ora com acento. Ora sem nada. Agora só o peladão tem vez. (Olho vivo, moçada. O nudismo é coisa do *u*. O *i*, de arguí, exibe vistoso grampinho.)

Não só o *u* perdeu os anéis e manteve os dedos. Os verbos arguir, averiguar, apaziguar, enxaguar deixaram para trás algo mais. O acento agudo que se usava nas formas argúe, averigúem, apazigúes, enxagúe & cia. também entrou na degola. Rezemos por ele. Passado o luto, adeus, tristeza! Adeus, saudade! Viva a simplificação!

arqui – Pede hífen antes de *h* e *i*. Nos demais casos, é tudo junto: *arqui-histórico, arqui-inimigo, arquirresistente, arquissecular, arquimilionário, arquidiocese*.

arquiepiscopal – Adjetivo relativo a arcebispo.

arrear / arriar – Arrear = pôr arreios (arrear o cavalo). **Arriar** = baixar, pôr no chão (arriar a bandeira, arriar a mala).

arruinar – O presente do indicativo e do subjuntivo têm formas com acento no *i*. Ei-las: arruíno, arruínas, arruína, arruinamos, arruinais, arruínam; arruíne, arruínes, arruíne, arruinemos, arruineis, arruínem.

artesão – Plural: artesãos. Feminino: artesã, artesãs.

ascendência / descendência – **Ascendência** = vínculo da pessoa com as gerações anteriores (pais, avós, bisavós). **Descendência** = vínculo da pessoa com as gerações posteriores (filhos, netos, bisnetos): *Tenho ascendência libanesa. A Justiça declarou infames os descendentes do alferes José da Silva Xavier, o Tiradentes.*

ascensão – Ato de ascender, subir, elevar-se: *ascensão do balão, ascensão política, ascensão de Cristo.*

aspas – Urubus do texto, as aspas devem ser usadas com parcimônia. Empregue-as obrigatoriamente em:

1. Citação: *"A grande obra dos alemães é o idioma alemão."* (Jorge Luis Borges)
2. Declaração literal: *O presidente criticou, indignado, o que o deputado chamou de "oportunismo eleitoreiro".*
3. Palavras empregadas em sentido diferente do habitual (em geral com ironia): *Os participantes dos arrastões querem "administrar" os bens dos banhistas. O presidente do partido cedeu "cordialmente" alguns de seus segundos para o concorrente.*
4. Nome de artigo de jornal, título de matéria, capítulo de livro, poema, crônica, conto e similares: *Li a reportagem "Falta comunicação", publicada no jornal de domingo. O conto "Dia da caça", de Rubem Fonseca, faz parte do livro O cobrador. Conhece o poema "Vou-me embora pra Pasárgada", de Manuel Bandeira? Li o artigo "A defesa geral do consumidor", de Marilena Lazzarini.*
5. Apelidos, codinomes, alcunhas quando não vulgarizados (use aspas só na primeira referência): *Valter Machado, o "Machadão",* mas *Vicente Paulo da Silva, o Vicentinho.*
6. Apelido intercalado ao nome próprio: *Adílson "Maguila" Rodrigues, Maria das Graças "Xuxa" Menegel.* Mas se o apelido é incorporado oficialmente ao nome, as aspas não têm vez: *Luiz Inácio Lula da Silva.*

> • O detalhe faz a diferença. Um texto caprichoso não cai do céu nem salta do inferno. É fruto da atenção plena. Pormenores aparentemente sem importância ganham relevo. É o caso das aspas. Ora as danadas abrigam o ponto. Ora deixam-no de fora. Como saber?

MANHAS DA Língua

Se o período abre e fecha com aspas, o ponto vai dentro da duplinha: "Não existe crime organizado. Existe polícia desorganizada." A afirmação é de Millôr Fernandes.

Se o período começa antes da citação, o ponto vai fora: Ninguém acredita na desculpa de que "parafuso frouxo detonou o apagão".

Pontos de interrogação ou exclamação que integram a frase citada ficam dentro das aspas: Uma pergunta deve orientar todos os redatores: "O que eu quero com meu texto?" Reparou? Nada de dose dupla. O ponto da citação vale para o período.

- Como tratar aspas dentro de aspas? Só há um jeito. Usar aspa solteirinha. Assim: "Ele declarou que 'faria o show' mesmo contra a vontade do organizador."

aspirar – É transitivo direto na acepção de inalar (aspirar o ar, aspirar o perfume, aspirar o pó). É transitivo indireto no sentido de pretender, desejar (aspirar à felicidade, aspirar à promoção, aspirar ao emprego, aspirar a promoções). Não aceita o pronome lhe. Use *a ele, a ela*: *Não aspira às honrarias do cargo. Não aspira a elas.*

assim como, bem como (concordância) – O verbo pode concordar com o primeiro sujeito ou com os dois. Observe a vírgula: *Paulo, assim como Maria, estuda medicina. Paulo assim como Maria estudam medicina. Paulo, bem como Maria, trabalha à noite. Paulo bem como Maria trabalham à noite.*

assistir – **Assistir** = prestar assistência, ajudar, socorrer: *O médico assiste o enfermo.* **Assistir a** = comparecer ou presenciar: *Três mil pessoas assistiram à posse do presidente. Os alunos assistiram ao programa sem comentários.* Superdica: Nessa acepção, assistir rejeita o pronome lhe. Se for necessário empregar o pronome, use *a ele, a ela*: *Os presentes assistiram à exposição do convidado com interesse. Os presentes assistiram a ela com interesse.*

Assistir o doente

"Sofri a série de contrariedades de costume: depois de assistir o doente principal, o de-cama, tinha de aturar o interminável desfile dos filantes." (Trecho de "Uma história de amor", conto considerado ruim por Graciliano Ramos, e que por isso permaneceu inédito nos arquivos do escritor mineiro).

assunção – Elevação a um cargo ou dignidade. Subida de Nossa Senhora ao céu.

astro – Pede hífen quando seguido de *h* e *o*. No mais, é tudo colado: *astrofísica, astronave.*

até – 1. A preposição *até* não dispensa a preposição exigida pela regência de verbos e nomes em construções como estas: *Compulsório cai em até 60 dias. Compre em até 12 pagamentos. Metalúrgicos conseguem reajuste de até 60%.* 2. Acompanha *desde* em construções como esta: *Trabalhou desde o amanhecer até o pôr do sol.*

atender – Pode ser transitivo indireto (*atender ao diretor*) ou direto (*atender o diretor*). Prefira a regência direta. Com ela, você evita tropeços: *atender o pedido, atender o presidente, atender o chamado, atender a demanda.*

aterrissar / aterrizar – Pousar em terra. Ambas as grafias estão certinhas da silva.

Parecido não é igual. Olho vivo. O avião pousa. A modelo posa.

ater-se – Conjuga-se como ter. É sempre pronominal: *O deputado se ateve ao regimento. Não me atenho a miudezas. Quando ele se ativer no ocorrido, tomará providências.*

atingir – Transitivo direto: *Não conseguiu atingir o alvo. Atingiu o amigo no ponto mais sensível.*

atrás – Por ser pleonasmo condenável, não deve ser empregado em construção do tipo "há dois dias atrás". Sem o verbo haver, é legítimo seu emprego: *Tempos atrás, muitos condenavam o uso das minissaias.*

através de – A locução *através de* pertence à família do verbo atravessar. Deve, portanto, ser empregada no sentido de passar de um lado a outro, ou passar ao longo de: *Vejo o jardim através da janela* (meu olhar atravessa a janela e chega ao jardim). *O conceito de beleza mudou através dos tempos* (ao longo do tempo, o belo foi adquirindo significados diferentes). Evite usar *através de* em lugar de *mediante, por meio de, por intermédio de, graças a* ou da preposição *por: Falei com ele pelo telefone. O acerto será feito mediante acordo de líderes. A notícia chegou por intermédio dos familiares da vítima.*

áudio / audio – **Áudio** = substantivo: *O áudio está com defeito.* **Audio** = elemento de composição, pede hífen quando seguido de *h* e *o*. No mais, aparece colado como unha e carne: *audiovisual, audioamplificador, audiometria.*

austro – Forma adjetivos pátrios sempre com hífen: *austro-húngaro, austro-cubano, austro-brasileiro.*

auto – Pede hífen antes de *h* e *o*. No mais, é tudo junto: *auto-hipnose, auto-observação, autoajuda, autoescola, autorregulação, autossuficiência.*

autópsia / autopsia – Com ou sem acento. É o exame do cadáver para designar a causa da morte. O mesmo que *necropsia* ou *necrópsia*. Olho na pronúncia: a fortona de *autópsia* é *tó*; de autopsia, *si*.

auxílio-doença, auxílio-maternidade, auxílio-moradia – Plural: *auxílios-doença, auxílios-maternidade, auxílios-moradia.*

avaro – Significa avarento. Paroxítona, a sílaba tônica é *va*.

Curiosidades

O avaro
Tendo o avaro tantos bens,
não tem tempo de gozá-los
pois todo o tempo que tem
é pouco para aumentá-los.
(Soares da Cunha)

avisar – Prefira a regência com objeto direto de pessoa e indireto da coisa avisada (preposição de): *Ela saiu para avisar o delegado. Vou avisar o pai da chegada do filho. Paulo avisou o irmão de que seria interrogado pelo juiz.*

azul-celeste / azul-ferrete / azul marinho / marinho – São invariáveis: *blusa azul-celeste, blusas azul-celeste, calça azul-celeste, calças azul-celeste; vestidos azul-ferrete, camisas azul-ferrete; sapato azul-marinho, sapatos azul-marinho, blusa azul-marinho, blusas azul-marinho, sapatos marinho, blusas marinho.*

BIBLIOTECA

"Se não houver cadeiras de balanço no céu, que será da tia Élida, que foi para o céu?", indagava Quintana, enquanto o bruxo Jorge Luis Borges, dependente do vício da leitura, imaginava que o paraíso fosse "uma espécie de livraria". Contaminado pelo cheiro da tinta e pela textura do papel, o usuário é seduzido pelo perigosíssimo vício da leitura. Torna-se dependente químico, vira rato de livraria e de biblioteca.

Jamais haverá dependentes químicos dos livros eletrônicos pela simples razão de que não existem bibliotecas que os acolham. Nem livrarias que os exibam. Lugares onde eles pisquem pra gente o olho tentador. Porque as bibliotecas são sofisticados supermercados de sonhos.

Nelas, é possível correr as mãos pelas lombadas dos livros, imaginar-lhes o conteúdo, vê-los em panorama, andar entre eles, algo – ainda – impossível na internet.

De repente, um daqueles livros pisca o olho e pronto: você foi seduzido. Um dia, quando não houver mais florestas onde buscar celulose para fabricar papel de impressão, as bibliotecas estarão repletas de livros eletrônicos. O sonho continua. O vício também.

Curio sida des

1. Nas caixas
Biblioteca tem duas partes. Ambas greguinhas da silva. Uma, *biblion*, quer dizer *livro*. A outra, *theké*, significa *caixa*. Antes, bem antes da explosão de publicações, os livros ficavam deitadinhos em caixa. Daí o nome.

2. O livro dos livros
Sabia? *Bíblia* vem do grego. Quer dizer *livro*.

3. Intimidade
"Chegada a noite, retorno a casa e entro no meu escritório; e, na porta, dispo a roupa cotidiana, cheia de lama e de lodo, e visto trajes reais e solenes; e, vestido assim decentemente, entro nas antigas cortes dos homens antigos, onde, recebido amavelmente por eles, me alimento da comida que é só minha, e para a qual nasci; onde eu não me envergonho de falar com eles e de perguntar-lhes as razões de suas ações. E eles com sua bondade respondem-me." (Maquiavel)

4. O mártir
As bibliotecas têm seu santo-mártir: o francês Charles-Valentin Alkan. Ele morreu em 30 de março de 1888 quando as estantes da biblioteca desabaram sobre a cama em que dormia.

5. Fantasma
A Biblioteca da Universidade de Brasília tem seu fantasma. É uma mulher de branco, vista várias vezes de madrugada pelos seguranças. Ela folheia livros que, no dia seguinte, aparecem fora de lugar. Eu, heim!

6. Dr. Roberto
Antigo funcionário da Biblioteca Nacional, José Augusto Gonçalves vê fantasmas quando chega pela manhã. Eles costumam estar sentados, lendo e, ao notá-lo, somem. Uma vez, Gonçalves passou meses organizando exemplares de *O Globo*. Quando terminou, havia um senhor careca, de terno preto, observando-o. "Parecia ser o dr. Roberto Marinho", conta ele. É capaz: dr. Roberto tinha morrido recentemente.

7. Sem desculpa
Sabe aquela desculpa de que não consegue ler nem frequentar bibliotecas porque é alérgico? Pois não funciona mais. Os *tablets* e os livros eletrônicos podem armazenar centenas e centenas de obras – sem poeira nem ácaros.

b – Letra do alfabeto. Plural: bês, bb.

Babel / babel – **Babel** = nome próprio, é a cidade da Mesopotâmia onde se erigiu a Torre de Babel. Já **babel** = substantivo comum, significa confusão de línguas, mistura de vozes, balbúrdia, grande confusão: *Todos falavam ao mesmo tempo naquela babel em que se transformou a aula do professor convidado.*

- **Torre de Babel**
- Os homens falavam uma só língua. Por isso se entendiam e rei-
- nava a harmonia. Um dia, resolveram construir uma torre que os
- levasse ao céu. A obra subiu rápido. Curioso, o Senhor espiou
- lá de cima. Ficou irado com a ousadia. Como punição, criou 6.800 línguas.
- Ninguém mais se entendeu.

bacanal – É irmãzinha de farra. Ambas são femininas: *a farra, a bacanal.*

- **Bacanais**
- Baco era filho de Zeus. Sêmela, grávida, teve o desejo de ver o mari-
- do em todo o esplendor. O deus dos deuses se mostrou. Explodiram
- clarões. A mulher não aguentou a visão. Morreu. Zeus tirou a criança
- da barriga da mãe, abriu a própria coxa e pôs o feto lá dentro. Meses
- depois, nasceu o garotão. O tempo passou. Baco descobriu a vinha
- e inventou o vinho. Viajava em carro puxado por panteras decora-
- do com folhas de parreira e hera. Acompanhavam-no as bacantes,
- mulheres que se vestiam de pele de leão. Elas bebiam, dançavam, cantavam,
- gritavam, deliravam. A animação virava farra. Eram as bacanais.

baixar / abaixar – Veja *abaixar / baixar.*

balança / balanço – **Balança** = instrumento que serve para pesar (pessoas, bichos, coisas). **Balanço** = entre tantas acepções, é a forma preferida da economia – *balanço comercial, balanço de pagamento.*

- **Balança de Têmis**
- Têmis é a deusa da Justiça. Aparece com uma venda nos olhos,
- símbolo de quem distribui sentenças sem olhar a quem. Daí dizer-
- se que a Justiça é cega. Outra marca é a balança nas mãos. Com
- ela, a deusa pesa as razões de cada um. Ambos os signos – a
- venda e a balança – representam a imparcialidade. Em bom português: a
- verdadeira justiça.

banhar / banhar-se – A mãe banha o filho. O filho se banha. (Veja *aposentar / aposentar-se*.)

Vá tomar banho
Os índios, que adoravam os banhos de rio, não suportavam o mau cheiro dos europeus, que fugiam da água e vestiam semanas a fio a mesma roupa sem lavá-la. Por isso, quando os donos desta ilha de Vera Cruz se contrariavam com as ordens dos brancos, mandavam que fossem "tomar banho". Daí a expressão "vá tomar banho".

banir – Defectivo, é preguiçoso que só. Não tem a primeira pessoa do singular do presente do indicativo (eu bano) nem o filhote dela, o presente do subjuntivo (que eu bana, tu banas, ele bana). Só se conjuga nas formas em que o *n* é seguido de *e* ou *i*: bane, banes, banimos, banem, bani, baniu, banimos, baniram; bania, bania, baníamos, baniam; banirei, banirás, banirá, baniremos, banirão; banisse, banisse, baníssemos, banissem; banindo, banido. E por aí vai.

barato / caro – 1. Se for advérbio, *barato* se mantém inflexível. Na dúvida, há duas dicas. Uma: a oração se constrói com os verbos custar, pagar ou similares. A outra: o complemento do verbo pode ser substituído pelos advérbios *pouco* ou *menos*: *Nos Estados Unidos, a gasolina custa barato* (pouco). *Paguei barato* (pouco) *pelo quadro no leilão. Em Natal, as lagostas custam mais barato* (menos) *que em Campina Grande.* 2. Se adjetivo, varia em gênero e número. No caso, a frase será construída com verbo de ligação (ser, estar, ficar, permanecer, continuar, andar): *Com a safra generosa, a cesta básica ficou mais barata. Produtos de primeira necessidade deveriam ser mais baratos. Como as verduras estão baratas!* 3. A regra vale para caro / cara.

Que barato!
A origem de barato? Só podia ser ela. A palavra vem da língua do povo que mais sabe negociar no mundo. É o árabe. No idioma de Maomé e no de Camões, mantém o significado: baixo preço. Ora, o bolso é a parte mais sensível do corpo. Daí por que nasceu a expressão "o maior barato". Eta coisa boa!

bastante – Pode ser adjetivo ou advérbio. Quando adjetivo, modifica o substantivo e se flexiona em número (motivos bastantes, bastantes vezes). O advérbio é invariável (comer bastante, bastante caros, bastante tarde). Na dúvida, substitua bastante por *muito*. Se for adjetivo, flexiona-se (motivos muitos, muitas vezes); se advérbio, mantém-se invariável (comer muito, muito caro, muito tarde).

bastar / bastar de – **Bastar** = Cuidado com a concordância quando o sujeito vem depois do verbo: *Bastam algumas horas (algumas horas bastam), Bastam-me duas horas para concluir o trabalho (duas horas me bastam para concluir o trabalho).* **Bastar de** = impessoal, mantém-se invariável: *Basta de brigas. Basta de lamúrias. Basta de promessas.*

- **Nem mais nem menos**
- Bastar vem do latim *bastare*. Na língua dos Césares e na nos-
- sa, quer dizer nada mais, nada menos do que isto: ser suficiente.
- "Para mim basta um dia", cantou Chico Buarque. "Para bom en-
- tendedor", diz o povo sabido, "meia palavra basta".

bate-boca, bate-bola, bate-coxa, bate-papo – Plural: só o substantivo se flexiona: *bate-bocas, bate-bolas, bate-coxas, bate-papos.*

As palavras compostas de verbo + substantivo jogam no time do menor esforço. Se uma se flexiona, a outra fica de pernas pro ar. "Um é bom, dois é demais", dizem elas. No caso, o verbo permanece invariável. O nome dá o recado. Vai para o plural: *lança-perfumes, guarda-roupas, salva-vidas.*

bater – 1. Quando significa dar pancada em alguma coisa ou vencer alguém, é transitivo direto: *Bateu os pregos quase sem fazer ruído. O Brasil bateu a Rússia em partida decisiva.* 2. Observe a diferença: *Bateu à porta* (para se anunciar). *Bateu na porta* (não para se anunciar, mas por outra razão, talvez raiva). 3. Na indicação de horas, concorda com o numeral: *Bateram 10 horas.*

- **Bate que bate**
- Eta verbinho profícuo! Bater deu origem a expressões pra dar e ven-
- der. Além de bate-boca, bate-bola, bate-coxa e bate-papo, outras
- pedem passagem. Uma delas: bater com a porta na cara. Pra lá de
- indelicada, a pessoa deixa de receber visita que aparece sem avisar.
- Pra quê? Em geral pra pedir favor. Outra: bater no peito. Quer dizer
- confessar culpas, demonstrar arrependimento. "*Mea culpa, mea culpa, mea ma-*
- *xima culpa*", batem no peito os católicos em certo momento da missa.

bê-á-bá / beabá – Plural: bê-á-bás, beabás.

bêbado / bêbedo – Tanto faz. As duas formas dão recado claro: a pessoa tomou um senhor porre.

Bafo de onça

Estar com bafo de onça? O que é isso? Nada mais, nada menos do que isto: de tão embriagada, a pessoa exala forte cheiro de bebida. Valha-nos, Senhor! Vade retro, satanás!

beijar – Transitivo direto, não aceita preposição: Maria beija João. João beija Maria. Maria o beija. João a beija.

MANHAS DA Língua

Quer viver um grande amor? Pra chegar lá, não bobeie. O amor é cego, mas não é surdo. Cuidado com o vocabulário amoroso. No início da relação, os verbos têm uma marca. São transitivos diretos. Abraçar, beijar, namorar e paquerar recusam intermediários. Todos eles mandam a preposição passear: *Maria paquera Rafa. Ela o namora. Rafa paquera Maria. Ela a paquera. Eu namorei Marcelo. Marcelo me namorou. Carlos abraça Teresa. Ele a abraça. Teresa abraça Carlos. Teresa o abraça.*

beija-mão – Plural: beija-mãos. (Veja *bate-boca / bate-bola*.)

bélico / beligerante / belonave – Referem-se à guerra. **Bélico** = próprio da guerra (material bélico). **Beligerante** = pessoa que faz guerra (presidente beligerante). **Belonave** = navio de guerra.

1. A guerreira

Belona se casou com Marte, o deus da guerra. E se tornou a deusa da guerra. Capacete na cabeça e lança na mão, chegava com o marido ao lugar da luta num carro puxado por quatro cavalos. O deus saltava rapidinho e se misturava aos guerreiros. A mulher guardava os animais e partia pra luta. A língua reconhece o valor da deusa guerreira. Criou várias palavras em homenagem a ela. Todas começam com *bel* – as primeiras letras de *Belona*. E mantêm parentesco com guerra. É o caso de bélico, beligerante, belicoso, belonave.

2. O berço da guerra

Guerra em português. *Bellum* em latim. Daí se originaram Belona & cia. briguenta.

bem – Use hífen quando a palavra que segue tem vida autônoma na língua ou quando é exigência da pronúncia. Comparando-se *bem-fazer* com *benfazejo*, é possível ver o que significa vida autônoma (*fazer* existe independente de *bem*, *fazejo* não). Sem hífen, bem-aventurança sugeriria a silabação be-ma-ven-tu-ran-ça.

Escreve-se, pois, com hífen: *bem-acabado, bem-aceito, bem-amado, bem-apanhado, bem-apessoado, bem-arraigado, bem-arranjado, bem-arrumado, bem-aventurado, bem-aventurança, bem-bom, bem-comportado, bem-conceituado, bem-disposto, bem-dotado, bem-educado, bem-estar, bem-fazer, bem-comportado, bem-criado, bem-ditoso, bem-dormido, bem-educado, bem-encarado, bem-ensinado, bem-estar, bem-falado, bem-falante, bem-humorado, bem-intencionado, bem-mandado, bem-me-quer, bem-nascido, bem-parecido, bem-posto, bem-querer, bem-sonante, bem-sonância, bem-sucedido, bem-visto*. (Na dúvida, consulte o dicionário.)

bem como / assim como – Veja *assim como, bem como* (*concordância*)

bem-feito / bem feito – **Bem-feito** = o contrário de malfeito (trabalho bem-feito, costura bem-feita, roteiros bem-feitos). **Bem feito** = interjeição de aplauso usada ironicamente: *Caiu? Bem feito.*

bem-querer / bem-te-vi – Plural: bem-quereres, bem-te-vis.

bem-vindo – Escreve-se assim, com hífen. *Benvindo* é nome de pessoa.

bênção / benção – Ambas as formas figuram no *Vocabulário ortográfico da língua portuguesa* (Volp). Plural: bênçãos e bençôes.

> Bênção e benção vêm do latim. Nasceram *bene-dictio*. No português, o tempo lhe deu várias caras. Entre elas, bendição, que, reduzida, virou bênção. O contrário? É maldição.

beneficência / beneficente – Sem *i* (não escreva *beneficiência, beneficiente*): *Beneficência Portuguesa, campanha beneficente.*

bento / benzido – **Bento** usa-se com os auxiliares *ser* e *estar* (foi bento, está bento). **Benzido**, com *ter* e *haver* (tinha benzido, havia benzido). (Veja *aceitado / aceito*.)

berinjela – Escreve-se assim, com j.

- **Cara de j**
  Na dúvida, lembre-se do formato da berinjela. A delícia se parece com o j. Concorda?

bi – Pede hífen quando seguido de *h* e *i*. No mais, é tudo junto: *bi-harmônico, bi-ilíaco, biatleta, bicampeão, birregional, bissistêmico.*

Bi, tri, tetra, hexa & demais familiares com mania de grandeza têm manhas. Uma delas se refere à grafia. Elas seguem as três regras de ouro do emprego do hífen. A primeira: o *h*, majestoso, não se liga a nada nem a ninguém (bi-humano, anti-histórico, tri-herói). A segunda: os iguais se rejeitam. Separam-se, por isso, com o tracinho (bi-ilíaco, contra-ataque, tetra-atleta). A última: os diferentes se atraem (bissexual, tricampeão, autoescola, tetrassistema).

bianual / bienal – As duas palavras são sinônimas. Mas, pra evitar confusão, prefira a forma corrente. É esta: use **bianual** para indicar duas vezes ao ano. **Bienal**, a cada dois anos.

bicho-de-pé / bicho de sete cabeças / bicho do mato – Plural: bichos-de-pé, bichos de sete cabeças, bichos do mato.

Medão

O que o bicho de sete cabeças tem a ver com a hidra de Lerna? Tudo. A hidra era uma cobra com o corpo de dragão e um montão de cabeças. A serpente espalhava veneno da cabeça ao rabo. Xô, fedor! Muitos tentaram matá-la, mas, quando lhe cortavam uma cabeça, ela renascia. Até que Hércules acabou com ela. A expressão *bicho de sete cabeças* inspirou-se na hidra. Significa exagerar as dificuldades.

bicho-carpinteiro / bicho-papão – Plural: bichos-carpinteiros, bichos-papões.

bico de pena – Plural: bicos de pena.

bico-de-papagaio / bico de papagaio – **Bico-de-papagaio** = planta. **Bico de papagaio** = formação óssea. Plural: bicos-de-papagaio, bicos de papagaio.

bienal – Veja *bianual / bienal.*

bijuteria – Assim, aportuguesado.

bimensal / bimestral – **Bimensal** = duas vezes por mês, quinzenal: *revista bimensal.* **Bimestral** = uma vez a cada dois meses: *prestações intermediárias bimestrais.*

bio – Pede hífen quando seguido de *h* e *o*. No mais, é tudo colado: *bio-história, bio-organização, biologia, bioenergia, biossegurança, biorritmo.*

biópsia / biopsia – As duas formas existem. Prefira biópsia, mais usual.

biótipo / biotipo – Existem as duas pronúncias. Prefira biotipo, mais usual.

bispo – Feminino: episcopisa. Adjetivo: episcopal.

blá-blá / blá-blá-blá – **Blá-blá** = prato preparado com peixe, óleo de palma e legumes. Plural: blá-blás. **Blá-blá-blá** = falação. Plural: blá-blá-blás.

Miau-miau, mia o gato. Au-au, late o cão. Muuuu-muuuu, muge a vaca. Co-có-cooó, cacareja a galinha. Cri-cri-cri, cricrila o grilo. Zum-zum-zum, zumbe a mosca. Viu? Imitamos vozes ou ruídos. Com eles, formamos palavras. São as onomatopeias. Elas enriquecem a língua e aumentam o vocabulário. Vocábulos onomatopaicos formados por palavras repetidas se escrevem com hífen: *lenga-lenga, tique-taque, toque-toque, tim-tim.*

black-tie – A inglesinha significa gravata preta. Serve de aviso aos convidados para que compareçam de smoking.

blitz – Plural: blitzes (forma cada vez mais consagrada). Existem as formas portuguesas – batida, operação policial.

Blitz

As línguas adoram conversar. No bate-papo, umas influenciam as outras. Muitas enriqueceram o léxico português. Uma delas é o alemão. Do idioma de Kant e Lutero, herdamos blitz, que quer dizer relâmpago. A palavra teve largo curso na Segunda Guerra Mundial ao caracterizar o avanço fulminante das tropas alemãs nos ataques que a protagonizavam. Blitz, aqui, manteve alguma semelhança com o significado original. Na guerra em que se transformou o trânsito, dá nome às rápidas operações com que a polícia surpreende os motoristas.

blogar – Ação de postar um texto no blogue.

boa parte de (concordância) – Trata-se do partitivo. O verbo pode concordar com *parte* ou com o complemento: *Boa parte dos estudantes saiu* (concorda com parte). *Boa parte dos estudantes saíram* (concorda com estudantes).

boa-fé – Plural: boas-fés.

boa-noite / boa noite – **Boa-noite** = o cumprimento. Plural: boas-noites. **Boa noite** = noite boa. Plural: boas noites: *Deu boa-noite. No íntimo, esperava ter uma boa noite. Boa noite, amigos. Tudo bem?*

boas-entradas / boas-festas / boa-vida – Escrevem-se assim.

boa-tarde / boa tarde – **Boa-tarde** = nome do cumprimento. Plural: boas-tardes. **Boa tarde** = tarde boa. Plural: boas tardes: *Boa tarde, senhoras e senhores. Espero que tenham uma boa tarde na companhia de nossos vendedores. O boa-tarde é cumprimento que se faz depois do almoço.*

boca – O aumentativo formal é bocarra. Popularmente se usa bocona. Ou bocão.

boca a boca – Substantivo ou locução adverbial, escrevem-se sem hífen: *Confiou no boca a boca para divulgar a qualidade da comida. A versão circulou boca a boca.*

boca de fumo / boca de lobo / boca de sino / boca de siri / boca de urna / boca do lixo – Plural: bocas de fumo, bocas de lobo, bocas de sino, bocas de siri, bocas de urna, bocas do lixo.

boca-de-leão / boca-de-lobo (plantas) – Plural: bocas-de-leão, bocas-de-lobo.

boca-livre – Plural: bocas-livres.

boemia / boêmia – **Boemia** = vida despreocupada, alegre. **Boêmia** (com acento) = região da República Tcheca; significa, também, vida despreocupada.

Curiosidades

Boas-vidas

Boêmio nasceu do francês *bohémien*. Lá e cá, a palavra tem a mesma acepção. Refere-se ao amante da noite e dos bares. Por que boêmio? É simples. Artistas e escritores parisienses eram comparados aos *bohémiens* – ciganos da Boêmia, região da República Tcheca. Tempos depois, descobriu-se que os boas-vidas não vinham de lá. Mas era tarde. O nome criou asas e voou.

boia-fria – Plural: boias-frias.

boi-bumbá – Plural: bois-bumbás e bois-bumbá.

Bolsa Escola / Bolsa Família / bolsa escola / bolsa família – **Bolsa Escola** e **Bolsa Família** = programa do governo, é nome próprio e masculino: *O Bolsa Escola trouxe prestígio para o Distrito Federal. O Bolsa Família ajuda pessoas carentes.* Já **bolsa escola** e **bolsa família** = benefício, é nome comum e feminino: *A bolsa escola mantém as crianças na sala de aula. Paulo não recebeu a bolsa família porque teve problemas de identificação.*

bom gosto / bom humor / bom senso – Plural: bons gostos, bons humores, bons sensos.

bomba-d'água – Plural: bombas-d'água.

bomba-relógio – Plural: bombas-relógio e bombas-relógios.

bom-dia / bom dia – **Bom-dia** = o cumprimento. Plural: bons-dias. **Bom dia** = dia bom. Plural: bons dias: *Ao entrar no elevador, dou bom-dia e desejo bom dia a todos. Bom dia, gente fina. Tudo bem com vocês?*

bom-mocismo / bom-tom – Plural: bons-mocismos, bons-tons.

bossa-nova – O adjetivo se escreve com hífen. O substantivo não: *A bossa nova revolucionou a* MPB. *Gosto de música bossa-nova. São bons cantores bossa-nova.*

- **A bossa é nossa**
  Bossa vem do francês *bosse*. Na língua de Voltaire, a dissílaba quer dizer inchaço, protuberância. Aqui tomou outro rumo. Significa jeitão, estilo de cada um ser ou fazer. Na metade do século passado, Tom Jobim, Nara Leão, Vinicius de Moraes & cia. lançaram a bossa nova. É o gênero musical verde-amarelo que mais sucesso faz mundo afora.

Curiosidades

bota-fora – Plural: bota-foras.

Brasis / brasis – **Brasis** (substantivo próprio) = plural de Brasil. **brasis** (substantivo comum) = território brasileiro: *Viajamos muitos meses por esses brasis. Você falou em dois Brasis. A qual deles se refere?*

Gol do Brasiiiil!

Quando os portugueses puseram os pés nesta alegre Pindorama, pensaram que se tratasse de uma ilha. Chamaram-na Ilha de Vera Cruz. Deram-se conta, depois, do erro decorrente da precipitação. Nomearam-na Terra de Santa Cruz. Por fim, ao ver a abundância de pau-brasil, bateram o martelo. Nasceu o Brasil.

buquê de – Segue substantivo no plural: *buquê de flores, buquê de rosas, buquê de margaridas.*

Buquê de flores
Já comprei até buquê de flores
E uma roupa nova pra te ver
Rosas lindas de todas as cores
Especialmente dedicadas a você.
(Tiaguinho)

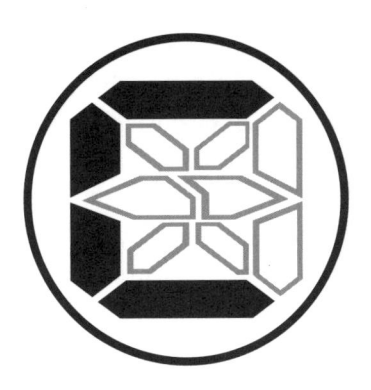

COMUNICAÇÃO

Ler Millôr Fernandes é sempre muito bom. Olha só o que ele escreveu sobre comunicação:

1. "Depois que a tecnologia inventou telefone, telégrafo, televisão, todos os meios de comunicação a longa distância, é que se descobriu que o problema da comunicação é o de perto."
2. "Falta de comunicação? Mas estão comunicando até o que nunca pensaram!"
3. "Os fatos, na verdade, já não acontecem. São fabricados nas poderosas oficinas de comunicação de massa."
4. "Praticamente todas as teorizações filosófico-políticas já tinham sido feitas há 2000 anos, na Grécia. Os grandes meios de comunicação foram inventados quando ninguém tinha nada a dizer."

Esse "de perto" a que se refere Millôr no item 1 tem a ver com o desprezo ao que queremos comunicar e a profunda importância que damos ao que queremos apenas aparentar. A ponto de, depois de ouvir o candidato falar na tevê, o eleitor cumprimentá-lo efusivo: "Não entendi nada do que o senhor disse. Mas o senhor falou tão bem que me convenceu".

Sobre o item 3: enquanto um fato não ganha a manchete ou a boca dos apresentadores dos telejornais, não ganhou o estatuto de "notícia", não é real. Sem um bom texto, não se constrói bem a realidade. A gente desconfia da veracidade de um texto cheio de erros.

Por último: tudo o que se tinha a dizer parece já ter sido dito. No teatro grego de 2 mil anos atrás. Nas peças de certo Shakespeare. Nos diálogos de Platão. Resta-nos dizer de outro modo. "Tudo bem, é Natal. Mas me conte o Natal de um modo diferente", costuma dizer um editor de jornal, meu amigo.

Vale para uma notícia ou para uma declaração de amor. Alguém aí é capaz de dizer "eu te amo" de forma diferente? Mas sem erros, senão a pessoa amada vira as costas sem dizer adeus.

1. Velho Guerreiro

"Quem não se comunica se trumbica." Chacrinha usava todos os recursos para se comunicar com clareza. E não se trumbicar.

2. Esconde que eu gosto

A palavra comunicação vem do latim *communis*. Quer dizer tornar comum, socializar o recado. Mas há pessoas que, em vez de comunicar, falam ou escrevem de forma tão complicada que ninguém entende. A torre de Babel dos nossos dias é habitada pelos que se escondem atrás do economês, do politiquês, do juridiquês, do medicinês.

3. Ruído

Ironia pura: as palavras Hermes (deus da comunicação) e hermético (obscuro, de compreensão difícil) têm a mesma raiz etimológica. Parecem lembrar que comunicação e incompreensão andam juntas, tais como pessoas que se odeiam, mas não conseguem sair de perto uma da outra.

4. Atualíssimo

"O telefone, o telégrafo, o rádio possibilitaram, a ponto de torná-la inquietante, a troca rápida das comunicações. Mas que é que nós temos a comunicar-nos? Cotações da Bolsa, resultados de futebol e histórias das relações sexuais. Saberá o homem resistir ao acréscimo formidável de poder que a ciência moderna o dotou ou destruir-se-á a si mesmo manipulando-o?" Responda depressa: o texto acima é de ontem ou de hoje? Pois pasme: é de anteontem – um século e meio atrás. O japonês Anesaki Chofu o escreveu em 1873.

c – Letra do alfabeto. Plural: cês ou cc.

cabeça-dura / cabeça-inchada – Plural: cabeças-duras, cabeças-inchadas.

- **Cabeça inchada**
- *Eu tou doente, morena,*
- *Doente eu tou, morena,*
- *Cabeça inchada, morena,*
- *Ôi, ôi, oi*
- *Ai, morena,*
- *Moreninha, meus amô,*
- *Você diz que me namora, morena,*
- *Mentira, morena,*
- *Agora morena, namora não.*
- (Luiz Gonzaga)

cabeleireiro – Deriva de cabeleira, daí os dois ii.

"A gente pensa uma coisa, escreve outra, o leitor entende outra, e a coisa propriamente dita desconfia que não foi dita." Comprovou-se a afirmação de Mário Quintana na faixa exibida em frente a charmoso salão unissex: "Corto cabelo e pinto". Resultado: os homens sumiram e as mulheres rarearam. O que houve? O xis da questão é o *e*.

A conjunção liga classes iguais: substantivo + substantivo (Maria e Paulo), adjetivo + adjetivo (bonito e elegante), pronome + pronome (eu e ele), verbo + verbo (trabalho e estudo). Os clientes leram dois substantivos (cabelo + pinto). Ops! Os senhores protegeram o pênis. As mulheres foram solidárias. Ao se dar conta da cilada, a comerciante pendurou outra mensagem: Corto e pinto cabelo. Viva! O *e*, agora, liga dois verbos — cortar e pintar.

caber – Cuidado com a conjugação: caibo, cabe, cabemos, cabem; coube, coube, coubemos, couberam; cabia, cabia, cabíamos, cabiam; coubesse, coubesse, coubéssemos, coubessem; couber, couber, coubermos, couberem; cabendo; cabido. *Não caibo em mim de contente. E você? Espero que caiba.*

cabra – Adjetivo: caprino.

Capricórnio

Sabia? Zeus só se tornou o deus dos deuses graças à cabra Amalteia. Ela era tão feia que vivia numa caverna pra não assustar as outras criaturas. Um dia, Gaia a procurou. Estava desesperada, com um recém-nascido nos braços. O pai dele tinha medo de ser destronado por um filho. Por segurança, devorava todos eles. Quando aquele nasceu, a mãe enganou o desalmado. Deu-lhe uma pedra. Ele a engoliu pensando que fosse o garoto.

A criança estava salva, mas corria perigo. O que fazer? Gaia a entregou à Amalteia. A cabra alimentou o menino com o próprio leite. Ele cresceu. Ficou forte e poderoso. Em agradecimento, Zeus homenageou o animal que lhe garantiu a vida. Transformou-o em constelação. É a constelação de Capricórnio. Capricórnio quer dizer cabra.

cada – O pronome *cada* não suporta a solidão. Deve estar sempre acompanhado de substantivo, de numeral ou do pronome *qual*: *Os livros custam R$ 50 cada um. Cada qual fez o trabalho a seu modo. Cada servidor colaborou com R$ 20. Distribuímos 30 quilos de alimentos para cada família.*

Porcada

Um dos mais vistosos cacófatos da língua é *por cada*. Ele aparece em frases como "Paguei R$ 5 *por cada* picolé". Valha-nos, Deus! Evite indigestões. Diga: "Paguei R$ 5 por picolé". E está resolvida a questão.

cada / todo – **Cada** indica diversidade de ação, particulariza: *Usa cada dia um vestido* (não repete o traje). *Cada filho tem um comportamento. Cada macaco no seu galho. Dava brinquedos a cada criança.* **Todo** generaliza. Significa qualquer: *Todo dia é dia. Dava brinquedos a toda criança.*

cada em sujeito composto (concordância) – O verbo fica no singular se os núcleos do sujeito composto forem precedidos de *cada*: *Na estante, cada livro, cada dicionário, cada enfeite deve ficar no lugar certo. Cada gesto, cada movimento, cada palavra implica alegria e saudade.*

cada um – Antes de substantivo singular, o *um* não tem vez. Por quê? *Cada* encerra ideia de unidade: *Falou com cada deputado* (não: cada um deputado). *Deu bom-dia a cada criança. Distribuiu comida a cada família. O programa ia ao ar a cada hora. A cada real gasto, pedia prestação de contas.*

cada um (concordância) – O verbo vai para a 3ª pessoa do singular: *Cada um deles tomou um rumo. Cada uma das camisas custou acima de R$ 50. Cada um de nós sairá em horários diferentes.*

café espresso – Assim, *espresso* com s.

- **Só pra você**
- *Espresso* não tem parentesco com *expresso*. Ambos soam do
- mesmo jeitinho. Mas dão recados diferentes. Com x, o trissílabo
- joga no time da rapidez (trem expresso). Com s, pertence à equi-
- pe da sedução. Quer dizer *feito, sob pressão, na hora, só pra você.* Cantada
- de italiano, não?

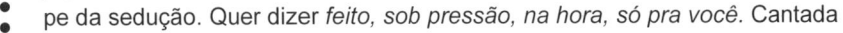

cáiser – Forma portuguesa de *kaiser*, imperador da Alemanha. Plural: cáiseres.

caixa – **A caixa** = recipiente onde se guarda algo. Também seção de banco, loja ou repartição pública onde se pagam contas ou se recebe dinheiro (a caixa de joias, a caixa do banco, a caixa do supermercado). **O caixa** = homem que trabalha como caixa (o caixa do banco, o caixa do supermercado). Se for mulher, será a caixa.

caixa dois / caixa 2 – Escrevem-se assim. Você escolhe.

caixa eletrônico – É sempre masculino.

caixa postal – Quando acompanhado de número, letra maiúscula. O número não é antecedido de vírgula: *Não encontrei a caixa postal. Caixa Postal 45.*

caixa-preta – Plural: caixas-pretas.

- **Caixa laranja**
- Sabia? A caixa-preta dos aviões é laranja. A razão: é a cor mais
- fácil de identificar.

cal – É substantivo feminino. Plural: as cales, as cais.

calda / cauda – Bichos, vestidos, piano têm **cauda**. Doces, **calda**.

MANHAS DA Língua

Maldade e saudade soam do mesmo jeitinho. O *l* no fim da sílaba se confunde com o *u*. É aí que mora o perigo. Gente boa costuma escrever uma letra em lugar de outra. Vítimas não faltam. Uma delas é cauda. A pobrezinha apanha mais que mulher de malandro antes do movimento feminista e da Delegacia da Mulher.

O trecho a seguir, extraído de coluna social, serve de prova: "Apelar para o longo também não tem nada a ver. Se esse longo tiver calda, então, valha-me, Deus!" Leitores ficaram encucados. Como um vestido poderia ter calda? Estaria pincelado com calda de chocolate, morango ou baunilha? Sabe-se lá.

Fato parecido aconteceu em páginas de outro jornal. A matéria tratava de óperas e concertos. Lá pelas tantas, apareceu esta: "O solista tocará o piano de calda do Teatro Municipal". A dúvida bateu. A cauda do piano armazenaria calda de doce para deliciar os intervalos? Nestes tempos modernos, tudo é possível.

câmara / câmera – Os deputados federais se reúnem na Câmara dos Deputados. Os estaduais, nas assembleias legislativas. Os de Brasília, na Câmara Legislativa. (Câmara Distrital não existe. Os deputados é que são distritais.) Na acepção de instrumentos que captam imagens, valem as duas grafias – câmara e câmera (câmara ou câmera fotográfica).

camionete / caminhonete – As duas grafias merecem nota 10.

câmpus – A forma aportuguesada *câmpus* ganha espaço na imprensa e na comunicação moderna. Como ônus, ânus e bônus, tem a mesma forma para o singular e o plural.

Curiosidades

Elitista
A academia prefere manter a forma latina *campus* para nomear o conjunto de terreno e prédios de uma universidade. É metida a besta que só. Mais besta ainda é o plural. Nada menos que *campi*.

candidato / candidatura – Pedem a preposição *a*: *Candidato à Presidência da República. Sua candidatura ao Senado tem merecido aplausos.*

- **Cândidos**
- A palavra *candidato* vem do latim *candidatus,* que significa ves-
- tido de branco. É que, na Roma antiga, os postulantes a cargos
- públicos usavam roupa dessa cor. Não era por acaso. O branco
- dava ideia de pureza e honradez. Nas democracias, os louquinhos pelo poder
- adotaram o nome. Mas deixaram a alvura pra lá. Com ela, foi-se a pureza.

cáqui / caqui – **Cáqui** = cor. **Caqui** = frutinha que desce redonda e gostosamente.

- **Cáqui**
- Cáqui é cor que não sai da moda. Desfila nas passarelas, frequenta
- as telas de cinema, toma assento nos bancos escolares. A palavra
- veio de longe, lá da Índia. Em hindi-urdu quer dizer *cor de terra.*
- Eis a história: o uniforme do exército britânico tinha calças brancas.
- A poeira as encardia. Os militares decidiram tingir as vestes usando café e
- caril em pó. Viva! A invenção se tornou padrão também para o exército norte-
- americano. Depois ganhou o mundo.

cara-pintada – Plural: caras-pintadas.

- **Cara-pintada**
- Pintar a cara é antigo como andar pra frente. Não é novo tampou-
- co colorir o rosto para expressar protesto. Os índios o faziam em
- tempos de guerra. Mas a duplinha ganhou notoriedade no gover-
- no Fernando Collor de Mello. Milhares de jovens tomaram as ruas
- de São Paulo em 1992. Com o rosto colorido de verde-amarelo,
- exigiam o *impeachment* do então presidente. Conseguiram. Cara-pintada,
- desde então, passou a designar a moçada valente que vai às ruas gritar por
- direitos e conquistas.

caráter – Tem plural. É *caracteres: político de bom caráter, políticos de bons carac-teres; mau caráter, maus caracteres.*

carecer – Pede a preposição *de*: *O partido carece de líderes.*

cargos e títulos – Grafam-se com a inicial minúscula: *presidente da Repúbli-ca, senador, deputado, ministro da Fazenda, arcebispo, general, rei, príncipe. Dom* se escreve com a inicial maiúscula: *D. Pedro II, Dom Eugênio Sales.*

carnaval – Festa pagã, escreve-se com a inicial minúscula: *O carnaval do Rio e o de Salvador atraem milhões de turistas.*

Curio sida des

Folia é coisa séria

Carnaval é coisa tão séria que a Igreja o controla. A Santa Sé manda no calendário: "O Momo só pode reinar 40 dias antes da Páscoa". A permissão vai do Dia de Reis (6 de janeiro) à quarta-feira de cinzas. Depois disso, o mundo se veste de roxo. O Vaticano interferiu também no nome. Carnaval vem de carne. Significa dias em que a carne é liberada. Opõe-se à quaresma, período de abstinência.

caro / cara – Veja *barato / caro.*

carro-bomba / carro-chefe / carro-forte / carro-guincho / carro-leito / carro-pipa – Plural: carros-bomba ou carros-bombas, carros-chefes, carros-fortes, carros-guincho ou carros-guinchos, carros-leito ou carros-leitos, carros-pipa ou carros-pipas.

carrossel – Plural: carrosséis.

carta-bomba – Plural: cartas-bomba ou cartas-bombas.

cartão-postal – Plural: cartões-postais.

Curio sida des

Bilhete-postal

O primeiro cartão-postal foi emitido no século 19, nos Estados Unidos. No Brasil, o envio de cartão-postal foi instituído por decreto em 1880. Chamava-se, naquele tempo, bilhete-postal.

casa – Quando se trata da própria residência, não se usa com artigo. Por isso não admite crase: *Voltei a casa depois das 10 horas.*

MANHAS DA Língua

Em dia de festa, o Palmeiras apanhou. Levou dois gols do Sport. Não fez nenhum. "O que aconteceu?", perguntava a torcida atônita. A resposta não estava no gramado. Estava na língua. "O bom filho à casa torna", dizia frase que figurava na camiseta do time. Senhora pisada de bola. Puseram crase onde crase não há. Esqueceram que o acento grave indica o casamento de dois aa. Um deles é a preposição. O outro, quase sempre, o artigo definido.

O xis da confusão: a palavra *casa*. Se falamos da nossa casa, o artigo não tem vez. (*Saiu de casa. Voltou para casa.*) Sem o pequenino, o uso do acento da crase é impedimento certo: *O goleiro, depois da partida, se dirigiu a casa sem demora. O bom filho a casa torna.*

Se for a casa dos outros, o jogo vira. O artigo entra em campo (*a casa dos pais, saiu da casa dos amigos*). Aí, escala-se a crase: *Depois da partida, o goleiro se dirigiu à casa dos amigos. O bom filho à casa dos pais torna. Foi à casa do adversário.*

Moral do placar: A bola cheia virou bola murcha.

casar / casar-se – No sentido de contrair núpcias, prefira a forma pronominal: *Paulo se casou no fim do ano*. O padre casa os noivos, mas os noivos se casam.

cacete / cassetete – **Cacete** = porrete. **Cassetete** = bastão de madeira ou borracha usado por policiais.

cassete – Não tem plural quando qualifica substantivo: *fita cassete, fitas cassete*.

cataclismo – Olho vivo, marinheiros de poucas viagens. Cataclismo é masculino e não abre.

catalão – Plural: cataláes.

cataplasma – É substantivo feminino: *O médico receitou uma cataplasma de tabaco*.

catequese / catequizar – O substantivo se escreve com *s*; o verbo, com *z*.

Os professores repetem e repetem. O sufixo -isar não existe. Mal eles falam, a meninada se lembra de *paralisar, analisar, pesquisar*. As quatro letrinhas

lá estão, firmes e fortes. Também se lembram de *civilizar, organizar, catequizar & cia*. Como explicar a aparente contradição? É simples. A chave da resposta se encontra no nome que dá origem ao verbo.

Vale o exemplo de analisar. Ele é derivado de análise. Ora, se análise tem s no radical, ele se mantém no verbo. É o caso de bis (bisar), catálise (catalisar), pesquisa (pesquisar), análise (analisar), liso (alisar), improviso (improvisar). O is faz parte da palavra primitiva. O verbo se formou com o acréscimo do -ar. Palmas pro professor. Isar não existe.

Como explicar a presença do -izar em amenizar, capitalizar etc. e tal? Os coitados não têm o *s* onde o -*ar* possa se agarrar. Precisam de uma ponte. Construíram o *iz*. Alguns privilegiados têm o z no radical. Nada mais justo que respeitar a família. É o caso de cicatriz (cicatrizar), deslize (deslizar), juízo (ajuizar), raiz (enraizar).

Moral da história: o emprego de isar e izar é questão de família.

cateter – Oxítona, não tem acento. Plural: cateteres.

cear – Indicativo: presente do indicativo (ceio, ceias, ceia, ceamos, ceais, ceiam), pretérito perfeito (ceei, ceaste, ceou, ceamos, ceastes, cearam), pretérito imperfeito (ceava, ceavas, ceava etc.), pretérito mais que perfeito (ceara, cearas, ceara etc.), futuro do presente (cearei, cearás, ceará etc.), futuro do pretérito (cearia, cearias, cearia etc.). Subjuntivo: presente do subjuntivo (que eu ceie, ele ceie, nós ceemos, vós ceeis, eles ceiem), pretérito imperfeito (ceasse, ceasses, ceasse etc.), futuro (cear, ceares, cear etc.). Particípio (ceado). Gerúndio (ceando).

Os verbos terminados em -ear são pra lá de conjugados. É que, entre os membros da ilustre família, figuram cear, frear, passear e presentear. Eles se conjugam do mesmo jeitinho. O presente do indicativo e o do subjuntivo têm uma marca. Perdulários, exibem uma letra a mais. É o *i*. Mas o nós e o vós não entram na gastança. Econômicos, ficam com as outras pessoas dos outros tempos – sem a vogal excedente. Observam o modelo do cear – sem tirar nem pôr.

ceder – Pede a preposição *a*: *Cedeu aos apelos do líder.*

cela / sela – **Cela** = aposento, quarto de dormir pequeno, quarto de penitenciária. **Sela** = arreio de cavalo. (Forma do verbo selar: *eu selo, ele sela.*)

censo / senso – **Censo** = recenseamento (censo demográfico). **Senso** = juízo, capacidade de julgar, avaliar, sentir: *bom senso, senso moral, senso de humor, senso artístico, senso do ridículo.*

censor / sensor – **Censor** = pessoa que censura. **Sensor** = aparelho (radar, sonar) que detecta alvos ou mudanças no ambiente.

cerrar / serrar – **Cerrar** = fechar (cerrar a porta, as janelas, as cortinas). **Serrar** = cortar com serra (serrar a madeira, serrar o tronco, serrar o galho).

certificar – Tem dupla regência: a) objeto direto de pessoa e indireto daquilo que se certifica: *Certifiquei-o da punição que lhe fora imposta.* b) objeto direto da coisa certificada e indireto de pessoa: *Certifiquei-lhe o ocorrido. Certificamos a presença aos interessados.*

cervo / servo – **Cervo** = veado. **Servo** = criado.

cesárea / cesariana – Escrevem-se assim: o primeiro com *e*, o segundo com *i*. Atenção: parto cesáreo, parto cesariano.

cessão – Ato de ceder: *cessão de direitos.*

chá / xá – **Chá** = bebida. **Xá** = título do soberano da Pérsia (Irã). (Veja *cheque / xeque.*)

Chá das cinco

Em português é chá. Em inglês, *tea*. Em espanhol, *té*. Em italiano, *tè*. Em francês, *thé*. Em alemão, *Tee*. Por que a diferença? A palavra veio da China. Ambas as formas nasceram do mesmo ideograma. É que o danado tem pronúncias diferentes. No dialeto mandarino, é ch´a. No fun-kien, tê. Nós ficamos com o primeiro.

chamado – Cuidado com o modismo. Use *chamado* só quando você falar de algo cujo nome não é o referido, mas é conhecido como tal. É o caso de: *Radares eletrônicos, os chamados pardais, alimentam a indústria das multas.* Não há por que escrever, por exemplo, os "chamados exames preventivos". Exame preventivo é exame preventivo. O cinema não é a "chamada" sétima arte. É a sétima arte. As praças onde se reúnem os drogados não é a "chamada" Cracolândia. É a Cracolândia. As ONGs não são o "chamado" terceiro setor. São o terceiro setor.

De Yves Saint Laurent

"Trata-se de estilo, não de moda. A moda se esvai; o estilo é eterno."

chamar – Tem diferentes regências. 1. Na acepção de mandar vir, é transitivo direto: *chamar o médico, chamar o secretário, chamar Maria, chamar os filhos*; 2. na de dar nome, transitivo direto ou indireto: *chamaram-no salvador* ou *chamaram-lhe salvador*; 3. na de invocar, transitivo indireto com preposição *por* : *Chamou por Deus. Chamou pelo filho antes de desaparecer.*

Projeto

"Quando eu morrer, com certeza vou pro céu. O céu é uma cidade de férias, férias boas que não acabam mais. Assim que eu chegar, pergunto onde mora lá minha gente que foi na frente. Dou beijos. Dou abraços. E depois? Depois eu quero ir à casa de São Francisco de Assis. Pra ficar amigo dele, amigo de verdade. Tão amigo, tão íntimo que ele há de me chamar Alvinho e eu hei de lhe chamar Chiquinho." (Álvaro Moreira)

chamar a atenção – Assim, com o substantivo precedido do artigo (chamar a atenção de alguém). Não use a construção viciosa chamar alguém à atenção (*ele foi chamado à atenção pelo irmão*). Xô, coisa ruim!

champanhe – Prefira o substantivo masculino: *o champanhe. Quer um champanhe?*

- **Tim-tim!**
- O champanhe nasceu na província de Champagne. Por isso só
- existe champanhe francês. Como provar? Foi uma guerra de foi-
- ce. Países da Europa colhiam excelente uva. Produziam, por isso,
- excelentes espumantes. Chamavam-no de champanhe. Com
- medo da concorrência, a França bateu pé e exigiu exclusividade do nome.
- Conseguiu. A Itália ficou com a derrota atravessada na garganta. Decidiu
- apostar em denominação 100% nacional. Propaganda não faltou. Jogadas
- de marketing tampouco. Resultado: o prosecco virou moda.

chauvinismo – Escreve-se assim, com *au*. Pronuncia-se *chovinismo*.

chave – Na composição, escreve-se com hífen. Admitem-se dois plurais: *peça-chave* (peças-chaves, peças-chave), testemunha-chave (testemunhas-chaves, testemunhas-chave), palavra-chave (palavras-chaves, palavras-chave).

- **A sete chaves**
- Em tempos idos e vividos, os reis de Portugal guardavam joias e do-
- cumentos importantes em baú com quatro fechaduras. Cada cha-
- ve era distribuída a um alto funcionário do reino. As preciosidades
- ficavam tão seguras que o quatro cedeu o lugar ao místico sete,
- que aparece nos sete dias da semana, nas sete cores do arco-íris, nos sete
- pecados mortais, nas sete vidas do gato etc. e tal. Desde então, a expressão
- "guardar a sete chaves" passou a designar algo muito bem guardado.

chavões e modismos – Surpresa é importante ingrediente do estilo. Chama a atenção e desperta a curiosidade. É o gosto pelo inusitado. O chavão vai de encontro à novidade. A palavra ou expressão, tantas vezes repetida, torna-se arroz de festa. *Pontapé inicial, abrir com chave de ouro, cair como uma bomba* & cia. tiveram frescor algum dia. Hoje soam como coisa velha. Transmitem a impressão de pessoa preguiçosa, incapaz de surpreender. Xô!

- **1. Para ler e nunca usar**
- Eis chavões e modismos em ordem alfabética: a cada dia que
- passa, a duras penas, a olho nu, a olhos vistos, a ordem é se di-
- vertir, à saciedade, a sete chaves, a todo vapor, a toque de caixa,
- abertura da contagem, acertar os ponteiros, agarrar-se à certeza
- de, agradar a gregos e troianos, alto e bom som, alimentar a es-

perança, ao apagar das luzes, aparar as arestas, apertar os cintos, arregaçar as mangas, ataque fulminante, atear fogo às vestes, atingir em cheio, atirar farpas.

Mais: baixar a guarda, barril de pólvora, bater em retirada, cair como uma bomba, cair como uma luva, caixinha de surpresas, caloroso abraço, campanha orquestrada, cantar vitória, cardápio da reunião, carta branca, chegar a um denominador comum, chover no molhado, chumbo grosso, colocar um ponto final, com direito a, comédia de erros, como manda a tradição, como se sabe, como já é conhecido, comprar briga, conjugar esforços, corações e mentes, coroar-se de êxito, correr por fora.

Um pouco mais: cortina de fumaça, dar o último adeus, de mão beijada, deitar raízes, deixar a desejar, debelar as chamas, desbaratar a quadrilha, detonar um processo, de quebra, dispensa apresentação, divisor de águas, do Oiapoque ao Chuí, erro gritante, efeito dominó, em compasso de espera, em pé de igualdade, em polvorosa, em ponto de bala, em sã consciência, em última análise, eminência parda, empanar o brilho, encostar contra a parede, esgoto a céu aberto, estar no páreo.

Mais ainda: faca de dois gumes, familiares inconsoláveis, fazer as pazes com a vitória, fazer das tripas coração, fazer uma colocação, fazer vistas grossas, fez por merecer, fonte inesgotável, fugir da raia, gerar polêmica, hora da verdade, importância vital, inflação galopante, inserido no contexto, jogo de vida ou morte, lavar a alma, lavrar um tento, leque de opções, levar à barra dos tribunais, literalmente tomado, longo e tenebroso inverno, lugar ao sol, luz no fim do túnel, maltraçadas linhas, menina dos olhos, morto prematuramente, na ordem do dia, na vida real, no fundo do poço, óbvio ululante, ovelha negra, página virada.

Ainda mais: parece que foi ontem, passar em brancas nuvens, pelo andar da carruagem, perder um ponto precioso, perdidamente apaixonado, perfeita sintonia, petição de miséria, poder de fogo, pôr a casa em ordem, preencher uma lacuna, propriamente dito, requinte de crueldade, respirar aliviado, rota de colisão, sair de mãos abanando, sagrar-se campeão, saraivada de golpes, sentir na pele, separar o joio do trigo, ser o azarão, sorriso amarelo, tecer comentários, tirar do bolso do colete, tirar uma conclusão, tiro de misericórdia, trair-se pela emoção, trazer à tona, trocar farpas, via de regra, via de fato, voltar à estaca zero.

Ufa!

2. Mais do mesmo

Chavão tem sinônimos. Um é lugar-comum. Outro, clichê. Alguns dizem ladainha. Também vale estribilho. Às vezes falatório. Ou bordão. Ou, quem sabe, nhem-nhem-nhem. Na origem, chavão é chave grande ou molde de metal. Serve pra imprimir adornos nos bolos ou pra marcar o gado. Tem a ver com repetição. Em sentido amplo, é o que se faz, se diz ou se escreve por costume. Do mesmo jeitinho. Sem esforço – como se tirado de um molde.

chefa / chefe – Ambas figuram no dicionário. Prefira **chefe** para o feminino. **Chefa** tem, em geral, sentido pejorativo.

chegada – Pede a preposição *a*: *Aplaudiram o presidente na triunfal chegada à cidade. Chegada a São Paulo. Chegada à igreja.*

chegar – Rege a preposição *a*: *Chegou à terra prometida. Chegou a Brasília. Chegou ao trabalho.* Há duas exceções. Uma: chegar em casa. A outra: as locuções de tempo que pedem a preposição em: *Chegaremos em plena forma. Chegou em cima da hora. Chegou em tempo de assistir à aula inaugural.*

cheque / xeque – **Cheque** = documento bancário. Pode ter fundos ou não. Daí cheque com fundos, cheque sem fundos (não *fundo*). **Xeque** = jogada de xadrez (xeque-mate) ou o título de poderosos árabes (xeque saudita).

cheque-caução – Plural: cheques-caução.

chimpanzé – Escreve-se assim.

chocar – 1. No sentido de bater, ir de encontro, pede a preposição *com*: *O carro chocou(-se) violentamente com a árvore. Os planos do ministro chocaram(-se) com os das empreiteiras.* Bater e colidir podem ser usados como sinônimos. 2. Na acepção de ofender, melindrar, é transitivo direto: *O desdém do pai chocou o filho.*

cidadão – Plural: cidadãos. Feminino: cidadã, cidadãs.

cidra / sidra – **Cidra** = o fruto da cidreira. De sabor azedo, geralmente é usado no preparo de doces e compotas. **Sidra** = bebida com que a maioria dos brasileiros celebra a chegada do ano-novo. Para produzi-la, utiliza-se suco fermentado de maçã.

cinquenta – Assim mesmo. Não existe *cincoenta.*

cinza / cinza-claro / cinza-escuro – São invariáveis: *terno (cor da) cinza, ternos cinza, camisa cinza, camisas cinza, terno cinza-claro, ternos cinza-claro, bolsa cinza-claro, bolsas cinza-claro, sapatos cinza-escuro, sandálias cinza-escuro.*

círculo vicioso – É essa a expressão. Contrário: círculo virtuoso.

circum – Pede hífen quando seguido de vogal, h, m e n. No mais, é tudo junto: *circum-ambiente, circum-escolar, circum-hospitalar, circum-marítimo, circum-navegação, circunferência, circumpercorrer, circuncentrar.*

cisma – **O cisma** = dissidência ou cisão religiosa. **A cisma** = devaneio, capricho, ideia fixa.

clã – Substantivo masculino: *o clã, chefe do clã.*

co – Não aceita hífen nem a pedido de majestades e excelências: *cogestão, coavalista, coautor, coerdeiro, cogerador, coeleito, cofundador, corréu, coordenação, coorganizador.*

cociente – Variação de quociente. Não confundir com coeficiente.

colchão / coxão – O **colchão** fica na cama. O **coxão**, mole ou duro, no açougue. É a coxa grandona do boi.

coleção de... – Segue substantivo no plural: *coleção de selos, coleção de carrinhos, coleção de moedas, coleção de fotografias antigas.*

cólera – A ira é feminina (a cólera). A doença (cólera-morbo) joga nos dois times. Pode ser feminina e masculina (a cólera, o cólera).

coletivo (concordância) – O sujeito coletivo leva o verbo para o singular: *O rebanho era composto por mais de 5 mil cabeças de reses. O povo aplaudiu o espetáculo.*

coligação – Pede a preposição *de*: *coligação de partidos políticos.*

coligado – Rege as preposições com, contra, para, por: *Coligado com o* PT. *Coligado contra o* PT. *Coligado para enfrentar o* PT. *Coligado por afinidades políticas.*

coligar / coligar-se – **Coligar** = no sentido de unir para um fim comum, associar-se por coligação, é transitivo direto, não pede preposição: *Os interesses mútuos coligaram os dois partidos.* **Coligar-se** = rege as preposições *a* e *contra*: *Os pequenos partidos coligaram-se ao* PT. *Os grandes partidos coligaram-se contra o* PT.

colocação / colocar uma questão – É clichê. Xô! Escolha *questionar, perguntar* e similares.

colocação dos pronomes átonos – No português do Brasil, embora haja grande flexibilidade de emprego, algumas regras devem ser observadas na norma culta:

1. Não se inicia frase com pronome átono, prática aceita na língua falada, mas rejeitada pela escrita formal: *Dirigiu-lhe a palavra. Obrigou-o a retirar-se da reunião. Apresentaram-se respeitosamente.*
2. É obrigatória a próclise (colocação do pronome antes do verbo) quando o verbo vem precedido das seguintes partículas que a atraem:

    2.1. palavras negativas (não, nunca, jamais, ninguém, nenhum, nada, nem): *Não me telefone amanhã. Ninguém o procurou na ausência do diretor. Nada se sabe a seu respeito. Não se sente bem, nem se sente à vontade.*

    2.2. advérbios, quando não vêm separados por vírgula: *Aqui se fala português. Talvez nos encontremos no aeroporto. Amanhã o apanharei em casa às duas horas.* (Mas: *Aqui, fala-se português. Ontem, pediu-me dinheiro emprestado.*)

    2.3. pronomes relativos (que, qual, onde, cujo, quanto): *O candidato que se apresentou primeiro tirou a melhor nota da prova. A cidade onde se encontraram fica a 100 quilômetros de São Paulo. A carnaúba, da qual se falou no simpósio, é nativa das regiões semiáridas do Nordeste. Trouxe tudo quanto lhe pedi.*

2.4. pronomes indefinidos (quem, alguém, ninguém, tudo, todos, nada, algum, nenhum, poucos, muitos): *Muitos se negaram a abandonar o recinto. Alguém me escreveu, mas não se identificou.*

2.5. conjunções subordinativas (que, se, porque, porquanto, como, já que, desde que, visto que, embora, conquanto, ainda que, se bem que, se, caso, contanto que, desde que, conforme, consoante, de modo que, de maneira que, de forma que, para que, a fim de que, à medida que, à proporção que, quando, até que, tanto que): *Quero que se retirem imediatamente. Como se classificou em primeiro lugar, já foi convocada. Se me convidarem, irei.*

2.6. pronomes interrogativos (por que, como, onde, quando, quanto, quem): *Por que você lhe telefonou? Onde ele o encontrou? Por que sua saída o abalou tanto? Quanto lhe custou o carro novo? Como se chega a sua casa?*

2.7. palavras exclamativas (quanto, como, quem): *Quanto me custou chegar até aqui! Como se bebe nesta cidade! Quem me dera viver essa aventura!*

> **MANHAS DA Língua**
>
> Não generalize. Às vezes, a vírgula separa termos intercalados. Mas, lá atrás, permanece a palavra em que o pronome se ampara. Compare: *O presidente disse **que se** entenderá com a oposição apesar dos pesares. O presidente disse **que**, apesar dos pesares, **se** entenderá com a oposição.*

3. As orações que exprimem desejo também exigem a próclise: *Deus o acompanhe! Que os anjos lhe digam amém!*

4. Nas locuções verbais:

4.1. não se usa pronome átono depois do particípio: *Haviam me convidado* (nunca: *haviam convidado-me*);

4.2. na presença de partícula atrativa, coloca-se o pronome antes do verbo auxiliar ou depois do verbo principal (exceto particípio): *Não lhe vou telefonar ou Não vou telefonar-lhe.*

> **MANHAS DA Língua**
>
> O futuro do presente e o futuro do pretérito são cheios de nove-horas. Intolerantes, não aceitam pronome depois deles. A ênclise, por isso, não tem vez com as estranhas criaturas. Resultado: inventou-se a mesóclise – o pronome no meio do verbo: *Convencê-lo-íamos a aceitar. Far-lhe-ei este favor.* Há quem não goste da forma. Para fugir dela, usa o sujeito: *Nós o convenceríamos a aceitar. Eu lhe farei este favor.*

- **Desconfiança mineira**
- "Não se deve confiar em quem emprega a mesóclise com perfeição."
- (Tancredo Neves)

"Como cadastrar-se no sorteio?" "Como se cadastrar no sorteio?" Ambas as frases soam bem. O xis da questão reside no infinitivo (cadastrar). Com essa forma, vale tudo. O pronome pode ir antes ou depois do verbo. Não respeita nem as palavras que atraem o atonozinho: *Saiu para preparar-se. Saiu para se preparar. Gostaria de me aposentar já. Gostaria de aposentar-me já. Por que candidatar-se ao Senado? Por que se candidatar ao Senado?* Oba! Com o infinitivo é acertar ou acertar.

colorir – Conjuga-se como abolir.

- **Sem colorido**
- *Usava um vestido branco*
- *E carregava uma sombrinha branca.*
- *Eu a vi apenas por um segundo.*
- *Ela nem me viu.*
- *Mas aposto que não se passa um mês*
- *Sem que nela pense.*
- (Cidadão Kane)

com (concordância) – Quando os núcleos do sujeito estão ligados pela conjunção *com*, ocorrem duas hipóteses: se o *com* tiver valor de *e*, o verbo vai para o plural; se significar *em companhia de*, concordará com o núcleo do sujeito, e o termo por ele introduzido virá entre vírgulas: *O ministro com* (= e) *os assessores responderam às perguntas dos parlamentares com desenvoltura. O acusado, com* (= na companhia) *a mulher, os filhos e o advogado, apresentou-se ao delegado.*

Reparou na malandragem? A companhia vem separada por vírgulas. A adição dispensa a bengala:
O professor com os alunos visitaram o Congresso.
O professor, com os alunos, visitou o Congresso.

com nós / conosco – **Com nós** = vem acompanhado por palavras reforçadoras, como *próprios, mesmos, todos: Os livros ficarão com nós todos. As crianças saíram com nós dois ontem à noite. Queremos estar de bem com nós próprios.* **Conosco** = sem palavras de reforço: *Os livros ficarão conosco. As crianças saíram conosco. Querem estar de bem conosco.*

1. Companhia

Puxa! Que legal! A palavra *companheiro* nasceu de duas partes. Ambas latinas. A primeira, *cum*, quer dizer *com*. A outra, *panis*, significa *pão*. *Companheiros* são pessoas que dividem o pão. Comem o pão juntas.

2. Conselho

Os árabes, notáveis pela hospitalidade, ensinam este provérbio aos filhos: "Se você tem um pão, coma a metade. Guarde a outra metade na geladeira para dá-la a quem bater à sua porta".

coma – **A coma** = a cabeleira vasta e crescida. **O coma** = estado mórbido de inconsciência: *O enfermo estava em coma profundo. Trata-se de coma induzido.*

começar a / a partir de – As duas locuções indicam início. Juntá-las é baita pleonasmo. Dizer "O aumento da passagem começa a ser cobrado a partir do dia 15". Ops! Que redundância! Melhor ficar com uma ou outra. Assim: *O aumento da passagem começa a ser cobrado no dia 15. A passagem tem aumento a partir do dia 15.*

como sendo – É dispensável: *Foi considerado (como sendo) o melhor jogador do século. A presidente o julgou (como sendo) a pessoa ideal para o cargo. Fernanda o avaliou (como sendo) tímido para o papel.*

comparecer – Pede a preposição *a*: *Compareceu ao encontro dos chefes de Estado.*

competir – Conjuga-se como *repetir*: *repito (compito), repete (compete), repetimos (competimos), repetem (competem); repita (compita), repitamos (compitamos), repitam (compitam); repetindo (competindo), repetido (competido).*

Vamos combinar? *Compito* é muito feio. Como a língua é um sistema de possibilidades, partamos pra outra. Que tal *disputo*?

complicar / complicar-se – *Os impostos complicam a vida do cidadão, mas o cidadão se complica.* (Veja *aceitado / aceito*.)

comprimento / cumprimento – **Comprimento** = medida. *Atenção ao comprimento da saia, da estrada, do corredor.* **Cumprimento** = saudação ou realização. *Não se esqueça do cumprimento na entrada e na saída. É importante o cumprimento pontual das tarefas.*

Cumprimentar é queridinho da correspondência. Cartas, ofícios, memorandos? Lá está ele. Pega bem, pois, tratá-lo bem. Cumprimentar, transitivo direto, rejeita intermediários. A gente cumprimenta alguém (não: a alguém): *Eu cumprimento João. João cumprimenta Rafael. O diretor cumprimenta você.* Na substituição do nome pelo pronome, é a vez do *o* ou do *a*. (Nada de *lhe*): *Eu o cumprimento. Tenho a honra de cumprimentá-lo. Você as cumprimentou? Quero cumprimentá-las pela nota.*

comunicar – Pede objeto direto de coisa e indireto de pessoa: *O presidente comunicou a decisão aos deputados presentes.* Atenção: ninguém pode ser comunicado, mas informado, avisado.

concertar / consertar – **Concertar** = harmonizar. **Consertar** = reparar, restaurar. *Concertar opiniões, consertar o chuveiro.*

concerto / conserto – **Concerto** = harmonia (concerto das nações, concerto da orquestra sinfônica). **Conserto** = remendo, reparo (conserto do carro, conserto da estrada, conserto do aparelho).

Concordância com porcentagem – **1.** Com o número anteposto ao verbo, prefere-se a concordância com o termo posposto: *Quinze por cento da população absteve-se de votar. Cerca de 1% dos votantes tumultuaram o processo eleitoral.*

Se o número percentual estiver determinado por artigo, pronome ou adjetivo, adeus, escolha. A concordância se fará só com o numeral: *Os 10% do eleitorado deixaram para votar nas primeiras horas da tarde. Uns 8% da população economicamente ativa ganham acima de 10 mil reais. Este 1% de indecisos será o fiel da balança. Bons 30% do Senado faltaram à convocação.*

2. Com o número percentual depois do verbo, a concordância se faz obrigatoriamente com o numeral: *Abstiveram-se de votar 30% da população. Tumultuou o processo 1% dos candidatos inconformados com a flagrante discriminação.*

"O estilo", ensinou Montaigne, "tem três virtudes – clareza, clareza, clareza". Por respeito à lição do mestre, o sinal % aparece em todos os números: *A inflação dos últimos quatro anos ficou entre 5% e 7%. Os servidores terão aumento variável: de 4% a 28%. (A regra vale para outros signos: No fim de semana, rodo de 20km a 40km. Trabalhamos das 8h às 18h. Compre de 3kg a 5kg de carne. Os preços vão de R$ 5 a R$ 1.000.)*

concordância com *se* – Nas frases construídas com o pronome apassivador *se*, facilmente se cometem erros de concordância. Por isso, preste atenção dobrada a elas. O primeiro passo é procurar o sujeito. O verbo concorda com ele. *Exige-se boa aparência* (Que é que se exige? Boa aparência, sujeito). *Procuram-se candidatos* (Que é que se procura? Candidatos, sujeito). *Adotaram-se medidas severas* (Que é que se adotou? Medidas severas, sujeito).

- Singular? Plural? Em caso de dúvida, recorra a este truque: construa a frase com o verbo ser: *Exige-se boa aparência. (Boa aparência é exigida.) Procuram-se candidatos. (Candidatos são procurados.) Adotar-se-ão medidas severas. (Medidas severas serão adotadas.)* Viu? Se o verbo *ser* ficar no plural, o verbo da frase também fica. Se no singular, o verbo vai atrás.
- Nem sempre o *se* é pronome apassivador. Em geral, na voz passiva, o verbo é seguido de substantivo sem preposição (*Procuram-se digitadores. Vendem-se carros novos e usados. Alugam-se casas*). Se não for seguido de substantivo, ocorrem duas possibilidades: 1) o verbo será acompanhado de preposição (*Trata-se de problemas domésticos. Obedece-se aos superiores*), ou 2) não será seguido de substantivo (*Come-se bem em Brasília. Dorme-se mal nas cidades barulhentas*). O verbo, no caso, permanece na terceira pessoa do singular.

concordância nominal – Na concordância nominal, observe dois pormenores. Um: se o adjetivo vem antes ou depois do substantivo. O outro: se modifica um ou mais de um substantivo.

1. Se o adjetivo modifica um só substantivo, com ele concorda em gênero e número, quer esteja anteposto, quer posposto: *livro caro, alvas paredes, sapato novo*.

2. Se vier anteposto a mais de um substantivo, concorda com o mais próximo, ou seja, o primeiro deles: *má hora e lugar*.

Se os substantivos forem nomes próprios ou nomes de parentesco, cessa tudo o que a musa antiga canta. O adjetivo vai sempre para o plural: *Admiramos os talentosos Chico e Caetano. Criticou os desleixados primo e tio.*

3. O adjetivo, quando posposto a dois ou mais substantivos, pode concordar com o mais próximo ou com os dois, observando-se a primazia do masculino sobre o feminino e do plural sobre o singular: *Estudo a língua e a literatura portuguesa (portuguesas). Comprei uma bolsa e um tênis esportivo (esportivos).*

4. Quando dois ou mais adjetivos se referem ao mesmo substantivo determinado pelo artigo, aceitam-se estas construções: *Estudo as literaturas brasileira e portuguesa. Estudo a literatura brasileira e a portuguesa.*

concordância verbal – Regra: o verbo concorda em pessoa e número com o sujeito: *Os professores compareceram à assembleia. Eu e ele saímos cedo. A novela fez sucesso do primeiro ao último capítulo.*

O sujeito composto muda de time. O vai e vem depende da colocação. Se o sujeito vem antes do verbo, o verbo vai para o plural: *Paulo e Deise foram indiciados ontem.* Se posposto, o verbo pode concordar com o núcleo mais próximo ou com todos eles: *Vai chegar o pai, a mãe e os filhos. Vão chegar o pai, a mãe e os filhos.*

concorrer – Rege as preposições *a* e *com*: *Ele concorre ao Senado* (apresenta-se como candidato). *Concorre com o velho amigo nas eleições* (tem a mesma pretensão, compete).

condolências – Usa-se sempre no plural: *Assinou o livro de condolências. Vai apresentar condolências à família.*

- **Fuja se for capaz**
- Fernando Sabino, que colecionava lugares-comuns para evitá-los,
- dizia que é muito difícil escapar deles nas condolências: "Em visita
- de pêsames, ouse dizer outra coisa que *meus pêsames, meus*
- *sentimentos, é preciso a gente se conformar, parece incrível, ou-*
- *tro dia mesmo estive com ele, tão bem, tão alegre, é o fim de nós todos, foi*
- *melhor para ele, afinal, descansou, o que consola é saber que ele agora está*
- *melhor do que nós, Deus sabe o que faz".* Sabino esqueceu-se de uma péro-
- la: *para morrer basta estar vivo.*

As palavras foram criadas por gente. Como os criadores, têm manias. Algumas só se usam no plural. É o caso de *anais, antolhos, cãs, condolências, exéquias, férias, fezes, núpcias, olheiras, pêsames, víveres.* Os naipes do baralho também entraram na onda (dama de copas, rei de espadas, dois de ouros, nove de paus). Artigos, adjetivos, pronomes e verbos a elas relacionados vão atrás: *As férias escolares estão mais curtas ano após ano. Apresentou os pêsames à família. Você viu meus óculos escuros? Só encontro os de grau.*

cônego – O feminino de cônego? Antigamente era cônega. Hoje ganhou forma mais sofisticada. É canonisa. Rima com papisa e com episcopisa. A primeira, feminino de papa. A segunda, de bispo.

conferir – Atenção ao modismo. Confere-se a conta, conferem-se os dados. Conferir um filme, uma peça ou um show? Deixe-o pra lá.

conformar – Pede objeto direto e indireto. Diz-se conformar alguma coisa a outra ou com outra: *Conformou os interesses pessoais aos* (ou *com*) *reclamos do tempo.*

confraternizar – Não é pronominal: *Os soldados libaneses confraternizaram com os sírios. Eles confraternizam todos os fins de ano.*

conserto – Veja *concerto / conserto.*

consigo – O pronome consigo é exclusivamente reflexivo (só se usa em relação ao próprio sujeito do verbo): *Levou consigo tudo que lhe pertencia. O fotógrafo não levou nada consigo. O desvairado falava consigo mesmo.*

consistir – Pede a preposição *em*: *O desafio consiste em avaliar com isenção os prós e os contras.*

constar – Rege as preposições *de* e *em*: *Seu nome consta na lista* (ou *da lista*).

Constituição / Carta Magna / Lei Maior – Letra maiúscula.

constituir / constituir-se – Não pedem preposição: *A corrupção constitui um dos maiores desafios que o governo precisa enfrentar. Acordar cedo não constitui problema. Constituiu uma firma comercial. Constituiu advogado. Constitui-se problema.*

cônsul – Feminino: consulesa (tanto a mulher do cônsul quanto a titular do consulado).

continência – Diga prestar continência, não bater continência.

contra – Pede hífen antes de *h* e *a*. Nos demais casos, é tudo coladinho: *contra-harmonia, contra-argumento, contra-ataque, contrarreforma, contrassenso, contracheque, contramão.*

convencer – 1. No sentido de fazer crer, pede a preposição *de*: *Convenceram-no da oportunidade do projeto.* 2. Na acepção de convencer alguém a fazer algo, exige a preposição *a*: *Convenceram-no a adotar medidas pouco populares.*

conversão / converter / convertido – **Converter a** = mudar de crença, de religião, de partido, de modo de vida: *Converteu o marido ao islamismo. Paulo converteu-se ao liberalismo.* **Converter em** = transformar, trocar por algo de valor equivalente: *Converter ouro em papel-moeda. Converter salários em dólares.* **Conversão** e **convertido** seguem a mesma regra: *A conversão aos novos padrões foi lenta e gradual. Convertido ao islamismo, revelou-se fiel seguidor do Corão. A conversão dos salários em euros agradou aos trabalhadores. A conversão dos valores em dólares desapontou os profissionais.*

convidar – 1. Rege a preposição *para*: *O presidente convidou os assessores para a festa de confraternização.* 2. Antes de infinitivo, exige a preposição *a*: *Convidei-o a entrar.*

convir – Regência: Transitivo indireto: *A emenda convém aos partidos pequenos. Os senadores convieram na reforma do regimento. Conviemos com nossos amigos que voltaríamos antes das 10 horas.* Conjugação: Segue o modelo de *vir*, respeitadas as regras de acentuação: *venho (convenho), vem (convém), vimos (convimos), vêm (convêm); vim (convim), veio (conveio), viemos (conviemos), vieram (convieram); vier (convier), vier (convier) viermos (conviermos), vierem (convierem); vindo (convindo).*

cor-de-rosa – Mantém o hífen.

Ops! A reforma ortográfica cassou o hífen de palavras compostas. Entre elas, as formadas de dois ou mais vocábulos ligados por preposição, conjunção, pronome. *Pé de moleque*, *mão de obra*, *tomara que caia* se escreviam com hífen. Agora estão livres e soltas. As cores entraram na faxina. *Cor de laranja*, *cor de carne*, *cor de vinho*, *cor de abóbora* mandaram o tracinho de ligação plantar batata no asfalto. Só *cor-de-rosa* manteve o hífen. Nome de bichos e plantas também são exceções (*joão-de-barro*, *cana-de-açúcar*), além de *água-de-colônia*, *arco-da-velha*, *mais-que-perfeito* e *pé-de-meia*.

cores (concordância) – Quando a palavra que designa cor for um adjetivo, concorda em gênero e número com o substantivo: *mesa branca, folhas verdes, paredes azuis, vestido vermelho, radiação infravermelha.* Exceções: marinho (*vestido marinho, vestidos marinho; blusa marinho, blusas marinho*) e ultravioleta (*raio ultravioleta, raios ultravioleta*).

MANHAS DA Língua • Se estiver subentendida a expressão *cor de*, o adjetivo mantém-se invariável: toalhas (cor de) pérola, ternos (cor de) cinza, vestidos (cor de) rosa, uniformes (cor de) oliva, carros (cor de) vinho, colares (cor de) marfim, embalagens (cor de) carmim, tecidos furta-cor.

• Nos adjetivos compostos, atenção plena à classe gramatical das palavras que os compõem:

1. Adjetivo + adjetivo / palavra invariável + adjetivo – só o segundo varia: *olhos castanho-escuros, camisas verde-amarelas, blusas azul-escuras, paredes verde-escuras, esforços sobre-humanos, bravuras sobre-humanas.* Exceção: *azul-marinho* e *azul-celeste*, que são invariáveis (sapato azul-marinho, sapatos azul-marinho; blusa azul-celeste, blusas azul-celeste).

2. Adjetivo + substantivo / substantivo + adjetivo – ambos permanecem invariáveis: *saias azul-turquesa, olhos verde-mar, uniformes verde-oliva; bandeiras amarelo-canário, vestidos rosa-claro, bolsas castor-escuro.*

 **Curio sida des**

1. Cores como símbolos

Na festa da bola, as cores entram em cartaz. Deixam de ser simplesmente cores. Tornam-se símbolos. Verde e amarelo é Brasil. Vermelho e verde, Portugal. Laranja, Holanda. Azul e amarelo, Colômbia. Branco, Alemanha.

2. Pegadinha

Concurso tornou-se o sonho de consumo de gregos, troianos e baianos. A aprovação pode não garantir salário de marajá nem trabalho desafiador. Mas assegura estabilidade. Daí a concorrência crescente. As bancas examinadoras se esmeram em buscar questões que avaliem não só o conhecimento, mas também a atenção e a malícia do candidato. Outro dia, certame pra lá de disputado apresentou esta questão: "Qual é a cor do cavalo branco de Napoleão?" A moça, sem pensar, respondeu "branco". Errou. A pergunta pedia a cor – branca. Seres tão importantes exigem tratamento de luxo. É o caso da flexão. Olho ao lidar com ela.

coringa / curinga – **Coringa** = vela usada na proa das barcaças. **Curinga** = carta de baralho que muda de valor segundo a posição ou pessoas e coisas que têm mil e uma utilidades.

corpo a corpo – Plural: os corpo a corpo ou os corpos a corpos.

correr atrás / correr de – Abra os dois olhos. Corra atrás do lucro. Mas corra do prejuízo.

correr risco – Corre-se risco de morte, ou risco de morrer, ou risco de perder a vida.

De repente, não mais que de repente, jornais e telejornais passaram a falar em risco de vida. A moda pegou. Gente antenada achou estranho. Bateu, então, à porta de quem sabe das coisas. Consultada, a Academia Brasileira de Letras manteve-se sobre o muro. Aceitou as duas construções. Risco de morte por causa da tradição. Risco de vida por causa da lógica.

correto / corrigido – **Correto** = adjetivo (trabalho correto, conta correta, texto correto). **Corrigido** = particípio de *corrigir*: *Ele tinha corrigido o discurso. O discurso foi corrigido.* (Veja *aceitado / aceito*.)

cós – Cós da calça, cós da saia, cós da bermuda.

coser / cozer – A pronúncia é a mesma. Mas o significado, não. **Coser** = costurar. **Cozer** = cozinhar.

Palavras homófonas soam do mesmo jeitinho, mas têm grafia e sentido diferentes. Na língua pululam criaturas disfarçadas. Além de *coser* e *cozer*, outras fazem a festa. É o caso de *acento* e *assento*, *cheque* e *xeque*, *cerrar* e *serrar*, *senso* e *censo*, *cela* e *sela*, *conserto* e *concerto*, *caçar* e *cassar*, *passo* e *paço*, *cessão*, *sessão* e *seção*. Ufa!

costa / costas – **Costa**: litoral (a costa brasileira, a costa africana). **Costas**: tronco, parte posterior: *dor nas costas*.

cota / quota – Prefira cota.

coxão – Veja *colchão / coxão*.

crase – Crase é caso de amor. Dois aa se encontram, se olham e caem de paixão. Decidem, então, juntar os trapinhos. O casório ocorre quando a preposição *a* encontra o artigo definido *a*, ou o demonstrativo *a*, ou o *a* inicial dos pronomes demonstrativos *aquele, aquela, aquilo*: *O êxito é obstáculo à liberdade. Entreguei o relatório àquele homem.*

- A crase é feminista. Excluindo-se o caso dos pronomes demonstrativos, o sinalzinho grave só tem vez antes de palavra feminina, clara ou subentendida: *Obedecemos à lei. Fui à Editora Nacional e à (editora) José Olympio. Canta à (moda de, maneira de) Gilberto Gil.*

- A dúvida pintou? Apele para o troca-troca. Substitua a palavra feminina por uma masculina (não precisa ser sinônima). Apareceu ao? Sinal de crase. Não apareceu? Deixe o acento grave pra lá: *Fui a cidade.* Com crase ou sem crase? *Fui ao teatro.* Logo, *fui à cidade. Obedecemos à lei (ao regulamento). Dirigiu-se à escola (ao parque). Fez referência à tradução (ao texto) à qual (texto ao qual) nos temos dedicado.*

- O verbo *ir* detesta confusão. Pra evitar dores de cabeça, sugere um truque infalível. Substitua-o por voltar. Depois, oriente-se por esta quadra:

Se, ao voltar, volto da,
Craseio o à.
Se, ao voltar, volto de,
Crasear pra quê?

Vou a Paris, a Roma e a Londres (Volto *de* Paris, *de* Roma e *de* Londres). Crasear pra quê? *Vou à Paris da alta costura, à Londres do fog e à Roma do Coliseu* (Volto *da* Paris da alta costura, *da* Londres *do* fog e *da* Roma *do* Coliseu). Então, crase no *à*.

Locuções adverbiais, prepositivas e conjuntivas formadas por palavras femininas pedem o sinalzinho: *à vista, às vezes, às escuras, às pressas, à noite, à tarde, à moda de, às apalpadelas, às tontas, às claras, à direita, à esquerda, à uma hora, à base de, à custa de, à força de, à espera de, à medida que, à proporção que.*

Nada além
O amor bate à porta
E tudo é festa
O amor bate a porta
E nada resta
(Cineas Santos)

- A locução *a distância* pode ou não aparecer com crase. Use *à distância* se a distância estiver determinada; *a distância*, se não o for: *A distância, pequenos barcos moviam-se vagarosos. Os soldados marchavam à distância de 20 metros. Ele não via bem a distância. Vi Maria à distância de cerca de 200 metros.*

- Olho na casa, gente. Haverá crase se o substantivo *casa* for qualificado; não haverá se ele aparecer sem qualificativo. Será, então, a casa em que se mora: *O bom filho a casa torna. Só de madrugada, voltou a casa. Ela voltou à casa de Paulo. Todos correram à casa da mãe.* (Veja *casa*.)
- Com a palavra terra, no sentido de terra firme, aparece crase. No sentido de *volta* (do mar para a terra, do espaço para a terra), não: *Os marinheiros voltaram felizes a terra. Estava feliz de retornar à terra de onde viera.*
- Clareza, você sabe, é a maior qualidade do estilo. Pra evitar ambiguidade, use crase nas locuções que exprimem meio ou instrumento: *Escreveu à mão. Pagou à vista. O terreno está à venda. Matou à bala. Trabalho à mão.*
- Seja esperto. Nunca haverá crase:

  1. Antes de palavra masculina sem que haja uma feminina subentendida: *Venda a prazo. Andar a pé.* Mas *bife à* (moda) *Churrascaria Galeto. Não foi à Livraria Nacional, mas à* (livraria) *Saraiva.*

  2. Antes de verbo: *Começou a escrever.*

  3. Nas locuções com elementos repetidos: *cara a cara, frente a frente, gota a gota, uma a uma.*

  4. Com o *a* no singular antes de palavra feminina no plural: *Assistiu a reuniões em dois lugares diferentes.*
- Sabia? Há regiões que usam artigo antes do nome próprio feminino (a Maria, o Paulo). Outras dispensam-no (Maria, Paulo). Resultado: a crase se torna facultativa: *Dei o livro a (à) Beatriz.*
- Ops! Não caia na cilada do pronome possessivo. Se ele acompanhar o substantivo, a crase é facultativa: *Dirigiu-se à (a) minha cidade.* Se substituir o substantivo, é obrigatória: *Não fui à (a) sua cidade, mas à minha.*

Sem humilhação
"A crase não foi feita pra humilhar ninguém." (Ferreira Gullar)

 • À zero hora tem crase? Tem. É locução adverbial formada de palavra feminina. Joga no time de *às claras, às apalpadelas, às 2h, à meia-noite.* Quer um macete? Substitua a hora por *meio-dia.* Se no troca-troca der *ao,* não duvide. Ponha o grampinho: *A aula começa às 13h (ao meio-dia). Trabalho das 8h às 12h (das 8h ao meio-dia).*

- Roberto vive com dor de ouvido. Compra que compra remédio pra se livrar da otite. Mas os medicamentos estão pela hora da morte. E o dinheiro encurtou. "O problema", descobriu ele, não é da alçada do otorrino. Pertence ao universo da prosódia. Muita gente pronuncia o à como se fossem dois aa (vou aa praia). São manhas da escola antiga. Em tempos idos e vividos, havia ditado nas aulas de português. Os professores pronunciavam dois aa pros alunos se darem conta da crase. Era truque. Virou vício. Xô!

crer – Conjugação. Indicativo presente: eu creio, tu crês, ele crê, nós cremos, vós credes, eles creem; pretérito-perfeito: cri, creste, creu, cremos, crestes, creram; imperfeito: cria, crias, cria, etc.; futuro do presente: crerei, crerás, crerá, etc.; futuro do pretérito: cresse, cresses, cresse. Subjuntivo presente: creia, creias, creia, etc.; imperfeito: cresse, cresses, cresse, etc.; futuro: crer, creres, crer, etc. Gerúndio: crendo. Particípio: crido.

A reforma ortográfica cassou o chapeuzinho do hiato *eem*. A 3ª pessoa do plural do presente do indicativo tinha acento. Perdeu-o no caminho (creem). O mesmo ocorreu com leem, veem, deem e derivados.

criar novo – Baita redundância. Só se cria o novo: *Criaram-se oportunidades de trabalho fora do campo. O presidente prometeu criar 8 milhões de empregos.*

crime culposo / crime doloso – **Crime culposo** = cometido sem intenção de matar. **Crime doloso** = com intenção de matar.

croqui – O singular escreve-se dessa forma, sem s.

cujo – O emprego do *cujo* impõe duas exigências. Uma: indicar posse. A outra: dispensar o artigo: *A ministra, cujo discurso foi aplaudido em Davos, recebeu críticas no Brasil. A mulher cuja filha morreu mora em Brasília. Paulo Coelho, cujos livros fazem sucesso nos cinco continentes, pertence à Academia Brasileira de Letras.*

cumprir – Pode ser transitivo direto ou indireto: *Cumpriu o dever* (ou *com o dever*).

currículo / curriculum vitae (forma latina) – Plural: currículos.

As histórias variam. Mas a expressão é uma só. Nos currículos, "experiência anterior" está sempre presente. Bobeira. Experiência é prática de vida. Só pode ser anterior. O adjetivo sobra. Xô!

curta / curta-metragem – São masculinos. Plural: os curtas, os curtas-metragens.

custar – 1. No sentido de *demorar*, se seguido de infinitivo, pede a preposição *a*: *Custei a concluir o trabalho. O senador custou a receber o repórter que ia entrevistá-lo.* 2. Com o significado de *ser difícil, ser custoso*, só se conjuga na 3ª pessoa do singular: *Custa-me acreditar na sinceridade do candidato. Custou-lhes decifrar a letra da mensagem.*

customizar – É portinglês. Prefira a brasileirinha *personalizar*.

czar – Plural: czares. Feminino: czarina.

- **Onde pisava não nascia grama**
- Ivan, o Terrível, foi o primeiro imperador a ostentar o título de czar
- e o maior tirano da história da Rússia. Ao ver concluída a Basílica de
- São Basílio com seus bulbos de alturas e cores diferentes, man-
- dou cegar o arquiteto para que a obra nunca mais fosse reproduzida. Dava
- banquetes que duravam até um mês, com centenas de convidados, durante
- os quais executava desafetos para diversão dos convivas. Mandava matar
- qualquer um, inclusive parentes, que ameaçassem seu poder. Obcecado por
- saber a data de sua morte, convocou 60 feiticeiros da Lapônia, que lhe preci-
- saram o dia: 18 de março de 1584. Morreu na véspera, de ataque cardíaco,
- por não suportar a expectativa. O ciclo dos czares só terminou com a revolu-
- ção comunista de 1917.

Curiosidades

DICIONÁRIO

Conta-se que a expressão "pai dos burros" teria surgido de história envolvendo Aurélio Buarque de Hollanda, autor do *Dicionário Aurélio*. O pai dele fabricava carroças tão confortáveis e elegantes que os clientes não encontravam palavras para elogiar-lhe a maestria. Foi aí que Aurélio fez um *Sumário de elogios*, e esse teria sido seu primeiro dicionário.

Sempre desconfiei de histórias que fazem sentido demais – como essa. Aposto que foi um professor bem-humorado quem criou a expressão para ensinar que o dicionário é uma espécie de pai que ajuda os filhos quando eles não dominam o significado de certas palavras.

Grandes autores não se constrangem em dizer que consultam regularmente o dicionário. Carlos Drummond de Andrade chamava o *Dicionário de rimas*, de José Augusto Fernandes, de "a salvação da lavoura poética". O poeta Paulo Leminski, indagado sobre o que andava lendo, respondeu a uma colega minha, a professora e jornalista Márcia Marques: "Dicionários!" E explicava que a leitura estava lhe proporcionando grandes surpresas...

Chico Buarque de Hollanda confessou: não consegue escrever – prosa ou letra de música – sem ter ao lado o *Dicionário analógico da língua portuguesa*, de Francisco F. dos Santos Azevedo. A última edição saiu em 2010 com prefácio de... Chico Buarque, um rapaz aí que tem um parente chamado... deixa ver, deixa ver... Aurélio! Isso! Aurélio Buarque de Hollanda. Eh, mundão miúdo. Menor do que um ovo... de codorna!

Curiosidades

1. O pai dos sabidos

A sabedoria, dizem, começa pelo reconhecimento da própria ignorância. Ou da própria burrice, pra usar a linguagem rude e direta das crianças. Ainda bem que existem pais sempre solícitos a nos ajudar nos momentos de aflição. De braços abertos – ou de páginas abertas –, os dicionários, como bons pais, sempre estão dispostos a nos acolher.

2. O avô dos sabidos

O *Dictionarium ex Lusitanico in Latinum Sermonem*, de Jerónimo Cardoso, é considerado o primeiro dicionário da língua portuguesa. Com 12.064 verbetes, foi publicado em 1569. Existe notícia de dicionário anterior. É o *Vocabulario Portuguez muy copioso com declaração da Origem de cada Vocabulo e de que língua emanou,* de Duarte Nunes de Leão, de 1530. Mas nunca se resgatou um original dele. É considerado perdido.

d – Letra do alfabeto. Plural: dês ou dd.

dá / dar – **Dar** tem dois empregos. 1. Em locução (acompanhado de outro verbo): *Vera* parece dar *atenção ao filho. A atriz* pode dar *atenção ao garoto. A mãe* vai dar *atenção ao pequeno Gabriel.* 2. Nas orações reduzidas de infinitivo. Aí, vem antecedido de preposição: *Trabalha* para dar *conforto à família. Gosta* de dar *esmola aos pobres. Perdeu o emprego* por não dar *resposta aos leitores.* **Dá** é a 3ª pessoa do singular do presente do indicativo (eu dou, ele dá, nós damos, eles dão): *Paulo dá bom exemplo aos filhos. Quem dá aos pobres empresta a Deus. Água mole em pedra dura tanto dá até que fura.* (O mesmo vale para *estar* e *está: O delegado parece estar satisfeito. Ele pode estar em casa. Maria deve estar aí às 8h. Edilene está feliz. Brasília está localizada no centro-oeste do Brasil.*)

MANHAS DA Língua

Dá ou dar? Na dúvida, recorra à dica tira-teima: ponha a frase no passado. O *dá* e o *está* mudam; o *dar* e o *estar* ficam iguaizinhos: *Edilene esteve feliz. Ele devia estar em casa de manhã. A atriz podia dar atenção ao garoto. Ela deu atenção ao filho.*

dado a – Concorda com o substantivo em gênero e número: *dadas as circunstâncias, dado o exposto, dados os antecedentes.*

daqui a – Veja *há / havia / daqui a.*

dar + horas (concordância) – O verbo concorda com o número que indica as horas: *Deram cinco horas. Deu meio-dia e meia.*

dar à luz – A regência é *dar à luz alguém*: *Maria deu à luz gêmeos prematuros. Carmem deu à luz menina de 3kg e 51cm.*

- **Tirem o *a* da frente da menina!**
- Notícia causou furor na Europa, França e Bahia. Menina de 11 anos
- ganhou bebê de carne e osso. O nenê pesava quase 4kg. Ex-
- citados, repórteres se enrolaram ao informar o fato. "Menina dá
- à luz a uma criança", escreveram jornais e alardearam rádios e
- televisões. Valha-nos, Deus! Xô! Dar à luz significa *trazer para a luz* (menina
- de 11 anos traz bebê de 4kg para a luz, para o mundo). Logo, a menina deu
- à luz um garoto de quase 4kg. Nada do *a* antes da criaturinha.

data venia – Expressão latina, significa *com o devido consentimento.*

Expulsaram o latim da escola. Não adiantou. Ele vive assombrando a língua. É o caso do *sic*. Na língua dos Césares, as três letrinhas querem dizer *assim, desse jeitinho*. Nós as usamos até hoje. Vêm, entre parênteses, depois de uma palavra com grafia incorreta, desatualizada ou com sentido inadequado ao contexto. Com elas, damos este recado ao leitor: o texto original é bem assim, por errado ou estranho que pareça. Não tenho nada com isso.

data-base – Plural: datas-base.

datas – 1. Os meses não têm pedigree. Escrevem com inicial minúscula: *janeiro, fevereiro, março*. 2. Menos é mais. Faça duas economias. Uma: deixe pra lá o dígito 0 antes do número referente ao dia do mês. Duas: mande pras cucuias o ponto que separa o milhar na indicação de ano: *5 de março de 2017.* 3. Menor é melhor. Desnecessário escrever *dia* antes do dia, *mês* antes do mês ou *ano* antes do número respectivo: *O acordo foi assinado em 22 de março de 1993 (não no dia 22 de março do ano de 1993). Em outubro haverá eleições* (não *no mês de outubro*). 4. Nem todos são iguais perante os números. Existem os privilegiados. O primeiro dia do mês é 1º, não 1: *1º de janeiro, 1º de março.*

Calendas

Conhece a expressão *ficar pras calendas gregas*? Ela se aplica aos que nunca pagam dívidas ou cumprem promessas. Os romanos festejavam as calendas – 1º dia de todos os meses. Os gregos não estavam nem aí pra virada do calendário. Assim como não temos dia de São Nunca, eles não tinham calendas.

5. Como nas horas, a concordância deve ser feita com o numeral: *Hoje é 1º de novembro. Hoje são 15 de março.*

datas comemorativas – Grafam-se com a letra inicial maiúscula: Primeiro de Maio, 21 de Abril, Sete de Setembro, Proclamação da República, Dia das Mães, Dia dos Namorados, Dia da Árvore, Natal, Guerra dos Farrapos. Veja *maiúsculas e minúsculas*

1. Dia de luta

Lá pelo século 18, os operários trabalhavam até 20 horas por dia. Não se falava em repouso aos domingos. Muito menos em semana inglesa. Com o tempo, houve melhoras aqui e ali. Mas a carga continuava pesada. Como não há bem que sempre dure nem mal que nunca se acabe, veio a reação. Em 1º de maio de 1886, 110 mil operários de Chicago cruzaram os braços. Em três dias, a greve cresceu. A polícia reprimiu o movimento com violência. Não adiantou. Ele só crescia. A PM de lá atirou contra a multidão. Em resposta, os grevistas explodiram bombas. Depois de xilindrós e enforcamentos, as conquistas vieram em 1º de maio de 1890. Entre elas, a jornada de oito horas.

A Segunda Internacional Socialista, da França, decidiu: o 1º de maio seria dedicado aos trabalhadores e às suas lutas.

2. 1º de maio em novembro

Os Estados Unidos não comemoram o Dia do Trabalho em 1º de maio. Fazem a festona na primeira segunda-feira de novembro.

de ele / de este – Veja *de o / de ele / de este.*

de encontro / ao encontro – Veja *ao encontro de / de encontro a.*

de forma que, de modo que & similares – Como locuções conjuntivas (terminadas em *que*), rezam na cartilha das conjunções (que, porque, quando). Invariáveis, não aceitam o plural *de formas que, de modos que* etc. e tal.

D

- **De forma que**
- Porque tem fama, o Egito dorme na cama. Ali viveram Cleópatra e
- Nefertite. Lá estão as pirâmides que desafiam o calendário. Pelo
- deserto, corre o Nilo. O país experimentou a ira de Deus porque o
- faraó escravizou os judeus. O Senhor, impaciente, castigou-o com
- sete pragas. Transformou água em sangue. Cobriu a nação com três dias de
- trevas. Matou, numa noite, os primogênitos. E por aí foi. O governante, ven-
- cido, cedeu. A língua também tem suas pragas. São vícios. Surgem tímidos.
- Depois, com espaço no rádio e na tevê, se alastram. Um deles: *de formas*
- *que & cia.* Cuidado com o castigo. Já pra rua, *s* intruso!

de o / de ele / de este – O sujeito é pra lá de elitista. Não se mistura nunca com a preposição. Por isso, antes dele, a combinação da preposição com o artigo ou pronomes não tem vez. Fica um lá e outro pra cá: *Os trabalhadores descartam a hipótese de o governo* (sujeito) *suspender o reajuste de salários. Apesar de o ministro* (sujeito) *negar, é certa a edição de nova medida provisória. A fim de o povo* (sujeito) *se familiarizar com a economia de água, ampla campanha será veiculada pelos meios de comunicação de massa. Apesar de essa informação* (sujeito) *ter sido confirmada... A fim de ele* (sujeito) *continuar no páreo.*

A língua se parece com os falantes. Cheia de caprichos, tem preferências e caprichos. Tem, também, amigos e inimigos. O sujeito serve de exemplo. Mandão, forçou o verbo a concordar com ele. Não satisfeito, cortou relações com a preposição. A maior inimiga – a preposição *de*. Diante da monossilábica criatura, fica uma lá e outro cá. É a tal história conhecida na Europa, França e Bahia: dois bicudos não se beijam.

de ... a / da ... à – Lé com lé, cré com cré. *De* é preposição pura. Faz par com *a*, também preposição pura. *Da (do)* é combinação da preposição com artigo. *À* também: *de segunda a sexta, da pág. 25 à 42, do parque à superquadra, das 14h às 18h.*

As expressões casadinhas zelam pela harmonia do matrimônio. Adultério não é com elas. De mãos dadas, agem do mesmo jeitinho. O que acontece com um par acontece com o outro. Se um vem acompanhado de artigo, o outro também vem. Se não vem, o outro tampouco virá. Compare: *de segunda a sexta, da página 8 à (página) 11, da França à Alemanha, do Rio à Paraíba, da SQS 310 à 312.*
Cuidado com os adultérios. Misturar o par de um com o de outro gera deformações. São os cruzamentos. É como casar girafa com elefante.

Exemplo pra lá de comum aparece na indicação de horas: "de segunda a sexta, de meia-noite à 1h30". Cruzes! O primeiro casalzinho (de ... a) merece nota 10. O segundo cometeu traição perigosa. Juntou alhos com bugalhos. A forma seria: *da meia-noite à 1h30*.

debaixo / de baixo – **Debaixo** = *sob* (debaixo da mesa, debaixo do tapete). **De baixo** se usa nos demais casos: *de baixo pra cima, roupa de baixo.*

decano – Feminino: decana.

Senhor decano

Nos tempos do latim antigo, decano significava *chefe de dez*. A palavra surgiu no exército romano e depois foi adotada pela Igreja (de onde vem o título *deão*). Nos monastérios, designa o chefe de um grupo de dez monges. Hoje, usa-se decano para a pessoa mais velha de qualquer grupo. Na academia, é o ocupante do cargo inferior ao de reitor, com atribuição específica (decano de extensão, decano de graduação, decano de administração).

decisão – Pede as preposições *em* ou *sobre*: *A decisão do governo em converter as mensalidades pela média desagradou a todos. Não se pode tomar de improviso decisão sobre assunto de tamanha gravidade.*

declinar – No sentido de recusar, pede a preposição *de*: *O secretário declinou do convite.*

decreto-lei – Plural: decretos-leis.

deficit – Plural: deficits.

demais / de mais – **Demais** se usa: a) no sentido de muito, excessivamente: *Comeu demais.* b) na acepção de *ademais, além disso*: *Na viagem, esteve em museus, foi ao teatro, visitou amigos, fez compras. Demais, proferiu duas conferências.* c) como pronome indefinido, com o valor de *os restantes*: *Cinco dos presentes levantaram-se. Os demais permaneceram sentados.* **De mais** se opõe a *de menos*: *Recebi troco de mais, não de menos. Até aí, nada de mais.*

de menor – Ops! Não use nem sob tortura. A forma é *menor de idade*. O contrário? *Maior de idade.*

demolir – Conjuga-se como abolir.

dengue – A doença joga em dois times. Pode ser feminina e masculina. *A dengue (o dengue) preocupa o governo na época da chuva.* O dengo, só masculino: *O dengue é a marca de crianças mimadas. E de marmanjos também.*

1. É dengo, meu bem
A música mais famosa sobre dengo, de autoria de Dorival Caymmi, diz: "É dengo, é dengo, é dengo, meu bem / É dengo que nega tem / Tem dengo no remelexo, meu bem / Tem dengo no falar também".

2. É dengue, doutor
Há dengues e dengues. Um é faceirice, feitiço, requebro. Criança mimada é cheia de dengues. Dengosa que só. Outro é a doença. O pobre picado pelo mosquito *Aedes aegypti* sofre. Sente tantas dores nos músculos e articulações que não tem saída. Caminha requebrando. O quadril pra lá e pra cá lembra os caprichos da denguice. Os espanhóis não deixaram por menos. Chamaram a enfermidade de dengue. Nós os seguimos. Pode-se escrever indistintamente o dengue ou a dengue, na acepção de doença.

dentre – Veja *entre / dentre*.

de pé / em pé – Tanto faz. Com uma ou outra preposição, o sentido se mantém: *Come em pé. Come de pé. Viajei em pé. Viajei de pé. Esperamos em pé. Esperamos de pé. Trabalhava em pé. Trabalhava de pé.* Veja *em pé / de pé*.

depilar / depilar-se – Olho na regência. A gente depila alguma coisa – depila as pernas, as axilas, o buço. Sem o alguma coisa, o verbo se torna pronominal: *Eu me depilo no salão. Ele se depila em casa. Nós nos depilamos semanalmente. Eles não fazem questão de se depilar.*

1. Vergonhas
Na Idade Média, a depilação era heresia punível com a vida. Mas as índias brasileiras não sabiam disso. Chamaram a atenção de Pero Vaz de Caminha por terem as vergonhas "bem raspadinhas". Na verdade, a ausência dos pelos não era questão de genética. Nem de heresia. O escrivão da frota não sabia, mas elas raspavam os pelos das vergonhas com peixe-lixa para evitar a proliferação de carrapatos e pulgas.

2. Que parte?
Saiu no jornal. Um belo jovem de torso nu ocupava boa parte da página. Abaixo da imagem, a legenda: "Alguns homens depilam por causa do calor

que os pelos provocam". Ops! Moçoilas animadas começaram a procurar. Buscam aqui, espiam ali, espicham o olho pracolá. Nada. Decepcionadas, telefonam pra redação. "Cadê o complemento?", perguntam. "O que o gatão depila?" Sem resposta, deram asas à imaginação. Cada uma se fixou numa parte. Qual?

depois + particípio – Com particípio, deve-se usar a locução *depois de*, não *após*: *depois de editada a medida provisória, depois de publicado, depois de promulgada* (nunca: *após editada, após publicado, após promulgada*).

depor – 1. Conjuga-se como pôr. 2. Exige a preposição em: *O acusado depôs na* PF. *Vai depor na* CPI. Veja *pôr (e derivados)*.

derreter / derreter-se – O sol derrete o sorvete, mas o sorvete se derrete. (Veja *aceitado / aceito*.)

desapercebido / despercebido – **Desapercebido** = desprevenido. **Despercebido** = ignorado, sem ser notado: *O contrabando passou despercebido na fronteira sul do país. Foi ao supermercado e encheu o carrinho de compras. Na hora de pagar, cadê? Estava desapercebido. A carteira ficara em casa. Convenhamos: ninguém merece.*

descarrilhar / descarrilar – As duas formas figuram no dicionário. Você escolhe. A alternativa é acertar. Ou acertar.

Descarrilamento
O maior acidente ferroviário brasileiro causado por um descarrilamento ocorreu em Aracaju, capital de Sergipe, em 7 de março de 1946. O trem vinha acima da velocidade permitida. Morreram 185 pessoas.

descendência / ascendência – Veja *ascendência / descendência*.

descrição / discrição – **Descrição** = ato de descrever (descreve-se uma pessoa, uma roupa, um ambiente). **Discrição** = opõe-se a saliência. Significa reserva, modéstia: *A mãe da noiva vestiu-se com discrição. Apresentou o projeto com discrição, sem o esperado oba-oba.*

O substantivo que dá nome à qualidade de discreto se grafa com dois is – discrição. Muitos misturam alhos com bugalhos. Mantêm o primeiro *i* e trocam  o segundo pelo *e* de discr**e**to. Criam um mostrengo, filho de jacaré com elefante. Cruz-credo! Xô!

Discrição sofre outra concorrência. Dessa vez, com o substantivo de**s**crição. A trissílaba grafada assim, com *e* na primeira sílaba, refere-se à forma de redação. Na escola, o professor pede pra moçada escrever um texto. Pode ser narração, descrição ou dissertação. A narração conta uma história – sucessão de fatos, de acontecimentos. São ações que o personagem vive. Novelas, por exemplo, enquadram-se nessa modalidade. A descrição mostra, fotografa uma pessoa ou uma coisa com palavras. A dissertação prova, defende tese, pontos de vista.

Moral da história: *descrição* se opõe a *discrição*. Uma mostra. A outra esconde.

descriminar / discriminar – **Descriminar** é inocentar, deixar de ser crime. O prefixo des- dá ideia de negação. É o mesmo que aparece em desobedecer: *Gabeira luta para descriminar o uso da maconha.* **Discriminar** é distinguir, tratar de maneira diferente: *A legislação não discrimina a mulher. A Constituição diz que discriminar é crime.*

- **Igualdade**
- O jogo virou. Antes, as mulheres reclamavam de discriminação.
- Estavam certas. Ser mulher já foi crime. Menstruar era sinal de
- impureza. São Tomás chegou a afirmar que menina só ganhava
- alma depois de 40 dias de nascida. Com o movimento feminista,
- as bravas senhoras conseguiram descriminar a condição femini-
- na. Agora é vez dos homens. Aconteceu em Brasília. O Governo
- do Distrito Federal abriu frentes de trabalho. Reservou 30% das vagas para
- candidatas. Os machões se indignaram. Entraram na Justiça. "Abaixo a dis-
- criminação", exigiram. E conseguiram.

Curio sida des

desde – Como expressão de tempo, indica sempre tempo passado. Pode ser usada sozinha ou com a preposição *até*: *Estou aqui desde segunda-feira. Dormiu desde o anoitecer até o nascer do sol.* Nunca se usa seguida de crase ou combinada com outra preposição: *Estou aqui desde as duas horas. Ele está aqui desde o meio-dia. Trabalha nos Correios desde o ano passado.* (Veja *a partir de / desde*.)

desobedecer – Rege a preposição *a*: *Os policiais desobedeceram ao delegado.*

despensa / dispensa – **Despensa** = lugar onde se guardam mantimentos. **Dispensa** = desobrigação: *Pegou o azeite na despensa. Pediu dispensa do serviço.*

despercebido – Veja *desapercebido / despercebido.*

deter – Conjuga-se como *ter.* Atenção para o futuro e o imperfeito do subjuntivo: *se eu detiver, ele detiver, nós detivermos, eles detiverem; se eu detivesse, ele detivesse, nós detivéssemos, eles detivessem.*

de vez que – Xô! Pra indicar ideia de causa, a língua tem recursos pra dar, vender e emprestar. Escolha: *pois, porque, uma vez que, por isso que, devido a.*

devido a – Indica causa. Joga no time de em virtude de, em razão de, por causa de: *Saiu mais cedo devido à greve do metrô. A inflação sobe devido ao descontrole dos gastos públicos.* Olho vivo! A preposição *a* é obrigatória. Não caia na esparrela dos desavisados que a omitem (não: *devido forte chuva*).

dia – O dia começa à 0h e termina às 24h. A madrugada se estende da 0h às 4h; a manhã, das 5h às 12h; a tarde, das 12h às 18h; a noite, das 18h às 24h. 24 horas é o fim de um dia; 0h, o começo de outro.

dia a dia – Sem hífen.

dia 10 / no dia 10 – *Tanto faz: Chega dia 10. Chega no dia 10. Viajou quinta-feira. Viajou na quinta-feira. Telefonou domingo. Telefonou no domingo.*

diabete, diabetes – Masculino ou feminino, com *s* ou sem *s*. Mas atenção: mesmo com *s*, é singular: *o diabetes sacarino, a diabetes sacarina.*

diálogo – Em português, o travessão introduz o diálogo. É preferível às aspas, norma da língua inglesa. Mas há ocasiões em que a estrangeira se impõe – sobretudo nas falas curtas: *As eleições estão marcadas para 18 de setembro. "Defendemos que o partido tenha autonomia frente ao governo", diz o candidato.*

Curiosidades

Papo vai, papo vem
Muitos pensam que *diálogo* é conversa entre duas pessoas. Pode até ser. Mas não necessariamente. A greguinha tem duas partes. Uma: *diá*, que quer dizer através de. A outra: *logos*, que significa palavra, estudo, tratado. Em bom português: trata-se de entendimento por meio da palavra. O número de participantes não conta. Podem ser dois, cinco, cinquenta.

diferente / diferentemente – **Diferente** = adjetivo (cor diferente, programas diferentes). **Diferentemente** = advérbio. Quer dizer *de forma diferente*: *Diferentemente do informado...*

digladiar / gladiador – Escrevem-se assim – com *i*.

dignar-se – *Não se dignou de cumprimentar os presentes.*

dignitário – Pertence à família de dignidade. Escreve-se com *i*: *Os dignitários da Igreja são severos no julgamento das questões morais.*

diminutivo – O plural das palavras que fazem o diminutivo com o acréscimo do sufixo -zinho tem exigências. Para chegar a ele, há que percorrer três etapas. A primeira: pôr a palavra primitiva no plural. A segunda: retirar o *s*. A última: acrescentar o sufixo -zinhos.

- ***Ô coisinha tão bonitinha do pai***
- Os diminutivos são cheios de emoção. Falam de carinho, amor,
- ódio, ironia. Exprimem a linguagem do coração. Chamar de livri
- nho um livro pequeno indica tamanho pequeno. Mas de amorzi
- nho o gatão de 1,90m e 150kg exprime afeto. Dizer que a garota é
- bonitinha não deve alegrá-la. Deu-se um jeitinho de afirmar que a
- coitada não é bonita. Classificar alguém de doutorzinho ou empre
- gadinho desqualifica a criatura. Se a gente adjetivar o substantivo, aumenta
- a agressão. Quer algo mais pejorativo que advogadinho de porta de cadeia?
- Ou empregadinho de boteco? Mata sem compaixão.

Curio sida des

direto – **Adjetivo** = flexiona-se normalmente: *voo direto, voos diretos, linha direta, linhas diretas.* **Advérbio** = é invariável. Tem a acepção de diretamente: *Foram direto (diretamente) ao trabalho. Sem rodeios, os policiais foram direto ao assunto. A* TAM *voa direto para Miami. Não entendi: passaram direto, sem me cumprimentar.*

discrição – Veja *descrição / discrição.*

disenteria – Grafa-se desse jeitinho.

discriminar – Veja *descriminar / discriminar.*

dispensa – Veja *despensa / dispensa.*

disputa – Rege a preposição *por*: *A disputa pelo primeiro lugar. A disputa por uma vaga no serviço público.*

disputar – Transitivo direto, não pede preposição: *Os candidatos disputavam o território palmo a palmo.*

Ela é quem se diz
Um dos mais famosos cacófatos da língua portuguesa envolve o verbo disputar: "É mulher que se disputa".

distrair – O palhaço distrai o público, mas o público se distrai. (Veja *aceitado / aceito*.)

distribuir – Rege várias preposições: *Distribuiu agendas aos presentes. Distribuiu os presentes entre todos. Distribuiu as responsabilidades por todos. Distribuiu a arrecadação com todos.*

divisa / fronteira / limite – *Divisa* separa estados. *Fronteira*, países. *Limite*, cidades.

dizer – Conjugação: eu digo, ele diz, nós dizemos, eles dizem; disse, disse, dissemos, disseram; dizia, dizia, dizíamos, diziam; direi, dirá, diremos, dirão; diria, diria, diríamos, diriam; diga, diga, digamos, digam; disser, disser, dissermos, disserem; dissesse, dissesse, disséssemos, dissessem.

MANHAS DA Língua
S ou z? Em fizer e puser, as duas letrinhas soam do mesmo jeito. Mas têm grafias diferentes. Há lógica no muda-muda? Há. O segredo reside no infinitivo. No nome do verbo aparece z como em fazer e dizer? Então não duvide. Sempre que o fonema z soar, dê a vez à última letra do alfabeto. Nos verbos querer e pôr, o z não dá as caras. Logo, quando soar z, escreva s. Você acertará sempre. Compare: fazer (fa**z**, fi**z**, fi**z**er). Dizer (di**z**, di**z**emos, di**z**endo). Querer (qui**s**, qui**s**esse, qui**s**er). Pôr (pu**s**, pô**s**, pu**s**er, pu**s**esse).

dizer / falar – **Dizer** = afirmar, declarar. **Falar** = dizer palavras, exprimir-se com palavras: *Quem disse isso? O filho dirá ao pai que quer estudar no exterior. Digo a verdade, nada mais que a verdade. Maria fala várias línguas. Falou com o prefeito sobre as festas de formatura. O diretor se nega a falar no assunto. O apelo da criança fala ao coração.*

Falar ou dizer? Na dúvida, parta para o troca-troca. Substitua o falar pelo dizer. Se der certo, não pense duas vezes — dê passagem ao dizer. *Ministro fala que o plano vai dar certo?* Não. *Ministro diz que o plano vai dar certo. Eu falei que vou cortar o cabelo?* Nem pensar. *Eu disse que vou cortar o cabelo. Ele fala e não fala nada?* Não e não. *Ele fala e não diz nada.* É melhor falar e dizer.

dó – Dó, sempre masculino, dá nome ao sentimento de pena e à nota musical: *Sinto dó de crianças abandonadas. Teve de ensaiar o dó para interpretar a ópera com perfeição.*

doar – A terminação *oo* perdeu o chapeuzinho: *doo, doa, doamos, doam; doe, doe, doemos, doem.* E por aí vai. *Perdoo, abençoo, voo, coroo, enjoo, amaldiçoo* também mandaram o circunflexo plantar batata no asfalto.

- **O rei me deu**
- Sabia? Doar e doador pertencem à família de donatário. Depois do descobrimento, Portugal dividiu o território brasileiro em capitanias hereditárias. Quem recebeu a terra de mão beijada era donatário.

dois-pontos – Depois de dois-pontos, ora se usa letra maiúscula, ora minúscula. Depende do que vem a seguir:

1. se for enumeração ou explicação, é a vez da pequenina: *A questão era esta: nada a fazer. Na feira, selecionou as frutas: banana, laranja, pera, maçã, uva e abacaxi.*
2. se for citação ou a frase de alguém, a grandona pede passagem: *Fernando Pessoa escreveu: "Tudo vale a pena se a alma não é pequena".*

   Imagino Irene entrando no céu:
   – Licença, meu branco?
   E São Pedro, bonachão:
   – Entra, Irene. Você não precisa pedir licença.
   (Manuel Bandeira)

dona de casa – Plural: donas de casa. Sem hífen.

A titular

A palavra *dona* vem do latim *domina*. Na terra dos Césares, era a mulher casada. Ela tomava conta da *domus* – casa, que deu domicílio na nossa língua de todos os dias. Entre nós, dona e senhora jogam no mesmo time.

dor de cotovelo – Plural: dores de cotovelo. Sem hífen.

Ai, como dói!

Conhece a origem da expressão *dor de cotovelo*? Pois ela veio da imagem das pessoas nos bares, cotovelo no balcão, bebendo e chorando dor de amor traído. O cotovelo dói. E o coração também. Jamelão gravou um samba antológico que diz: "Eta dor de cotovelo dos diabos / que saudade, que vontade de morrer / que me adianta eu encobrir as aparências / se me olhando todo mundo vai lhe ver".

Down – A síndrome de Down é causada pela ocorrência de um cromossomo a mais. Caracteriza-se por retardo mental e anormalidades físicas. (Não use o termo *mongoloide* para designar o portador da síndrome.)

1. Extermínio

A síndrome de Down foi descrita com base nas teorias racistas do século 19. John Down acreditava que ela decorria da tuberculose dos pais, orientados a repassar os filhos a instituições que cuidariam deles pelo resto da vida. Até 1961, a síndrome era denominada de *mongolismo* pela semelhança dos portadores com indivíduos oriundos da Mongólia. Na Segunda Guerra, milhares de indivíduos com síndrome de Down entraram no programa de extermínio dos nazistas, por serem considerados ameaça à "raça pura".

2. Não é doença

A síndrome de Down não é doença, mas alteração genética produzida pela presença de um cromossomo a mais.

3. Superação

O malaguenho Pablo Pineda Ferrer foi o primeiro europeu com síndrome de Down a receber título universitário. Formou-se em pedagogia. E a carioca Fernanda Honoratto, da TV Brasil, a primeira jornalista Down do mundo.

ESTRANGEIRISMO

Hello! Tudo very well? Pode ser no Center Park. Ou no Easy Mall. Soube que na Century's todos os produtos estão 50% Off. Se bater uma hungry a gente pega um Mc Donalds, um Bob's, um fast desses. Eu passo no flat, pego meu card e saco um money porque lá é tudo em cash. É, vamos dar um look por lá, puro glamour, baby. Pode ser um jeans bem basic. Não, chega de trash! O must agora é high style. Isso é que é fashion.

Melhor dar um time. Aquele coiffeur também é personal stylist. Meu daddy foi lá outro dia e voltou todo star. É, um docksidezinho soft resolve. Na Kitshoes, lá é nice. More or less, mas vou precisar de um help. O make? No Mac's eles têm uns blushes ótimos. O cara é the best. Faz um up lady show! No, no: as candy colours estão out, como a nail art. Então? All right.

Tava pensando num strudel, uma salada baby leaf, um carpacio de tender com chutney. Pode ser um molho tipo demiglacê. Para os drinks? I don't know. "Sanguê de buá", hahaha! Não acredito! Atention, please! É "Sangue de Boi", brother, aquele vinho baratinho! Eu falo "sanguê de buá" pra ficar mais chic. O DJ precisa de dois headphones e um notebook. Presente pro Joseph? Um e-book. É, lançaram agora um e-reader com back light cho-can-te! O resto é só be happy, darling! Então, let's go. Bye-bye. For you too! See you tomorrow, valeu?

é – Letra do alfabeto. Plural: ee ou és.

Curiosidades

Etc. & tal
O símbolo & tem nome. É *e comercial*. O criador: Marcus Tulius Tiro, encarregado de transcrever os discursos feitos no Senado de Roma. A criatura, que veio ao mundo 63 anos antes de Cristo, tinha uma função – tornar a escrita mais rápida. O & substituía o et (*e* em português). Com o tempo, o sinalzinho se especializou. Deixou os políticos pra lá e, triunfal, entrou no universo das empresas.

é + adjetivo – Eis construção pra lá de manhosa. Olho na companhia do sujeito. Se ele vem determinado por pronome ou artigo, a locução se flexiona. Caso contrário, mantém-se imutável. Compare: *É proibido entrada de estranhos. É proibida a entrada de estranhos. É preciso paciência. A paciência é precisa. Não é necessário inspetoras na escola. Não são necessárias as inspetoras na escola. Água é bom. Esta água é boa para a saúde.*

é muito / é pouco / é mais de / é menos de / é suficiente (concordância) – Essas locuções, acompanhadas de especificação de quantidade, medida, preço, tempo e valor são invariáveis: *Dois mil reais é muito. Quinze anos é tanto tempo! Dois quilos é pouco. Dez reais é suficiente.* Um é pouco. Dois é bom. Três é demais.

MANHAS DA Língua

Sem bobeira, marinheiros de poucas viagens. Na locução *muito poucos*, o *muito* sofre de preguiça macunaímica. Não quer saber nem de feminino nem de plural. Invariável, deixa tudo igual: *Havia muito poucos candidatos ao curso de artes. Eram muito poucas as chances de conseguir emprego. Muito poucos políticos apareceram na manifestação.*

e nem – 1. *Nem* significa *e não*. Por isso é redundante dizer *e nem* em constru-ções como estas: *Os candidatos dizem que ainda não acertaram os contratos (e) nem definiram as equipes de vídeo. A atriz nunca esteve tão bela (e) nem tão sensual. Ele não saiu (e) nem participou da reunião.* 2. No sentido de *nem sequer*, o uso de *e nem* é livre: *Ouviu as acusações e nem se abalou.*

é perguntado – Não use. Dê passagem à estrutura portuguesa. Em vez de "quando o diretor é perguntado", escreva "quando perguntaram ao diretor".

é preferível – Atenção à regência. É preferível uma coisa a outra, uma pessoa a outra (não: do que outra): *É preferível sair a ficar em casa. No verão, é preferível comer alimentos leves a pesados. No momento final, preferiu mulher a homem.*

é que – Como partícula de reforço ou de realce, é invariável: *Ele (é que) leva vantagem. Eu (é que) sei geografia. Paulo (é que) trabalha com seriedade. Luís (é que) vai levar a encomenda. Ele (é que) aprendeu geografia.*

e que – Só empregue *e que* quando houver o primeiro quê, claro ou subenten-dido. Na falta dele, o paralelismo estará sendo desrespeitado como neste período: *As pesquisas revelam grande número de indecisos e que pode haver segundo turno no Rio.* (corrigindo: *As pesquisas revelam grande número de indecisos e a possibilidade de segundo turno no Rio*). Outro período desrespeitador: *Os trabalhadores precisam assegurar o poder de compra dos salários e que seja mantida a garantia de emprego* (corrigindo: *Os trabalhadores precisam garantir o poder de compra dos salários e manter a garantia do emprego*).

ego – Pede hífen quando seguido de *h* ou *o*. No mais, é tudo juntinho como unha e carne: *ego-histeria, ego-organização, egocêntrico, egolatria, egoidealizado.*

- **Eu e eu mais eu**
- De ego nasceu *eu*. E deu origem a conhecida prole. *Egoísta* é um
- de seus membros. *Egocêntrico*, outro. *Ególatra*, mais um. Todos
- têm os dois olhos postos no próprio umbigo. Adorar a si mesmo
- não é velho como o céu e a Terra. A mitologia grega tem até um
- deus pra representar a egolatria. É Narciso. O mancebo era o belo entre os
- belos. As ninfas não resistiam a seus encantos. Batiam o olho nele e caíam
- de amor. O moço não estava nem aí.

electro / eletro – Pede hífen quando seguido de *h* e *o* (*eletro-óptica, eletro-hidráulico*). No mais, é tudo colado: *eletromagnetismo, eletrodoméstico, eletrocardiograma*.

elefante – O bichão tem três femininos – *elefanta, aliá* (nome dado à fêmea do grandão no Sri Lanka) e *elefoa* (uso popular).

Eléphas
A palavra *elefante* chegou ao português nosso de todos os dias por meio do latim *elephantus*. Mas não nasceu na terra dos Césares. Veio ao mundo na Grécia. Lá, *eléphas-antos* designava dois seres – o bicho e o marfim. Não é por acaso. Cobiçadas, as presas do animal são marfim pra lá de valioso.

eleição – Rege as preposições *de, entre, para*: *Eleição de condomínio sempre dá confusão. Em português, muitas vezes é livre a eleição entre a próclise e a ênclise. A eleição para a Presidência da República transcorreu em absoluta normalidade.*

eleito – Rege as preposições *para* e *por*. Também se emprega sem preposição: *O Congresso, eleito para redigir a nova Carta, tomou posse em 1º de fevereiro. O presidente, eleito pela vontade livre do povo, deve exercer o poder com transparência. Collor, eleito presidente em 1989, não concluiu o mandato.*

el-rei – Com hífen.

em anexo – Veja *anexo*.

em cima de / embaixo de – Escrevem-se assim.

Sem deixar a pelota cair
No futebol, há jogadores pra lá de hábeis. São capazes de dar sucessivos toques na bola – com os pés, as coxas, os ombros ou a cabeça – sem que ela tenha contato com o chão. O espetáculo se chama *embaixada*. Mas o nome não tem nada a ver com representação diplomática, Itamaraty & cia. Tem a ver com a forma como se toca na pelota – por baixo. Malandro, o pé começa a manobra embaixo da redonda.

em dia – Não existe *em dias*: *Estou em dia* (não: *em dias*) *com o pagamento das prestações.*

em domicílio – Essa é a forma correta, não *a domicílio*. A entrega é feita em casa, em escolas, em lojas, em hospitais. E, claro, em domicílio.

em face de – É a locução correta. *Face a* não pertence ao idioma de Camões.

- **Em face do amor**
- Viva! Vinicius conhecia não só as manhas e artimanhas do amor.
- Conhecia também os mistérios da língua. O "Soneto de fidelida-
- de" serve de prova. Eis a primeira estrofe:
-
- *De tudo ao meu amor serei atento*
- *Antes, e com tal zelo, e sempre, e tanto*
- *Que mesmo em face do maior encanto*
- *Dele se encante mais meu pensamento.*
- (Vinicius de Moraes)

em frente de – Veja *à frente / em frente / na frente*.

em mão – Evite a forma plural (*em mãos*). Prefira o singular: *A encomenda foi entregue em mão.*

em nível de – Veja *ao nível de / em nível de*.

em pé / de pé – Tanto faz. É acertar ou acertar: *Viajei de pé. Viajei em pé.* Veja *de pé / em pé*.

empecilho – Atenção à grafia. Substantivo masculino, quer dizer estorvo.

em princípio / a princípio – Veja *a princípio / em princípio*.

em pró de / em prol de – Tem o sentido de *em favor de, em proveito de*: *Organizaram cruzada em prol da moral e dos bons costumes. A população se mobiliza em pró da modernidade.* Não confundir com *pró*, advérbio (nem pró nem contra), ou substantivo (os prós e os contras).

em que / onde – Veja *onde / em que*.

em que pese a – **Em que pese a** quer dizer ainda que custe, ainda que doa. Na construção clássica, *pese* fica no singular e deve ser seguido da preposição *a*. Por quê? Subentende-se o sujeito isto: *Em que (isto) pese aos jogadores, os treinos precisam render. Em que (isto) pese a nós, faremos o exercício. A seleção ganhará a partida, em que (isso) pese aos torcedores do contra.*

em vez de – Veja *ao invés de / em vez de.*

em via de – A expressão quer dizer *prestes a: Está em via de abandonar o curso. Estava em via de casar-se quando decidiu partir para a Europa. Estou em via de embarcar para o Oriente Médio.*

embaixadora / embaixatriz – **Embaixadora**, feminino de embaixador, exerce a função de embaixador. A **embaixatriz** é a mulher do embaixador.

embaixo – Escreve-se assim.

emergir / imergir – Não troque as bolas. **Emergir** = vir à tona. **Imergir** = mergulhar. Daí banho de imersão.

emigração – Veja *emigrar / imigrar / migrar.*

emigrar / imigrar / migrar – **Emigrar** = sair do país. **Imigrar** = entrar no país. **Migrar** = movimentar-se: *Oito milhões de libaneses emigraram para a América. Seis milhões imigraram para o Brasil. Durante o período de seca, nordestinos migram para o Sudeste.* Emigração, imigração e migração obedecem à mesma lógica. Emigrante, imigrante e migrante também.

eminente / iminente – **Eminente** = ilustre, elevado (*eminente ministro, edifício eminente*). **Iminente** = prestes a acontecer: *chuva iminente, morte iminente.*

empatar (regência) – O time empata com outro *por* ou *de: A Bélgica empatou com a França por 3 a 3 (de 3 a 3).*

encarar de frente – Baita redundância. Basta *encarar.* Quer reforço? Pode ser *encarar com firmeza, com determinação, com coragem.*

encarregar – Pede objeto direto e indireto (preposição *de*): *O presidente encarregou o ministro de proceder às negociações preliminares.*

encenação / exibição – Exibe-se algo pronto (um quadro, um filme, uma escultura). Uma peça de teatro ganha vida a cada representação. É encenada, representada (não exibida).

encerrar-se – O apresentador encerra o programa, mas o programa se encerra. (Veja *aceitado / aceito*.)

endereços de Brasília – Com as iniciais maiúsculas: *W3 Sul, L2 Norte, Setor Comercial Sul.*

enfrentar de frente – Pleonasmo. Basta enfrentar. Se quiser reforço, pode ser *com firmeza, com determinação.*

enquanto – É conjunção proporcional que equivale a *ao passo que.* Deve ser empregada em orações proporcionais ou temporais: *Enquanto estive fora, mudou a direção da escola. Enquanto eu falo, você escreve.*

- **Enquanto dure**
- *E assim, quando mais tarde me procure*
- *Quem sabe a morte, angústia de quem vive,*
- *Quem sabe a solidão, fim de quem ama,*
- *Eu possa dizer do amor (que tive)*
- *que não seja imortal posto que é chama*
- *Mas que seja infinito enquanto dure.*
- (Vinicius de Moraes)

Os tempos andam difíceis. A concorrência, pra lá de acirrada. Se quiser manter o emprego, garantir a vaga na universidade ou não perder um grande amor, olho vivo! Jamais use o *enquanto* em lugar de *como* ou *na qualidade de.* Fuja de construções como estas: *Eu, enquanto estudante, posso retirar livros da biblioteca. Enquanto mãe, sinto-me no direito de exigir obediência de meu filho.*

Cruzes! Cadê o verbo? Sem ele, a conjunção *enquanto* se sente desamparada. Pior: fora do lugar. Faça-lhe um agradinho. Substitua-a por *como* ou *na qualidade de.* Assim: *Eu, como estudante, posso retirar livros da biblioteca. Na condição de mãe, sinto-me no direito de exigir obediência de meu filho.* Melhor, não?

Curiosidades

Que bobagem!

O uso equivocado da conjunção *enquanto* para significar *em lugar de* cresceu tanto que existe uma conta no Facebook chamada *Vencendo enquanto professor* e um trabalho de pedagogia com o título de *A indisciplina escolar enquanto desafio*. A razão é simples: um dia alguém usou *enquanto* pra parecer diferente, inovador. Outro alguém achou bonito, embora errado. E usou também. Um terceiro alguém considerou mais bonito e repetiu. E o vento levou. E a bobagem ficou.

entre / dentre – **Dentre** = combinação das preposições *de* e *entre*. Use-a só quando puder substituí-la por *no meio de*: *O macaco saiu dentre duas árvores. Cristo ressurgiu dentre os mortos.* **Entre** = Afora os empregos do *dentre*, use a preposição *entre*.

entre mim e ele – Regidas de preposição, as formas dos pronomes pessoais são *mim* e *ti*: *Conversa entre mim, ti e o diretor, conversa entre mim e ele.*

entre si / entre eles – Use *entre si* quando houver ideia de reciprocidade: *Marido e mulher brigavam entre si. As línguas se comunicam entre si. As classes tinham dificuldade de trocar experiências entre si.* Use *entre eles* (*entre elas*) quando não houver ideia de reciprocidade: *Circulou entre eles durante duas horas sem ser notado. Briga de marido e mulher deve ser mantida entre eles.*

entre um e outro – O *entre* exige a conjunção *e*, não *a*: *O acidente ocorreu entre as 2h15 e as 2h40. A discussão se travou entre o presidente e o ministro. Entre um e outro ponto vão cerca de 200 metros.*

entreter – Conjuga-se como *ter*, mas com acento na terceira pessoa do singular do presente do indicativo (ele entretém).

entrever – Conjuga-se como *ver*: vejo (entrevejo), vê (entrevê), vemos (entrevemos), veem (entreveem), vi (entrevi), via (entrevia), se eu vir (entrevir), se eu visse (entrevisse), vendo (entrevendo), visto (entrevisto). E por aí vai.

episcopisa – Feminino de bispo.

era uma vez – Mantém-se no singular mesmo quando seguida de substantivo plural: *Era uma vez uma princesa, era uma vez sete anões, era uma vez dois lobos.*

escore – Use essa forma, aportuguesada.

esfíncter – Plural: esfíncteres. Pronúncia usual: esfíncteres (proparoxítona).

esgotar – O professor esgota a matéria, mas ele se esgota. (Veja *aceitado / aceito*.)

esmoler – Pessoa que dá ou pede esmola. É oxítona.

espectador / expectador – **Espectador** = pertence à família de espetáculo. Significa aquele que assiste a qualquer ato ou espetáculo. **Expectador** = joga no time de expectativa. Significa aquele que tem expectativa, que está na expectativa.

esperto / experto – **Esperto** = sabido, vivo, habilidoso. **Experto** = especialista, entendido, perito, que tem experiência. Ele tem expertise – competência, conhecimento: *A Polícia Federal recorreu à expertise de peritos para proceder à investigação.*

espiar / expiar – **Espiar** = observar, olhar, espreitar (espiar pela fechadura). **Expiar** = remir, pagar por faltas: *Como expiar os pecados? Ele expia os crimes na cadeia.*

- **A culpa é do bode**
- No começo, bode era bode. Virou expiatório há cerca de 3 mil
- anos. No Dia do Perdão (Yom Kippur), o maioral dos sacerdotes
- de Jerusalém recebia dois caprinos. Sacrificava um em homena-
- gem a Jeová, deus hebreu. Reservava o outro a Azazel, o dia-
- bo. O religioso punha as mãos sobre o bode ao ouvir a confissão
- dos fiéis. No fim do dia, xô, coisa ruim! Soltava o bicho no deserto.
- Os pecados se iam com ele. Hoje o bode virou gente. É quem leva
- a culpa enquanto outros fazem a festa. Nem Deus escapa. Diante
- da desgraça, não dá outra: "Foi Ele quem quis".

Curiosidades

esquivar-se – Rege as preposições *a* e *de*: *Esquivou-se à pergunta. Esquivou-se dos perseguidores.*

esse – Veja *este / esse / aquele*.

estações do ano – A primavera, o verão, o outono e o inverno são nomes comuns. Escrevem-se com a inicial minúscula.

Outono

Em tempos idos e vividos, o ano tinha só duas estações. Quando o mundo se cobria de neve, era inverno. Depois, vinha o verão, que englobava, além do verão, a primavera e o outono. Período tão longo apresentava características diferentes. Veio, então, a primavera – primeiro verão. No fim, o outono. O nome vem de *auctus*, que quer dizer crescimento, produção. Tem tudo a ver, não? São os meses da colheita – a estação das frutas.

estada / estadia – **Estada** = permanência de pessoa em algum lugar: *Minha estada em Nova York será curta.* **Estadia** = permanência de navio no porto, avião em aeroporto ou veículos automotores em garagem ou estacionamento: *A estadia do navio no porto de Santos custa caro. A greve obrigou a estadia do avião no aeroporto por dois dias. Mesmo pagando estadia, é difícil conseguir vaga nos estacionamentos de Brasília.*

Estado / estado – Escreve-se com a letra inicial maiúscula quando empregado em seu sentido político: *O grande desafio do novo governo é diminuir o tamanho do Estado.* Ao designar unidade da Federação, tem a inicial minúscula (*estado do Rio Grande do Sul*).

Estados Unidos (concordância) – Leva o verbo para o plural: *Os Estados Unidos mantêm liderança no bloco dos países ocidentais.* (O plural permanece mesmo na sigla: *EUA vencem a competição.*)

este / esse / aquele – Os pronomes demonstrativos indicam situação no espaço, no tempo e no texto.

MANHAS DA Língua

• Pra entender os pronomes demonstrativos, lembre-se das pessoas do discurso. Discurso, no caso, não tem nada a ver com comício ou falação de político. Discurso significa conversa. As pessoas do discurso são as que tomam parte em um bate-papo.

Numa conversa, são necessárias três pessoas. Algumas interessantes, outras nem tanto. Uma fala (1ª pessoa). Outra escuta (2ª pessoa).

A última é o assunto, sobre o que se fala (3ª pessoa).

Imagine que Rafael telefone para João e lhe pergunte se foi ao cinema. No caso, Rafael fala. É a primeira pessoa. João escuta. É a segunda. Do que eles falam? Da ida ao cinema. É a terceira.

A. Situação no espaço

Este indica que o objeto está perto da pessoa que fala (pode ser reforçado com o advérbio *aqui*): *esta bolsa* (aqui); *este jornal* (referindo-se ao jornal que está perto); *esta sala* (a sala onde a pessoa que fala ou escreve está).

Esse informa que o objeto está perto da pessoa com quem se fala (pode ser reforçado com o advérbio *aí*): *esse livro* (o livro está perto da pessoa com quem se fala); *essa sala* (a sala onde a pessoa com quem se fala ou a quem se escreve está).

Aquele diz que o objeto está longe tanto da pessoa que fala quanto da pessoa com quem se fala (pode ser reforçado pelos advérbios *lá* ou *ali*): *Aquele quadro lá; aquele livro ali.*

* Você leu? Saiu no jornal. Paulo, funcionário do Banco Central, quis mudar de ares. Amigo do ministro, deu um jeito de ser requisitado para a Fazenda. No ofício de encaminhamento, a autarquia frisava que "os ônus correrão por conta dessa instituição". Chegou o fim do mês. Cadê salário? Nada.

O banco dizia que o ministério deveria pagar. O ministério dizia que era o banco. E daí? O xis da resposta estava no pronome demonstrativo: "Os ônus correrão por conta dessa instituição". Qual? O *essa* se refere ao ser com quem se fala. No caso, o Ministério da Fazenda. Se fosse o Banco Central, o texto diria que os ônus correriam por conta "desta instituição".

B. Situação no tempo

Este indica tempo presente: *este ano, este mês, esta semana* (o ano, o mês e a semana em que estamos); *este fim de semana* (o fim de semana próximo, que o falante considera presente).

Esse ou **aquele** exprimem tempo passado (esse, passado próximo; aquele, distante): *Visitei Brasília pela primeira vez em 1970. Nesse (ou naquele) tempo eu morava em Porto Alegre.*

Eis um nó. Como saber se o passado é próximo ou remoto? Depende de cada um. O tempo é psicológico. Uma hora com dor de dente é uma eternidade. Se for à noite, nem se fala. São duas eternidades.

C. Situação no texto

Este indica referência anterior: *Paul Valéry deu esta sugestão aos escritores: "Entre duas palavras, escolha sempre a mais simples; entre duas palavras simples, escolha a mais curta"* (a sugestão é anunciada antes e expressa depois).

Esse anuncia referência posterior: *"Entre duas palavras, escolha sempre a mais simples; entre duas palavras simples, escolha a mais curta."* *Essa sugestão, escrita por Paul Valèry no início do século, é um dos mandamentos do texto contemporâneo.*

D. Também se empregam os pronomes **este** e **aquele** em frases do tipo *Conheço Paulo e João. Este estuda jornalismo; aquele, letras.* Nessa construção, o *este* indica o nome mais próximo do pronome (João) e *aquele*, o mais distante (Paulo).

(As mesmas regras aplicam-se aos pronomes *isto, isso, aquilo.*)

este ano / neste ano – Tanto faz: *Pode-se viajar este ano (neste ano). Vi Paulo esta semana (nesta semana). Comecei a trabalhar este mês (neste mês).*

estender – Grafa-se assim, com *s.*

estória / história – **Estória** = narrativa de ficção. **História** = narração dos fatos ocorridos na vida dos povos ou da humanidade. Modernamente, usa-se *história* tanto para designar fatos quanto ficção: *a história da Branca de Neve, a história da construção de São Paulo, a história da queda da ditadura no Brasil.*

Os poetas deliram
Aristóteles escreveu há 2.400 anos: "O historiador e o poeta não se distinguem um do outro pelo fato de o primeiro escrever em prosa e o segundo em verso. Diferem entre si porque um escreve o que aconteceu e o outro o que poderia ter acontecido".

estragar – O sol estragou a fruta, mas a fruta estragou-se.

estrangeirismos – As línguas adoram bater papo. Umas influenciam as outras. Quanto maior o contato, maior a influência. No século 19, o português sofreu grande influência do francês. Assimilou várias palavras do idioma de Victor Hugo. Abajur, garagem, bufê, balé servem de exemplo. No século 20, o inglês chegou com força total. Falado pela potência planetária, que vende como ninguém sua música, seu cinema e sua tecnologia, impôs-se como língua internacional. O português incorporou muitos vocábulos. Como lidar com os penetras?

1. Dê preferência à palavra vernácula: *pré-estreia,* não *avant-première; primeiro-ministro (premiê),* não *premier.*

2. Prefira a forma aportuguesada à estrangeira: *gangue, chique, xampu, recorde, cachê, butique, buquê, uísque, conhaque, panteão, raiom, gim*.

3. Se a importada estiver incorporada ao português em sua grafia original, escreva-a sem grifo ou qualquer destaque: *rock, marketing, shopping, show, know-how, software, hardware, smoking, habeas corpus, marine, punk, lobby*.

4. Derivados de línguas estrangeiras se tornam híbridos: mantêm a estrutura original do vocábulo e acrescentam os sufixos ou prefixos da língua portuguesa: *Byron (byroniano), Kant (kantiano), Marx (marxista), kart (kartódromo), Weber (weberiano), Thatcher (thatcherismo)*.

1. Lembranças de viagem

As grandes navegações escancararam as portas do mundo. Oba! Os homens começaram a viajar mar afora. Conheceram outros povos, que falavam outras línguas, que se misturavam às dos forasteiros. Ao voltar, os viajantes carregavam novas palavras na bagagem. Tinham, também, deixado vocábulos por onde passaram. Assim, os estrangeirismos foram ganhando nacionalidades locais.

2. Sotaque orgulhoso

"Um homem só deve falar, com impecável segurança e pureza, a língua da sua terra. Todas as outras as deve falar mal, orgulhosamente mal, com aquele acento chato e falso que denuncia logo o estrangeiro." (Eça de Queirós)

3. Brasileiro

"Tudo aquilo que malandro pronuncia com voz macia é brasileiro. Já passou de português." (Noel Rosa)

estrato / extrato – **Estrato** = camada (estrato social). **Extrato** = extraído: *extrato de tomate, extrato da conta bancária*.

estrear / estrear novo – Conjuga-se como passear: passeio (estreio), passeias (estreias), passeia (estreia), passeamos (estreamos), passeiam (estreiam). **Estrear novo** é pleonasmo. Só se estreia o novo.

estresse – Desgaste físico e emocional resultante do excesso de situações que exigem atenção e adaptação permanentes. A forma aportuguesada é preferível à inglesa *stress*. Aportuguese também os derivados: estressado, estressar, estressante. Não se podem misturar estruturas. É erro escrever, por exemplo, *stresse* ou *estress*.

esvaziar – O líder esvaziou a sessão, mas a sessão se esvaziou. (Veja *aceitado / aceito*)

etc. – Etc. é a abreviatura de **e t**antas **c**oisas. Mas, apesar da presença do *e*, pode-se antecedê-lo de vírgula. Ou não. É que o danadinho é tão antigo (vem do latim) que as pessoas de memória curta lhe esqueceram a origem. Tratam-no como se fosse uma palavra qualquer. Oba! Com ele, é acertar ou acertar: *No mercado, comprei frutas, carnes, bebidas, cereais, etc. No mercado, comprei frutas, carnes, bebidas, cereais etc.*

> **MANHAS DA Língua**
> Etc. escreve-se com ponto no finzinho. Não se trata de escolha. Mas de obrigatoriedade. Se o ponto coincide com o término do período, nada de dose dupla. Fique com um só: *Fez palestras para pais, alunos, professores etc.*

ex – Indica cessação de estado anterior. Pede hífen: *ex-deputado, ex-combatente, ex-diretor, ex-tuberculoso, ex-marido*. Cuidado com o emprego desse prefixo. Mantega é ex-ministro da Fazenda, não ex-ministro da Fazenda no governo Dilma. João Figueiredo é ex-presidente do Brasil, não ex-presidente no período 1978-82.

> **MANHAS DA Língua**
> O ex- tem requintes. Ao designar alguém com a duplinha, abra os dois olhos. Nomeie o cargo mais alto que a pessoa ocupou ou aquele no qual ela se tornou mais conhecida. JK foi deputado, prefeito, senador, presidente da República. Quando se referir a ele, escreva o presidente Juscelino. Não o deputado, senador ou prefeito.
> Os mortos? Esses têm direitos eternos. Glauber Rocha não é ex-diretor de cinema, nem Garrincha é ex-jogador de futebol, nem Renato Russo é ex-compositor. Ao citá-los, diga sem medo de errar: o diretor Glauber Rocha, o jogador Garrincha, o compositor Renato Russo. É a tal história: quem foi rei não perde a majestade.

Curiosidades

Ganhou altura
Imagine esta manchete de jornal: *Morreu o ex-anão do circo.*

exceção – Assim, com ç.

exceder – 1. Rege objeto direto ou indireto: *O resultado da competição excedeu as expectativas da torcida. O primeiro excede ao segundo.* 2. Com adjunto adverbial, pede a preposição *em*: *O Palmeiras excede o Guarani em disciplina.*

exibição – Veja *encenação / exibição.*

expertise – É substantivo feminino com duas acepções. Uma: competência ou qualidade de especialista. A outra: perícia ou avaliação feita por especialista no assunto: *expertise da obra de Picasso, expertise criminológica.*

exonerar – Pede objeto direto e indireto (preposição *de*): *O presidente exonerou-o do cargo.*

explodir – Modernamente, o verbo ganhou a primeira pessoa do singular do presente do indicativo. Tornou-se regular: eu explodo, ele explode, nós explodimos, eles explodem; eu explodi, ele explodiu, nós explodimos, eles explodiram; eu explodia, ele explodia, nós explodíamos, eles explodiam; que eu exploda, ele exploda. E por aí vai.

- **Que se exploda!**
- Numa enquete informal, o personagem mais lembrado de Chico
- Anysio foi o político corrupto Justo Veríssimo. Seu bordão ganhou
- a boca do povo: "Eu odeio pobre! Eu quero é que pobre se explo-
- da!" Óbvio que o sucesso do bordão tem a ver com um detalhe – o som de
- exploda é muito parecido com o som de... Hum! Cala-te, boca!

Explodir e implodir são irmãos. Filhos do latino *plaudere*, têm a marca da indiscrição. O radical quer dizer *bater um contra o outro com ruído*. O prefixo ex-, de explodir, significa para fora. Velho conhecido nosso, aparece em montões de vocábulos. Entre eles, *exportar* (vender para fora), *expatriar* (mandar para fora da pátria), *excomungar* (pôr para fora da comunidade), *exorcizar* (lançar fora o demônio).

In, que se disfarça de *im* ou *i*, tem sentido contrário. Significa para dentro. Há exemplos pra dar, vender e emprestar: *importação* (trazer de fora para dentro), *ingerir* (botar para dentro), *imigração* (movimento de pessoas para dentro do país).

expremido / expresso – Particípios do verbo exprimir. Use **expremido** com os auxiliares *ter* e *haver* (*tinha expremido, havia expremido*) e **expresso** com *ser* e *estar* (*foi expresso, estava expresso*). (Veja *aceitado / aceito.*)

expressado / expresso – Use **expressado** com os auxiliares *ter* e *haver*; **expresso**, com *ser* e *estar*: *Os eleitores haviam (tinham) expressado a vontade por meio do voto. A vontade dos eleitores foi (está) expressa nas urnas.* (Veja *aceitado / aceito*.)

expressões com pronome possessivo – Usam-se sem artigo: a meu ver, a meu lado, a seu pedido, a nosso bel-prazer (não: ao meu ver, ao meu lado, ao seu pedido).

expressões partitivas (a maioria de, a maior parte de, grande parte de, metade de e equivalentes) acompanhadas de nome – O verbo pode concordar com o sujeito ou com o acompanhante: *A maior parte dos refugiados tomou (tomaram) o caminho de Damasco. Metade dos candidatos desistiu (desistiram). Grande parte dos atletas leva (levam) vida espartana.*

> **MANHAS DA Língua** Liberdade não se confunde com libertinagem. As expressões partitivas deitam e rolam quando seguidas de substantivo ou pronome no plural. A razão? O verbo pode se flexionar no singular ou plural. Mas, se o sujeito só tem partitivo, adeus, folga. Ele se impõe: *Todos saíram? Não. Só a minoria se foi. A maioria permaneceu.*

expulsado / expulso – Use **expulsado** com os auxiliares *ter* e *haver* (tinha expulsado, havia expulsado) e **expulso** com *ser* e *estar* (foi expulso, está expulso). (Veja *aceitado / aceito*.)

exterior – No sentido de estrangeiro, grafa-se com a inicial minúscula: *O presidente fará poucas viagens ao exterior este ano.*

extinguido / extinto – Use **extinguido** com os auxiliares *ter* e *haver* (tinha extinguido, havia extinguido) e **extinto** com *ser* e *estar* (foi extinto, estava extinto). (Veja *aceitado / aceito*.)

extorquir – Significa arrancar. O verbo faz uma exigência. O objeto direto tem de ser coisa. Nunca pessoa. Extorque-se alguma coisa. Não alguém: *Fiscais extorquiram dinheiro do empresário.* (Não: *Fiscais extorquiram o empresário*). *A polícia extorquiu o segredo. Extorquiram a fórmula ao farmacêutico.*

Há verbos dose dupla. Exigem objeto direto e indireto. É o caso de *extorquir*. Extorque-se alguma coisa de alguém. Por pão-durismo, a gente costu-

ma omitir alguma coisa. Aí, mudamos a função do alguém. Ele vira objeto direto. É a receita do cruz-credo. Quer ver? *Delegacia investiga casos em que estelionatários se passam por funcionários de firmas de cobrança para extorquir comerciantes.* Nada feito. Melhor dar ao César o que é de César. Eles queriam extorquir dinheiro de comerciantes.

extra – Como adjetivo, flexiona-se em número: *hora extra, horas extras, trabalho extra, trabalhos extras.* Pede hífen quando seguido de *a* e *h*. No mais, é tudo junto: *extra-abdominal, extra-alcance, extra-humano, extra-hospital, extraclasse, extraordinário.*

1. Extracurto
O extra tem trajetória longa. No começo da vida, era extraordinário. Pronunciar palavra tão compriiiiiiiiida? Ah, que preguiça! Entrou em campo a lei do menor esforço. A polissílaba virou dissílaba. Mas manteve o sentido e a flexão do plural: hora extra (horas extras), serviço extra (serviços extras), edição extra (edições extras).

2. Quadrinha
"Com um corpo de violino
e escrúpulos precários
Dadá, a mulher do Lino,
se tornou extra de vários."

3. Extramiúdo
Há muitas palavras além de *extra* que começaram compridas e encolheram. Cinema já foi cinematográfico. Agora imagine a cena: "Maria, vamos ao cinematográfico?" A lei do menor esforço é tão forte, ao contrário de muitas leis que não pegam, que o povo apela até para as palavras estrangeiras, desde que sejam menores. Muita gente já usa o estrangeirismo *bike* em vez de bicicleta.

extrema-unção – A Igreja mudou o nome do sacramento. Agora se chama unção dos enfermos.

FALA

Jovem repórter, no início da carreira, participei de uma coletiva com o ministro Mário Henrique Simonsen, da Fazenda. Ele falava um economês castiço, próximo do javanês ou do sânscrito primitivo. Com espanto, vi que alguns colegas transcreviam entre aspas as frases arrevesadas do ministro. Ponderei: "Desse jeito o leitor não vai entender nada!" E ouvi de resposta: "E quem o leitor pensa que é pra querer entender economia?"

Daí a pergunta: de quem é sua fala? Sua ou de quem escuta? Respondeu que é sua? Pois não é. Ela "pertence" a quem o escuta. Complicado, né? A palavra é mais de quem ouve do que de quem fala. Por isso os atores têm tanto cuidado com a voz. Estão tratando bem da "propriedade alheia". Nossa propriedade. E a sua voz, leitor, de quem é: sua ou de quem escuta? "Ah, nessa ele não me pega. Claro que a voz é de quem escuta". Acertou, parabéns!

Mas o "dono" da voz é quem fala, quem "usa" a voz, quem "toca o instrumento". Quem fala tem um "contrato" com quem escuta: o de ser bem ouvido e bem entendido. Por isso é bom cuidar da voz, evitar cigarro e gelo, não exagerar nos gritos, não pigarrear. Para assim ter uma voz compreensível e gostosa de ouvir. Ou seja: no instante de falar, a voz é sua. No instante de ser ouvido, a voz é de quem a escuta. Deu pra entender? Se não deu, leia este resumo de Chico Buarque: "O que é bom para o dono é bom para a voz/ O que é bom para o dono é bom para vós /O que é bom para o dono é bom para nós".

Fala do trono
"Augustos e digníssimos representantes da nação! Está fechada a sessão!" (Palavras pronunciadas por D. Pedro I, em vez da esperada fala do trono, em 1830, para evitar a pressão da Câmara, que exigia reformas.)

f – Letra do alfabeto. Plural: efes, ff.

face a – Essa construção não é portuguesa. Use a vernácula *em face de*: *Em face da reivindicação dos professores, o governo estuda nova proposta. Em face do exposto, solicito providências. Nada pôde fazer em face das dificuldades que enfrenta.*

face a face – Sem crase, sem hífen.

Ops! Dá uma vontade danada de pôr acentinho em cara a cara, face a face, gota a gota, frente a frente, uma a uma e por aí vai. A tentação é irresistível como a cama da gente, comida de vó, cerveja gelada ou beijo de prima. Resista! Nos trios, só tem vez a preposição. O artigo passa longe. Como crase é casamento de dois aa, nada feito. Nenhuma expressão escrita com palavras repetidas leva o acento grave.

fácil de fazer – Viu? O pronome *se* sobra (fácil de se fazer). Xô! Fácil de copiar. Fácil de ligar. Fácil de conquistar. Fácil de dirigir. Fácil de escrever. Fácil de memorizar, não?

fac-símile – Plural: fac-símiles.

factoide – Fato sensacionalista, divulgado pra impressionar, causar impacto na opinião pública. O que se anunciava grande feito, porém, não corresponde à realidade. É mais ou menos como o parto da montanha.

Factoide rima com asteroide, debiloide, mongoloi-de. As palavras têm um denominador comum. É -oide. As quatro letrinhas vêm do grego. Querem

dizer forma, aparência, imagem. Asteroide é o que tem aparência de astro. Mongoloide, de mongol. Debiloide, de débil mental. Às vezes, as danadinhas bancam as gozadoras. Mandam a seriedade pras cucuias e caem na diversão. Agregam-se a certas palavras pra dar-lhes sentido jocoso. É o caso de factoide, que faz companhia a cretinoide.

falar ao telefone – Fala-se ao telefone, não no telefone. A preposição *a* dá ideia de *junto de*. Aparece em *sentar-se à mesa, postar-se à porta, falar ao microfone*.

falar / dizer – Lembre-se: falar não é dizer. Veja *dizer / falar*.

- **O silêncio é de ouro**
- A fala não é o único meio de comunicação. Mas é o mais fácil,
- o mais acessível. Daí por que pululam provérbios sobre o tema.
- "Fala pouco e bem, e ter-te-ão por alguém" recomenda discrição.
- Bem, no caso, não tem a ver com erudição. Refere-se a oportuni-
- dade, propriedade e sensatez. Outros ditos dão o mesmo recado. Um deles:
- "Quem muito fala pouco acerta". Outro: "Em boca calada não entra mosca".
- Mais um? Pois não: "Quem fala demais dá bom-dia a cavalo". Outro? Ei-lo: "É
- bom falar. Mas é melhor calar". Pra concluir: "Não é por acaso que nascemos
- com dois olhos, dois ouvidos, duas narinas e uma boca".

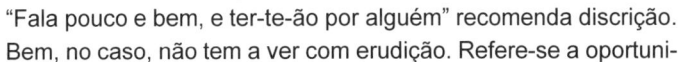

falir – 1. Defectivo, falir só se conjuga nas formas em que não se confunde com falar. São aquelas em que aparece o *i* depois do *l*. No presente do indicativo, só o nós e o vós têm vez (falimos, falis). O presente do subjuntivo não existe. Os demais tempos conjugam-se normalmente: fali, faliu, falimos, faliram; falia, falia, falíamos, faliam; falirei, falirá, faliremos, falirão; faliria, faliria, faliríamos, faliriam; falindo; falido. 2. As formas inexistentes podem ser supridas. O verbo *quebrar* é uma saída. A expressão *abrir falência*, outra.

Preguiçoso, o verbo defectivo não se conjuga em todas as pessoas, tempos e modos. Por quê? Al-guns por eufonia. Soam mal. "Eu coloro", de colorir,

está nesse grupo. "Eu abolo", de abolir, também. Outros armam confu-são. É o caso de falir. Há formas que coincidem com as do verbo falar – *eu falo, ele fale*. Amante da clareza, falir cede. Dá a vez ao falar. Substitutos entram, então, em cartaz. É o caso de quebrar. Ou abrir falência.

falta de – É invariável: *falta de dinheiro, falta de recursos, falta de amigos, falta de bons filmes.*

faltar – É intransitivo. Cuidado com a concordância. O sujeito posposto ao verbo engana. Dá a impressão de ser objeto direto. Não é. Olho vivo: *Falta uma hora. Faltam três dias. Faltam recursos para concluir o programa.*

fantasma – Substantivo usado como adjetivo, grafa-se sem hífen. Flexiona-se no plural: *trem fantasma, funcionário fantasma, navios fantasmas, contas fantasmas.*

fatal – Adjetivo, significa *que mata*: acidente fatal, aventura fatal, encontro fatal. (Veja *vítima fatal.*)

fato real – É pleonasmo. Basta fato.

fax – Não tem plural: *Recebi um fax. Enviei dois fax.*

fazer (conjugação) – Indicativo: presente (faço, fazes, faz, fazemos, fazeis, fazem), pret. perfeito (fiz, fizeste, fez, fizemos, fizestes, fizeram), pretérito imperfeito (fazia, fazias, fazia etc.), futuro do presente (farei, farás, fará, faremos, fareis, farão), futuro do pretérito (faria, farias, faria, faríamos, faríeis, fariam). Subjuntivo: presente (que eu faça, tu faças, ele faça etc.), pretérito imperfeito (fizesse, fizesses, fizesse etc.), futuro (fizer, fizeres, fizer etc.). Gerúndio (fazendo). Particípio (feito). Impessoal: Na contagem de tempo, é impessoal. Conjuga-se só na terceira pessoa do singular: *Faz cinco anos que trabalho no banco. Faz duas horas que ele chegou. Fazia muitos anos que não ia ao Rio.* 2. É também impessoal quando indica fenômeno da natureza: *Faz frio. Faz calor.* 3. A impessoalidade do verbo contagia o auxiliar: *Deve fazer cinco anos que cheguei a Brasília. Vai fazer duas horas que o filme começou. Devia fazer muitos anos que não ia ao Rio.*

MANHAS DA Língua

Sabia? Na língua existem verbos-ônibus. Eles funcionam como transporte coletivo. Cabem em 42 contextos e um pouco mais. Imprecisos, causam má impressão. Denunciam o redator preguiçoso ou pobre de vocabulário. Fazer é um deles. Ultimamente ganhou novo assento. É o tal de fazer aula disto e daquilo. Ou fazer um câncer, uma tuberculose, um aneurisma. De uma hora pra outra os músicos passaram a dizer que vão fazer uma música em vez de tocar uma música. Cruz-credo! É possível substituí-lo por outros mais precisos. Com um cuidado: sem pedantismo, afetação ou rebuscamento.

Exemplos não faltam. Fazer uma carta? É escrever ou redigir a carta. Fazer um discurso? É proferir o discurso. Fazer uma fossa? É cavar a fossa. Fazer uma estátua de mármore? É esculpir a estátua de mármore. Fazer o trajeto de carro? Melhor percorrer o trajeto. Fazer Direito é cursar Direito.

fazer erros / fazer aulas / fazer falta / fazer mortes – Fazer não substitui cometer, praticar, ter: *cometer erros, cometer faltas, ter aulas, assistir a aulas, causar mortes, provocar mortes.*

fazer que / fazer com que – Ambas as formas são corretas. *Manobra feliz fez que todos lhe apoiassem a proposta. Manobra feliz fez com que todos lhe apoiassem a proposta.*

Federação – Nome próprio ao significar conjunto dos estados + o Distrito Federal: *A Federação é composta de 26 estados e o Distrito Federal. Minas e São Paulo são importantes unidades da Federação brasileira.*

feito – Quando aparece em comparações, é invariável: *Correu feito flecha. Falou feito adulto. Trabalha feito boi de carga.*

- **Aliteração**
- "Os córregos estavam sujos. Aí, depois, cada rio roncava cheio,
- as várzeas embrejavam, e tantas cordas de chuva esfriavam a
- cacunda daquelas serras. A terrível notícia tinha se espalhado
- assaz, em todas as partes o povo fazia questão de obsequiar a
- gente, e falavam muito bem do falecido. Mas nós passávamos,
- feito flecha, feito faca, feito fogo." (Guimarães Rosa)

Curio sida des

felicitar – Transitivo direto. Com adjunto adverbial, pede a preposição *por*: *Felicito-o por cumprir a meta fixada pela empresa. O presidente felicitou a equipe pela conquista do título. Felicitou o filho pelo êxito no concurso.*

femoral – Adjetivo derivado de fêmur. Escreve-se desse jeitinho – com o.

fêmur – Adjetivo correspondente: femoral – assim, com o (músculo femoral, artéria femoral). Plural: fêmures.

fênix – Plural: fênix.

1. Das cinzas

Fênix era um pássaro fabuloso. Enorme, parecia uma águia pra lá de especial – com penas vermelhas, azuis e douradas. Só havia uma fênix na face da Terra. Sem companheiro, cadê filhotes? Ela inventou, então, um jeito de se manter viva. Ao ficar velhinha, enganava a morte. Ia pra floresta e selecionava plantas cheirosas e ervas mágicas. Fazia um ninho bem gostosinho. Aí, punha fogo na obra e saltava para o meio da fogueira. Virava cinza. Ops! Milagre! Das cinzas nascia outra fênix. Era a fênix renascida. E começava tudo de novo.

2. Palmeira voadora

"Você não tem ouvido dizer que a ave fênix renasce das próprias cinzas? Pois essa tal de ave fênix não existe. Fênix, *phoenix* em grego, era o nome de uma palmeira e de uma ave. O provérbio dizia que a palmeira renasce das próprias cinzas, isto é, que se incendeia uma floresta de palmeiras e elas voltam a brotar. E os que depois não sabiam que se tratava da palmeira atribuíam o milagre à ave." (Unamuno)

féretro – Caixão: *A pessoa acompanha o féretro.*

ferir / ferir-se – Quando o sujeito pratica e sofre a ação, o verbo é pronominal. Compare: *Paulo feriu Maria*; mas: *Maria se feriu. Eu me feri. Nós nos ferimos. Eles se feriram.*

fezes – Joga no time de férias, anais, condolências, exéquias, núpcias, óculos, olheiras, pêsames, víveres. A equipe todinha só tem a forma plural. Os naipes do baralho também se usam com o essezinho final: dama de copas, rei de espadas, dois de ouros, nove de paus.

Nada a ver

Muita gente acha que o verbo *enfezar* tem a ver com fezes presas, a conhecida prisão de ventre. A razão: a pessoa que não consegue fazer cocô fica irritadiça, enjoada, chata, *enfezada*. Mas, entre os mitos da etimologia e a etimologia real, há senhora diferença. O verbo vem mesmo do latim *infensare* – ser raivoso com, ser hostil. Nada a ver com fezes.

fiar / fiar-se – **Fiar** = reduzir a fios (fiar a lã, fiar o algodão, fiar o linho). **Fiar-se** = confiar, acreditar: *Não me fio em desconhecidos porque as aparências enganam. Não nos fiemos em rótulos.*

- **Devo, não nego**
- O mais antigo texto em português que se conhece é de 1175.
- Dá pra perceber que um certo Pelágio Romeu era do tipo "devo
- não nego, pagarei quando puder". Veja só: *"Noticia fecitpelagio-*
- *romeu de fiadores Stephanopelaiz .xxi. solidoslecton .xxi. soldos*
- *pelai garcia .xxi. soldos. GüdisaluoMenendici. xxi soldos /2 Egea-*
- *sanriquicixxxta soldos. petrocõlaco .x. soldos. Güdisaluoanriquici*
- *.xxxxta. soldos EgeasMonííci .xxti. soldos [i l rasura] Ihoanesuarici*
- *.xxx.ta soldos /3 Menendogarcia .xxti. soldos. petrosuarici .xxti. soldos Era*
- *Ma. CCaaxiiitialstos fiadores atan .v. annos que se partia de isto male que li*
- *avem"*. "Tradução" para o português de hoje: "Pelágio Romeu lista aqui seus
- fiadores: para Pedro Colaço, devo dez contos; para Estevão Pais, Leitão,
- Paio Garcia, Gonçalo Mendes, Egas Moniz, Mendo Garcia e Pedro Soares,
- deve vinte contos; para João Soares, trinta contos, e para Gonçalo Henriques,
- quarenta contos. Agora estamos em 1175, e só daqui a cinco anos vou ter
- que pagar esses patrícios!"

ficar de pé / ficar em pé – Tanto faz. Uma forma e outra dão uma canseiiiiiiiira. Em ambas, *pé* fica no singular.

figadal – Adjetivo derivado de fígado.

filé mignon – Escreve-se assim.

fim / final – Use *fim* como substantivo e *final* como adjetivo: *Fim de semana, fim do filme, fim do ano, fim da novela; partida final, solução final, capítulo final.* Menor é melhor. Prefira *fim de semana.*

No duro, no duro, final é adjetivo. Tem obrigação de acompanhar o substantivo. É o caso de partida, final, placar final, resultado final, capítulo final. Fora isso, é a vez do fim. *Deseja-se bom fim de semana. Chega-se ao fim do ano letivo. O juiz anuncia o fim da partida. Daqui a dois meses chegará o fim do ano.*

Final está errado? Não. O português é língua versátil. Boazinha, deixa que qualquer palavra vire substantivo. Quer ver? *Amanhecer* é verbo (o dia amanhece antes das 6h). Com um artigo na frente, vira substantivo: *O amanhecer de Brasília encanta os turistas.*

Final tem o mesmo tratamento das outras palavras. Pode ser substantivo, mas mantém o ranço do adjetivo. Melhor obedecer ao lé com lé, cré com cré. Volta pro teu lugar, cara!

finlandês – O natural da Finlândia se escreve assim mesmo. Não existe a forma *filandês*. Xô!

fisco – Escreve-se com a inicial minúscula.

flagrante / fragrante – **Flagrante** = evidente (injustiça flagrante) ou *ato de ser surpreendido* (*apanhado em flagrante, flagrante de pedofilia*). **Fragrante** = perfumado: *flores fragrantes*.

flamboiã – É a grafia portuguesa da francesinha *flamboyant*.

florir – Conjuga-se como *falir*.

fluido / fluído – **Fluido** = sem acento, é dissílabo (flui-do). Pode ser substantivo (fluido do isqueiro) ou adjetivo (substância fluida). O *ui* forma ditongo como em cuidado. **Fluído** = com acento, é trissílabo (flu-í-do). Trata-se do particípio do verbo fluir: *O trânsito tem fluído bem, sem retenções*. Superdica: nada de dizer que o "fluído" do isqueiro acabou. O que acabou foi o fluido.

fluir / fruir – **Fluir** = correr em abundância, correr em estado fluido, escoar. **Fruir** = desfrutar, tirar proveito de, usufruir.

fluvial – Adjetivo relativo a rio: *praia fluvial*.

fobia – Medo exagerado, pavor, aversão: hidrofobia (aversão à água), claustrofobia (pavor de lugar fechado), fotofobia (aversão à luz), xenofobia (aversão a estrangeiro).

1. Um medo de leão

Fobos é filha de Marte, o deus da guerra. Ela se veste de jeito muito estranho. Não usa sutiã nem calcinha. Em cima do corpo nu, joga uma pele de leão. A moça acompanha o pai aos campos de batalha. Quando os combatentes a veem, pensam estar diante de um fantasma. Fogem apavorados. E Marte coleciona vitórias. Hoje Fobos não assusta nem passarinho. Mas deixou senhora herança. É a palavra fobia. O vocábulo quer dizer medo. Mas um medo grannnnnnnnnnnnnnnde, incontrolável.

2. A hipermega

Hipopotomonstrosesquipedaliofobia é palavra inventada. É brincadeira, mas muita gente acredita ser verdade. Seria o distúrbio derivado do medo de pronunciar palavras grandes ou complicadas. O termo correto para *fobia* de palavras longas é *megalologofobia*.

fora da lei – Invariável, não tem feminino, masculino, singular ou plural: *o fora da lei, a fora da lei, os fora da lei, as fora da lei.*

foragir-se – Defectivo, conjuga-se como *falir.*

força-tarefa – Plural: forças-tarefa ou forças-tarefas.

formar / formar-se – Em algumas construções, o verbo é pronominal. A universidade forma o aluno, mas o aluno se forma. Assim como eu me formo, ela se forma, nós nos formamos, eles se formam.

fórum – Assim, com acento.

foto – Pede hífen quando seguido de *h* e *o*. No mais, é tudo colado: *foto-heliografia, foto-organograma, fotojornalismo, fotossíntese, fotofobia, fotoirradiação, fotoelétrico.* Diminutivos: fotinho, fotozinha.

fração – Faça a concordância com o número que vem antes da vírgula: *1,24 milhão, 2,5 milhões, 0,545 bilhão, 13,8 trilhões.*

Como se pronunciam os números fracionários escritos com vírgula? Da forma mais clara e simples possível: 2,75 (dois vírgula setenta e cinco), 33,5 (trinta e três vírgula cinco ou trinta e três e meio).

- **No Brasil, é com vírgula**
- A 10ª resolução da 22ª Conferência Geral de Pesos e Medidas (2003)
- determinou que o símbolo do separador decimal deve ser o ponto ou
- a vírgula. O ponto decimal, nos países falantes de inglês e na maior
- parte da Ásia. A vírgula decimal, nos países da América não inglesa
- e na maioria das nações europeias. Portanto, é erro macaquear o
- inglês ao escrever ou dizer, por exemplo 2.5 em vez de 2,5.

Curiosidades

frankenstein – Escreve-se assim.

O terror
Frankenstein é um romance de terror gótico. Muitos críticos o consideram a primeira obra de ficção científica da história. O livro relata a história de Victor Frankenstein, estudante de ciências naturais que constrói um monstro em seu laboratório. A autora, Mary Shelley, escreveu o romance quando tinha apenas 19 anos, entre 1816 e 1817.

frear – Conjuga-se como cear e passear.

frei / frade – **Frei** = forma reduzida de frade. Usa-se só antes do nome singular (nunca sobrenome): *frei Carlos, frei Daniel, frei Beto*. **Frade** = usa-se com sobrenome, mais de um nome ou na segunda referência: *Falei com o frade Araújo. Referiu-se aos frades Carlos e Daniel. Dirigiu-se a frei Beto, mas, quando falou sobre o assunto que o levara lá, o frade se afastou.*

frente a frente – Sem crase, sem hífen.

friíssimo – Superlativo de frio.

O superlativo absoluto sintético é cheio de poder. Uma só palavra revela tudo. Basta um sufixo. Em geral, o -íssimo resolve (belíssimo, velhíssimo, limpíssimo). Mas há vocábulos que pedem outro (facílimo, macérrimo, paupérrimo). Alguns têm duas formas. Uma popular (negríssimo, docíssimo, nobríssimo). A outra, erudita (nigérrimo, dulcíssimo, nobilíssimo).
Há, também, o supersuper – o superlativo que dobra o *i*. Coisa rara. Só adjetivos terminados em *-io* no masculino têm esse poder. Entre eles, *frio (friíssimo), macio (maciíssimo), necessário (necessariíssimo), sério (seriíssimo), sumário (sumariíssimo)*.

frio / quente – Usa-se para tempo: *tempo quente, tempo frio, dia quente, dia frio, tarde quente, tarde fria.* A temperatura não pode ser quente ou fria. É alta ou baixa, elevada ou reduzida.

fronteira – Veja *divisa / fronteira / limite.*

fruir – Veja *fluir / fruir.*

frustrado – Escreve-se assim.

fugir – Rege as preposições *a* e *de*: *fugir ao perigo, fugir da polícia, fugir dos problemas.*

fui eu que / fui em quem – As duas construções podem ser usadas indistintamente. É só tomar cuidado com a concordância. **fui eu que**: o verbo concorda com o antecedente do quê: *Fui eu que falei com ele. Não fomos nós que assinamos o contrato. Foi ele que me orientou.* **fui eu quem**: o verbo pode concordar com o pronome pessoal ou manter-se na 3ª pessoa do singular: *Fui eu quem bateu a porta. Foi ele quem bateu a porta. Fomos nós quem bateu a porta. Foram eles quem bateu a porta. Fui eu quem bati a porta. Foi ele quem bateu a porta. Fomos nós quem batemos a porta. Foram eles quem bateram a porta.*

fundo – Pode ser adjetivo (poço fundo, poços fundos, lagoa funda, lagoas fundas) ou advérbio. No caso, equivale a fundamente. Invariável, não se flexiona: *Foi fundo na questão. Fomos fundo na questão.*

furta-cor – Plural: furta-cor ou furta-cores: *sedas furta-cor, sedas furta-cores.*

- **Furta-cor**
- *Ela era branca branca branca*
- *Dessa brancura que não se usa mais*
- *Mas tinha a alma furta-cor*
- (Mário Quintana)

GÍRIA

Nada mais perecível do que a gíria. Assim como aparece e vira objeto de culto, desaparece e se torna motivo de piada. Fora de contexto, pode expor o usuário ao ridículo, ao risco de perder o emprego ou dar adeus a um grande amor. Duvida? Pois confira aí:

"Na qualidade de presidente da República, recomendo que todo brasileiro dê um guenta no consumo pra ajudar a baixar a inflação" (que fala mais ridícula!).

"Sr. Diretor, solicito que V. Sª. dê um guenta no meu ponto, já que amanhã vou chegar mais tarde porque vai rolar um pagode de responsa lá no morro" (e lá se foi o emprego).

"Ah, mas eu te amo tanto que você vai sair peladaça de dentro desse vestido com o guenta que vou lhe dar, sua cachorrona linda!" (e lá se foi o amor, porque, convenhamos... "Vê lá se eu sou mulher de guenta! E cachorrona é a senhora sua mãe, viu, seu mal-educado?!").

Curiosidades

1. Gíria e poesia
"A gíria é a poesia do pobre." (John Moore)

2. Perecível
"Costuma-se dizer que cada época tem sua gíria, o que é verdade. Sua característica principal se relaciona, portanto, com a moda. Surge, tem sua expectativa de vida, desempenha o seu ciclo e finalmente desaparece." (J.B. Serra e Gurgel, autor do *Dicionário de gíria*)

3. Evolução
Aí pela metade dos anos 1960, a Jovem Guarda criou, fixou e difundiu as gírias da juventude antenada da época, como *prafrentex*, *ficar pra titia*, *papo firme* e *broto legal*. Rapaz atraente era *um pão*. *Morou?* correspondia aos atuais *tá ligado?*, *sacou? Barra limpa* era o *tá de boa* de hoje.

4. Pitéu
Lá nos anos 1930, 1940, moça atraente era *garota enxuta*. Mulher bonita, um *peixão* ou um *pitéu*.

5. Tanto bate até que fura
Vez ou outra, gírias se incorporam definitivamente à língua. *Estar por fora / por dentro* entrou para o falar do dia a dia e se mantém vivinha da silva.

6. Cybergírias
A linguagem dos computadores trouxe a gíria da atualidade. *Printar* é uma delas. *Deletar*, outra. *Digitar*, mais uma.

g – Letra do alfabeto. Plural: gês, gg.

Gandhi – Escreve-se desse jeitinho.

Curiosidades

1. Vocabulário
(Mahatma) Ghandi foi um líder pacifista indiano que contribuiu decisivamente para a independência da Índia. É dele a frase: "Viva como se fosse morrer amanhã. Aprenda como se fosse viver eternamente". Sobre a leitura, escreveu: "Ler incrementa, multiplica, amplia, engrossa, enriquece, eleva e amplifica teu vocabulário".

2. Filhos de Ghandy
O afoxé mais famoso no carnaval da Bahia surgiu em 1949 por iniciativa dos estivadores, tristes porque estavam sob intervenção e não podiam usar a

- sede do sindicato para fazer um baile. "Que tal um bloco?", sugeriu Vavá
- Madeira. Ele próprio deu ideia de homenagear o líder indiano, assassina-
- do um ano antes. Alguém sugeriu, pra fazer graça, a mudança da grafia do
- nome. E assim, Ghandi virou Gandhy na Bahia.

gângster – Plural: gângsteres.

A inglesinha *gangster* se naturalizou portuguesa. Daí por que ganhou acento como as palavras do time ao qual passou a pertencer. Paroxítona termi-nada em *r*, faz companhia a *líder* e *fêmur*. No plural, vira proparoxíto-na (*gângsteres*). Outras estrangeirinhas foram atrás – integraram-se à língua e à equipe. É o caso de *hambúrguer* (*hambúrgueres*), *poliéster* (*poliésteres*) e *pôster* (*pôsteres*).

ganha-pão – Plural: ganha-pães.

- **Com o suor do teu rosto**
- "A Adão o Senhor disse: Pois que tu deste ouvidos à voz de tua
- mulher e comeste do fruto da árvore de que eu te tinha ordenado
- que não comesses. A terra será maldita por causa da tua obra. Tu
- tirarás dela o teu ganha-pão à força de trabalho. Ela te produzirá
- espinhos e abrolhos. E tu terás por sustento as ervas da terra. Tu
- comerás o teu pão no suor do teu rosto até que te tornes na terra
- de que foste formado. Porque tu és pó e em pó te hás de tornar."
- (*Gênesis* 3, 17-19)

ganhar – Verbo abundante, tem dois particípios – ganhado e ganho. **Ganha-do** se usa com os auxiliares *ter* e *haver* (tinha ganhado, havia ganhado). **Ganho**, com *ser* e *estar* (é ganho, está ganho) 1. Modernamente, há forte preferência pelo emprego de *ganho* com todos os auxiliares: tem ganho, havia ganho, foi ganho, es-tava ganho. 2. Use as preposições *por* ou *de* para expressar resultado numérico: *O São Paulo ganhou o jogo de 3 a 1 ou por 3 a 1.*

ganhar grátis – Baita pleonasmo. Basta ganhar.

garçom – Com *m* no final. Plural: garçons.

M ou n? Quase sempre m. O português tem pouquíssimas palavras terminadas com n. Éden, glúten, hífen, hímen, líquen, pólen, sêmen servem de exemplo. Olho vivo com essa turma. Todas jogam no time das paroxítonas. No singular, ganham acento. No plural, dispensam grampinhos, lenços e documentos: *edens, glutens, hifens, himens, liquens, polens.*

gastar – O particípio *gasto* acompanha os auxiliares *ser* e *estar*; *gastado*, ter e haver: *tem gastado, havia gastado, estava gasto, foi gasto*. Modernamente, usa-se *gasto* com todos os auxiliares: foi gasto, está gasto, tinha gasto, havia gasto.

gastro – Nas palavras compostas, pede hífen quando seguido de *h* e *o* (gastro-hepático, gastro-observador). No mais, escreve-se sem hífen (gastrobronquite). Quando o segundo elemento começa por vogal, mantém-se o *o*: gastroenterite. Muita gente retira o *o* seguido de vogal e escreve erradamente, por exemplo: *gastrenterite*. Olho vivo!

gay – Plural: gays. Os dicionários registram a forma portuguesa *guei*. Como as leis, há naturalizações que não pegam. *Guei* é uma delas.

Curiosidades

Alegre
Sabia? Gaiato pertence à família de gay. O clã começou com a francesa *gai*, que gerou a inglesa *gay* e a portuguesa *gaio*. De *gaio* nasceu gaiato. Em todas as línguas, o significado se mantém. É alegre, jovial, brincalhão.

gêmeos – 1. Designa as pessoas nascidas do mesmo parto ou cada uma delas (gêmeo): *Maria deu à luz gêmeos. Um gêmeo morreu logo depois do parto.* 2. Quando nascem três, são trigêmeos; quatro, quadrigêmeos ou quádruplos; cinco, quíntuplos; seis, sêxtuplos; sete, sétuplos; oito, óctuplos; nove, nônuplos; dez, décuplos.

Curiosidades

Estrelas gêmeas
Gêmeos, terceiro signo do horóscopo, são dois menininhos que estão sempre juntos. Um se chama Castor. O outro, Pólux. Eles nasceram de um ovo como as aves. Como? São artes de Zeus, o deus dos deuses. A mãe deles, Leda, casou-se com Tíndaro, rei de Esparta. Um dia, foi tomar banho no rio. Zeus a viu. Apaixonou-se. Como de costume, disfarçou-se de animal. Virou cisne. Encantada, ela o pôs no colo. Meses depois, sentiu dor de parto. Da barriga dela saíram dois

- ovos. Do primeiro nasceram Castor e Helena. Do segundo, Pólux e Clitemnestra. Helena e Pólux eram filhos de Zeus. Não morriam nunca. Castor e Clitemnestra, de Tíndaro. Morriam como nós. Fortes e corajosos, Castor e Pólux ficaram amigões. Pediram, então, a Zeus que não os separasse nunca. Oba! O deus os transformou em estrelas que brilham no céu até hoje.

geminado – As casas são geminadas (de gêmeos), não germinadas (de germinação).

gene – Gene, não *gen*, é a unidade hereditária que determina as características do indivíduo.

gênero – Cargos e funções, se exercidos por mulher, escrevem-se no feminino. *Presidente* (ou *presidenta*), *agente administrativa, secretária-executiva* servem de exemplo. Atenção ao exagero. Siga a índole da língua. Na concorrência de feminino e masculino, fique com o masculino plural. *Filhos* engloba filhos e filhas. *Brasileiros*, brasileiros e brasileiras. *Amigos*, amigos e amigas. Não caia no modismo irritante de discriminar – sem necessidade – o sexo das pessoas: *os presentes e as presentes, os leitores e as leitoras, os embaixadores e as embaixadoras.* Cruz-credo!

Genitor / genitora – Prefira pai e mãe.

- **É a tua!**
- "Mãe é mãe. Genitora é a sua. Progenitora é a avó", escreveu Carlos Lacerda.

gente – A forma de tratamento *a gente*, coloquial, equivale a *nós*. Leva o verbo sempre para a terceira pessoa do singular (*a gente fez, a gente trabalha*). O adjetivo concorda com o sujeito: *A gente estava cansado (homem). A gente estava cansada (mulher).*

geo – Pede hífen quando seguido de *h* e *o* (geo-história, geo-hidrografia, geo-observação). No mais, escreve-se tudo junto: *geoeconômico, geossinclinal.*

geral – Exige hífen na designação de cargos, órgãos ou instituições: secretário-geral, secretaria-geral, diretor-geral, diretoria-geral.

gerir – Conjuga-se como *preferir*. Em algumas pessoas, a clareza manda substituir o verbo. Em vez de *eu giro*, escreva *eu administro, eu gerencio, eu dirijo.*

gerúndio (colocação) – A oração reduzida de gerúndio exige a posposição do sujeito: *Baixando os juros, a taxa de câmbio vai saltar para R$ 1,50 no dia seguinte* (jamais escreva: *Os juros baixando...*).

gerúndio + embora – O gerúndio repele o *embora*. Não escreva *embora sendo, embora saindo, embora trabalhando,* mas *embora seja, embora saia, embora trabalhe.*

gerúndio progressivo – 1. O gerúndio constrói orações subordinadas adverbiais que exprimem modo (*saiu cantando*), tempo (*chegando o presidente, os ministros se levantaram*), condição (*mandando-me sair, obedeço*), causa (*chegando cedo, pôde concluir o trabalho*). 2. Como oração adjetiva, só tem vez o gerúndio progressivo: *Vi Jesus expulsando os vendilhões do templo* (isto é: *Vi Jesus, que estava expulsando os vendilhões do templo*). 3. A índole da língua rejeita o emprego do gerúndio não progressivo em oração adjetiva: *Recebi uma caixa contendo 20 charutos.* O gerúndio, aí, não é progressivo (que estava contendo). Corrigindo: *Recebi uma caixa com 20 charutos* ou *Recebi uma caixa que continha 20 charutos.*

MANHAS DA Língua Você é do time que diz *vou estar mandando, vou estar providenciando, vou estar podendo fazer?* Cuidado. Esse vício, chamado gerundismo, não tem perdão. Pra escapar das fogueiras eternas, só há uma saída. Use as formas portuguesas *vou mandar* ou *mandarei, vou providenciar* ou *providenciarei, vou poder fazer* ou *poderei fazer.*

Curiosidades

A demissão do gerúndio
O governador José Roberto Arruda, do Distrito Federal, logo que assumiu o cargo do qual seria derrubado por corrupção, baixou decreto que demitiu o gerúndio: "1º) Fica demitido o gerúndio de todos os órgãos do Distrito Federal; 2º) Fica proibido, a partir desta data, o uso do gerúndio como desculpa para ineficiência; e 3º) Revogam-se as disposições em contrário". O decreto continua em vigor.

gigante – Como adjetivo, flexiona-se em número: *onda gigante, ondas gigantes.*

glamour / glamoroso / glamorizar – Escrevem-se assim. *Glamour* se pronuncia *glamur.*

1. O glamour da gramática

A palavra *glamour* vem de *grammar*, gramática em inglês. Os escoceses lançaram a moda. No século 17, grammar virou *glamer* – qualidade de quem falava bem, sem erros, de acordo com a norma culta. Quem tinha *glamer*? As pessoas educadas, vestidas com elegância, pra lá de chiques. Daí pra significar charme, encanto pessoal, magnetismo foi um pulo.

2. Feitiço

Nos tempos medievais, só os clérigos sabiam ler e escrever. Conheciam a gramática, que, na época, era associada a práticas ocultas e misteriosas. *Grammar* significava encantamento, feitiço.

globe-trotter – Pessoa que viaja mundo afora.

golpe de Estado – Só o substantivo *Estado* escreve-se com a inicial maiúscula.

gota a gota – Escreve-se assim, sem crase e sem hífen.

gourmet – Apreciador ou conhecedor de pratos finos, "é o comilão erudito", como definiu Millôr Fernandes. Não confunda com *gourmand*, que significa guloso, pessoa que come muito.

governo / Governo – Escreve-se com a letra inicial maiúscula quando fizer parte oficial do nome: *Governo do Distrito Federal* (mas *governo federal*, *governo da presidente Dilma Rousseff*).

grã / grão – Forma reduzida de grande: grão (masculino) e grã (feminino). Usa-se sempre com hífen: *grão-duque*, *grã-duquesa*.

grã-fino – Feminino: grã-fina. Plural: grã-finos, grã-finas.

grama – O **grama** = medida de massa (o grama, o quilograma). **A grama** = a relva: a grama do jardim.

Grande + nome de cidade – Em a Grande São Paulo, a Grande Brasília, a Grande Curitiba, subentende-se a palavra cidade. Daí o feminino. Se o nome da cidade for antecedido do artigo *o*, o masculino se mantém: *o Grande Rio, o Grande Cairo.*

grande maioria – Maioria é metade mais um. Num grupo de 100, 51 votos fazem maioria. Maioria mixuruca, claro. Por isso a chamam de *pequena maioria*. Às vezes, a diferença é enoooooooooooorme. Tem vez, então, a *grande maioria*. Quem não gosta da duplinha, tem saídas. *Maioria esmagadora* quebra o galho. *Maioria significativa* também.

grande número de (concordância) – Trata-se do partitivo. O verbo pode concordar com o núcleo do sujeito (número) ou com o complemento: *Grande número de estudantes saiu (saíram)*. Se o verbo vem anteposto ao sujeito, concorda com o sujeito: *Saiu grande número de estudantes.*

gratuito – Pronuncia-se como circuito e fortuito.

grave – Condição que apresenta risco de morte.

gravidez – Evite o plural *gravidezes*. Use *gestações*.

greco – Na formação dos adjetivos pátrios compostos, usa-se sempre com hífen (greco-romano, greco-germânico). Nos demais compostos, sem hífen: *grecolatria*.

grosso modo – Expressão latina, significa *de modo grosseiro, impreciso, aproximado*. A expressão não deve ser precedida da preposição *a*: *A avaliação preliminar revelou, grosso modo, lucro superior a 100 mil dólares.*

guarda – Forma nomes compostos. Olho na flexão. Se *guarda* for verbo, mantém-se invariável (guarda-roupas, guarda-pós, guarda-chuvas, guarda-vidas, guarda-móveis, guarda-costas). Se for substantivo, flexiona-se (guardas-civis, guardas-noturnos, guardas-florestais, guardas-mores).

guia – Ele é o guia da excursão. Ela, a guia. No sentido geral, o guia: *A senadora foi escolhida para ser o guia do grupo.*

Guinness – Escreve-se assim.

Curiosidades

- **Os mais-mais**
- A história começou em Dublin, capital da Irlanda. Em 1951, o dire-
- tor administrativo da cervejaria Guinness participou de uma caça-
- da e terminou se metendo em um baita discussão sobre a ave de
- caça mais rápida: a tarambola ou o tetraz. Daí teve a ideia de um
- livro que tirasse esse tipo de dúvida. Ela virou realidade quando
- os irmãos McWhirter, de uma agência londrina de apuração de fa-
- tos, foram contratados para fazer a coletânea que viria a se transformar num
- dos maiores best-sellers de todos os tempos: o *Guinness book of records*, o
- *Livro dos recordes*.

AGÁ

Uma sobrinha de meu avô voltou da escola aborrecida, sem querer comer nem falar com ninguém. "A culpa é desse tal de H mudo", explicou, "que só serve para atormentar a vida da gente." Claro que não é beeeem assim. Mas é um pouquinho assim.

O H é mantido nos termos compostos quando os elementos estão ligados por hífen: anti-higiênico, pré-histórico, sobre-humano. Mas, só pra complicar, quando os elementos estão justapostos, a danada da letra desaparece: desarmonia, desumano, reaver, lobisomem. Durma-se com um barulho desses. Calma lá: durma-se com essa... falta de barulho!, porque a letrinha safada é muda, não tem som de coisa alguma. Não é consoante nem vogal.

Oficialmente, o H é classificado como letra diacrítica porque é a segunda letra de um dígrafo. Só tem valor na indicação das palavras: ch (chave), lh (palha), nh (manhã). Não tem valor algum no início de algumas, como *hotel*, mas a situação piora quando aparece no fim das interjeições: ah!, eh!, ih!, oh!, uh! Como diz minha irmã: é que nem olho verde em gente feia. Serve pra nada.

Mas existe uma expressão na qual o H – ou melhor: o agá – tem serventia. "Fazer o agá", em bom piauiês, significa planejar, tramar alguma coisa. Por exemplo, arranjar uma escada, nem que seja de um degrau só, como é o caso do H, pra se atingir algum objetivo. E, ao chegar lá em cima, descobrir que diabo queriam quando inventaram "esse tal de H mudo" que atormentou a vida da sobrinha do meu avô.

Curio sida des

1. Letra sem som

O *h* é a única letra do alfabeto que, nas palavras nativas da língua portuguesa, não tem som algum. O jeito foi forçar uma pronúncia para o *h* que chega de contrabando nos vocábulos vindos do estrangeiro. Por isso, diante do *h* desses vocábulos, empurramos o ar de algum jeito, imitamos o som de *rr* e dizemos *hashi* (*rashî*) e *jihad* (*jirrad*). Mas isso só rola por aqui. Os portugueses e os falantes do idioma de Camões, Machado e Fernando Pessoa nas ex-colônias portuguesas como Angola e Moçambique nunca pronunciam a letra muda.

2. Xô, h! Volta, h!

Algumas palavras enxotaram o *h* do vocábulo primitivo. Mas o mantiveram em derivados. É o caso de erva, que gerou *herbáceo*, *herbicida*, *herbívoro*.

3. Salve a Bahia, sinhô!

Baia é o compartimento onde se guardam animais. *Baiá* é o índio da tribo do mesmo nome. *Baía* é o golfo estreito que se alarga para o interior. Então, por que diabos Bahia, o estado de Castro Alves, Carlinhos Brown e Caetano Veloso, se escreve com esse *h* bem no meio? A gente explica. É que, no passado, para indicar o hiato (e a pronúncia correta), se usava o *h*. Só depois se passou a usar o acento. Escrevia-se: *bahia*, *sahida*, *pirahy*. Sem o *h*, a leitura seria assim: *báia*, *sáida*, *pirái*. Mas devagar com o andor: as palavras derivadas de Bahia perdem o *h*: *baiano*, *baianidade*, *coco-da-baía*.

4. Bahia com h

"Ah! Já disse um poeta que terra mais linda não há!
Isso é velho, é do tempo que a gente escrevia bahia com h."
(Francisco Alves)

5. Deixe o h quietinho

Por que a Bahia manteve o *h* e o Piauhy mudou para Piauí? O Piauí preferiu simplificar. Já os baianos, na sua malemolência, disseram: "Mexa não, meu bichim, tome aqui um golim de água de coco, relaxe e deixe assim mesmo,

- com o *h*. É tão bonitim, não é?" Por isso o *h* continua dormindo de papo pro
- ar, bem no meio da Bahia.

6. A gente engole o som
Joana Evangelista tinha 80 anos. Analfabeta, queria muito aprender a ler. Entrou no curso de alfabetização de adultos. Ao se deparar com o *h*, não resistiu: "O *h* é letra esquisita que não tem som. A gente engole a bichinha. Fala sem falar".

7. A mudinha
"O *h* é letra muda. Não fala, mas ajuda." (Dito popular)

h – Letra do alfabeto. Plural: agás, hh.

há / a – Veja *a / há*.

há ... atrás – A duplinha forma baita pleonasmo. O *há* indica tempo passado. A preposição *atrás* também. É redundância juntá-los em construções do tipo *Cheguei há duas horas atrás*. Fique com um ou outro: *Cheguei há duas horas. Cheguei duas horas atrás.*

há / havia / daqui a – Olho vivo. Pra acertar sempre, guarde três dicas. 1. **Há** = Na indicação de tempo, o verbo haver expressa ação passada ou iniciada no passado: *Moro em Brasília há cinco anos. Fomos à Europa há uma semana. Chegamos há pouco.* 2. Se o verbo da oração principal estiver no imperfeito ou mais-que-perfeito, usa-se **havia**, não há: *Eu estava esperando havia muito tempo. Maria estivera no Rio havia dois anos. Trabalhávamos ali havia pouco mais de seis meses.* 3. **Daqui a** exprime ação futura: *Haverá eleições daqui a dois meses. Daqui a mais ou menos duas horas começará o programa. O diretor vai chegar daqui a pouco.*

habeas corpus – O latim não tem hífen nem acento. Por isso *habeas corpus*, expressão latina, escreve-se livre e solta. A forma reduzida se naturalizou portuguesa – *hábeas*.

O corpo é teu

Em bom português, *habeas corpus* quer dizer *que tenhas o teu corpo*. A expressão completa é *habeas corpus ad subjiciendum*. A garantia vem de longe. Em 1215, os nobres a impuseram ao rei da Inglaterra. Exigiram o controle legal da prisão de qualquer cidadão. Naquele tempo, o juiz decidia de forma sumária sobre a legalidade ou não de prender alguém. Excessos eram pra lá de comuns. Com o *habeas corpus*, a história mudou de enredo. O advogado pode pedir a liberdade provisória do cliente para ele responder a processo fora da prisão. Evita, assim, que ele seja vítima de constrangimentos e atos de violência.

habeas data – Trata-se do direito de o cidadão conhecer dados sobre ele que constam de entidades governamentais ou públicas. Não só. Pode retificá-los se estiverem incorretos. Expressão latina, escreve-se sem acento e sem hífen.

habitat natural – É pleonasmo. Todo habitat é natural. Basta habitat.

MANHAS DA Língua

Habitat vem do latim. Por isso agradece, mas não aceita acento. Quando veio ao mundo, o hoje substantivo era verbo. O danado cresceu e mudou de time. Passou para a equipe dos substantivos. Dá nome ao lugar onde vive determinada espécie: *A água é o habitat do peixe.*

haicai – Poema japonês constituído de três versos, dos quais dois são pentassílabos e um, o segundo, heptassílabo.

Ame-as ou deixe-as

A palavra japonesa *haicai* tem duas partes. Uma: *hai*, que significa brincadeira, gracejo. A outra: *cai*. Quer dizer harmonia, realização. Vários poetas se dedicaram a essa forma poética no Brasil. É o caso de Millôr Fernandes, Aníbal Beça, Paulo Leminski, Olga Savary e Guilherme de Almeida. Em plena ditadura militar, quando o governo divulgava o lema patriótico: "Brasil – ame-o ou deixe-o", Leminski escreveu este haicai satírico: "Ameixas / Ame-as / Ou deixe-as".

haja / aja – **Haja** = forma do verbo haver. **Aja** = forma do verbo do agir: *É importante que haja critérios na seleção. Talvez ele aja sem pensar.*

haja vista / haja visto – **Haja vista** = veja-se (é invariável): *Ocorreram imprevistos, haja vista a chegada da polícia ao comício.* **Haja visto** = pretérito perfeito composto do verbo ver: *É importante que eu haja visto o filme para comentá-lo.* Superdica: Na dúvida, apele para o troca-troca. Em vez do haver, use ter: *É importante que eu tenha visto o filme para comentá-lo.*

hambúrguer – Plural: hambúrgueres.

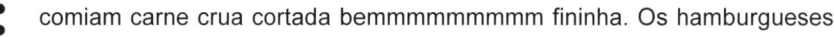

- **Sanduba alemão**
- De onde vem o nome do sanduíche adorado pelos americanos?
- Vem da Alemanha. Marinheiros de Hamburgo aproveitaram ve-
- lha receita de povos nômades da Ásia e Europa oriental. Eles
- comiam carne crua cortada bemmmmmmmmm fininha. Os hamburgueses
- avançaram um passo – cozinharam a iguaria. Imigrantes que partiam do
- porto de Hamburgo levaram a delícia para a Terra do Tio Sam. Os america-
- nos gostaram da novidade. Mas, ao ver o bolinho desamparado no prato,
- deram outro passo. Casaram-no com o pão. Viva!

hanseníase – Trata-se de doença infecciosa causada pelo bacilo de Hansen. O enfermo é hanseniano. Em tempos do politicamente correto, corte do seu vocabulário palavras que reforçam preconceito. É o caso de lepra, leproso ou morfético.

haver – Impessoal, só se conjuga na 3ª pessoa do singular em dois empregos. 1. No sentido de existir ou ocorrer: *Há três pessoas na sala. Houve distúrbios durante a passeata.* 2. Na contagem de tempo passado: *Moro em Natal há cinco anos. Fui a Olinda há duas semanas. Estava na cidade havia dois meses.* 3. A impessoalidade é contagiosa. Atinge os auxiliares sem dó nem piedade: *Há cinco livros na estante. Deve haver cinco livros na estante. Pode haver cinco livros na estante.*

Ops! Vem aí o emergente linguístico. Conhece? É a criatura de poucas letras que nunca se preocupou com a correção da fala. Mas, de repente, não mais que de repente, torna-se importante. Ganha cargo no governo, espaço no rádio e na tevê. Conclui, então, que precisa caprichar. E capricha demais. Parte para a supercorreção. O verbo haver é a vítima preferida. Sem saber da impessoalidade do dissílabo, o novo-rico apela para o *houveram*. É um tal de houveram distúrbios pra cá, houveram discussões pra lá, houveram bate-papos pracolá. Cala-te, boca. Xô! O houve dá o recado.

haver / a ver – Veja *a ver / haver*.

hem / hein – A interjeição tem as duas grafias. Você escolhe.

hemero – Pede hífen quando seguido de *h* e *o*. No mais é tudo colado: *hemerobibliografia, hemeroteca*.

hemi – Pede hífen quando seguido de *h*. Nos demais casos, escreve-se tudo junto: *hemi-hidratado, hemiparasita, hemiacrografia, hemissimétrico, hemirrombo*.

hepato – Pede hífen quando seguido de *h* e *o*. No mais, é tudo colado: *hepatogástrico, hepatointestinal*.

hepta – Pede hífen quando seguido de *h* e *a*. No mais, é tudo junto: *hepta-hidratação, heptabranco, heptacampeão*.

hetero – Proparoxítona, pronuncia-se *hétero*. Pede hífen quando seguido de *h*. No mais, é tudo junto: *heteroemorragia, heterossexual, heterogêneo, heteroousianismo*.

hexa – Pede hífen quando seguido de *h* e *a*. Nos demais casos, vem tudo junto: *hexa-hidratação, hexa-álcool, hexacampeão, hexadecimal, hexaédrico, hexarreator, hexassubstituto*.

hidro – Pede hífen quando seguido de *h* ou *o*. No mais, é tudo junto: *hidro-herderita, hidro-oforia, hidroavião, hidromedicina, hidrorrepelente, hidrossemeadura, hidroelétrica* (existe a variante hidrelétrica).

A greguinha *hidro* deita e rola na nossa língua de todos os dias. Sempre que aparece – e como aparece – quer dizer água. É o caso de *hidroavião* (avião que pousa na água), *hidrofobia* (aversão à água), *hidroginástica* (ginástica na água), *hidromassagem* (massagem na água). E por aí vai.

hífen – Procure o prefixo por ordem alfabética para saber se ele é seguido ou não de hífen.

- **Babel**
- A Terra tinha uma só língua e um só modo de falar. Todos se en-
- tendiam. "Que monotonia", bocejaram os homens. "Vamos agi-
- tar?" Pensa daqui, palpita dali, eureca! Decidiram construir uma
- torre que os levasse ao céu. Deus, ao ver a ousadia, irou-se. O
- castigo veio a galope – a criação de 6.800 línguas. Os pedreiros de Babel não
- entenderam mais o mestre de obras, que não entendeu mais o engenheiro,
- que não entendeu mais o arquiteto, que não entendeu mais os desenhistas.
- O esqueleto ficou ali, inacabado. Babel virou substantivo comum. Significado:
- confusão de línguas.
- Sem comunicação, as criaturas se dispersaram. Pior: cada língua recebeu
- punição à parte. O chinês ficou com os milhares de ideogramas. O inglês,
- com a escrita diferente da pronúncia. O francês, com a praga dos acentos. O
- alemão, com as palavras coladas, tão compridas quanto a cobra que tentou
- Eva no paraíso. O português ganhou o hífen. Deus pegou um montão de
- hifens na mão direita, um montão de palavras na esquerda e jogou tudo para
- o alto. O resultado? A confusão que todos conhecem. Algumas palavras se
- ligaram com hífen (anti-imperialismo), outras não (antifeminismo). Outras do-
- braram letras (antissafra). Por quê? É o castigo do Altíssimo.

hindu / indiano – **Hindu** = seguidor do hinduísmo. **Indiano** = adjetivo relativo à Índia.

hiper – Pede hífen quando seguido de *h* ou *r*. No mais, é tudo junto: *hiper-herói, hiper-realismo, hipermercado, hiperssensual.*

- **Hipermalandro**
- Joãozinho era péssimo aluno, mas, muito inteligente, se virava
- como podia. Uma vez a professora pediu que os alunos trouxes-
- sem de casa um exemplo do uso do prefixo *hiper*. Um chegou com
- *hipermercado*. Outro, com *hiper-realismo*, outro com *hipertensão*,
- outro com *hipersensível*. Ele trouxe um anúncio que dizia: "Farmá-
- cia e *per*fumaria". Levou zero, mas garantiu a gargalhada.

hipérbole – Figura de linguagem que se caracteriza pelo exagero. É o caso de chorar rios de lágrimas, tomar baldes de florais, mover céus e terras.

hipertireoidismo – Escreve-se assim.

hipo – Pede hífen quando seguido de *o*. Nos demais casos, é tudo colado: *hipo-ovarismo, hipoparanoico, hipossarcose, hiporrino.*

hipotireoidismo – Escreve-se assim.

hippie – Plural: hippies. Escreve-se sem grifo.

hispano – Exige hífen quando entra na composição dos adjetivos pátrios. Nos demais casos, manda o tracinho plantar batata no asfalto: *hispano-americano, hispano-asiático, hispanomania, hispanofalante.*

história – Veja *estória / história.*

O pai

O Pai da História? É Heródoto. O homem, que veio ao mundo cinco séculos antes de Cristo, escreveu a história das guerras grecopersas do ano 500 ao ano 579 a.C. Seus escritos são os mais antigos que chegaram aos tempos modernos.

hoje é / hoje são – Na determinação de datas, dias e horas, não estando claro o sujeito, o verbo concorda com o predicativo: Hoje é 1º de dezembro. Hoje são 25 de novembro. É uma hora. São duas horas.

homem-bomba – Plural: homens-bombas, homens-bomba.

Buuum!

Os mais antigos registros de terroristas suicidas são do século 14. Os bashi-bazouks do exército otomano se precipitavam contra fortificações ou linhas de batalha do inimigo. Depois vieram os anarquistas da Rússia czarista, os camicazes japoneses na Segunda Guerra e os guerrilheiros vietnamitas, estes a partir da década de 1950. Mas a expressão *homem-bomba* e a popularização de sua prática são bem mais recentes – fixaram-se na passagem do milênio, durante os conflitos do Oriente Médio.

hora / ora – **Hora** = 60 minutos. **Ora** = agora: *A velocidade da via é de 60km por hora. Ganha R$ 100 por hora de trabalho. Por ora, a velocidade é de 40km por hora. O governo não pretende, por ora, editar nova medida provisória.*

hora extra – Sem hífen. Plural: horas extras.

horas – Sempre se usam com artigo: *Trabalha entre as 2h e as 16h. Está aqui desde as 14h. O avião partiu às 2h e chegou às 4h.*

hora (abreviatura) – A abreviatura de hora é sem-sem-sem – sem espaço, sem ponto e sem plural (*2h, 2h10, 2h10min30*). Só se escreve *min* se forem especificadas as horas até segundo: 3h15min16. (Em cronometragem esportiva, usam-se as abreviaturas *h, min* e *s*, mas milésimos de segundo dispensam abreviatura: 5h30min2s35.) As horas que indicam duração não se abreviam: A reunião durou 11 horas (não: 11h).

Vou chegar lá de 8, dizem pernambucanos e vizinhos. Trata-se de regionalismo. Ao referir as horas, muitos empregam o *de* em lugar do *a*. Assim: *A reunião começou de 5h. Pedro chegou de 2h. O voo parte de 9h.* Na região, o jeitinho típico de falar é pra lá de bem-vindo. Mas, fora, dói como nervo exposto. Vamos combinar? A preposição *de*, aí, comete falha grave. É o que se chama de falsidade ideológica. Ela usurpa o lugar de outra – a pequenina *a*. O crime dá até um ano de xilindró. Melhor manter a liberdade: *A aula começou às 5h. O voo parte às 9h. Trabalhei até as 8h.* Trocar as bolas pode dar confusão. Imagine se alguém, em vez de dizer *levantei às 4h*, disser *levantei de quatro*. Ops! Saravá, meu Pai!

hors-concours – Apresentado em exposições ou concursos sem concorrer a prêmios.

Ganhar mais o quê?

De tanto ganhar concursos de fantasias dos arquirrivais Evandro de Castro Lima e Mauro Rosas, Clóvis Bornay acabou sendo declarado campeão hors-concours. Neymar, Ronaldinho Gaúcho e Clodoaldo Silva passaram a ganhar troféus hors-concours para permitir que outros concorrentes pudessem disputar o primeiro lugar. Roberto Carlos está na mesma situação: não tinha mais o que ganhar, por isso, em 2012, recebeu o troféu hors-concours pela música "Esse cara sou eu".

hortelão – Feminino: horteloa. Plural: hortelãos, hortelões, hortelãs.

hortifrutigranjeiros – Grafa-se assim.

houve / houveram – O verbo haver joga em dois times. **Pessoal** = conjuga-se em todas as pessoas (*hei de estudar, hás de estudar, há de estudar, havemos de estudar, haveis de estudar, hão de estudar*). **Impessoal** = na acepção de existir e ocorrer, só se flexiona na 3ª pessoa do singular: *Há cinco alunos na sala. Houve distúrbios durante as manifestações. Houve tempos de paz no Oriente Médio?* No caso, *alunos*, *distúrbios* e *tempos* funcionam como objeto direto. Muitos pensam que são sujeito. E lá vem o *houveram*. Valha-nos, Deus! Vamos combinar? Corte o *houveram* do seu vocabulário. Ele não faz falta.

hurra / urra – **Hurra** = exclamação. **Urra** = forma do verbo urrar.

IDEIA

Escrever bem é ajustar palavras umas às outras segundo regras para expressar conceitos de forma inovadora e surpreendente. Tudo isso a partir de ideias criativas. Ou seja: escrever bem resulta de um conjunto de condições, mas todas estão condicionadas à existência de... ideias criativas.

Se a criatividade é produto do repertório, as ideias são produto da experiência. E serão tão inovadoras quanto mais o dono se expuser a livros, revistas, peças de teatro, filmes, anúncios publicitários. Ideia nova não passa da recombinação de informações já sabidas.

Tudo é fonte de criatividade. Basta saber ver e se apropriar. Como diz Paulinho da Viola, "as coisas estão no mundo, só que eu preciso aprender". Assim como existem livros, peças, anúncios e filmes que ensinam mais do que outros, há bares em que os frequentadores são mais inteligentes, mais criativos, mais bem informados e bem-humorados.

Procure se relacionar com pessoas interessantes. De vez em quando, troque o bar chique por um pé-sujo frequentado por gente legal. Leia os textos dos grandes colunistas. Mas não esqueça de dar uma olhada nos jornais populares. Veja filmes geniais de Welles, Fellini, Visconti, Almodóvar. Mas também filmes *trash*. Ouça Beethoven. Mas não deixe de escutar os *breganejos*. Você vai se surpreender com as possibilidades de novos estímulos.

1. Plante ideias

Ideias não surgem do nada, mas do acúmulo de informações. Segundo o neurocientista Henrique Del Nero, da USP, a criatividade é proporcional ao repertório. "A mente calcula a melhor jogada a partir da maior taxa de informações com a menor redundância". Por isso, fique esperto. Enriqueça seu banco de dados com atividades que, além de despertar a imaginação e a fantasia, gerem novas imagens. É o caso de leituras, viagens e atividades artísticas.

2. Cada ideia

"As únicas ideias verdadeiras são as dos náufragos. Quem não se sente perdido, na verdade perde-se inexoravelmente, ou seja, não se encontra nunca, não topa nunca com a própria realidade." (Ortega y Gasset)

3. Buquê de repolhos

"Idealista é o sujeito que, ao notar que uma rosa cheira melhor que um repolho, deduz que, por isso, a rosa é também mais nutritiva." (H. L. Mencken)

i – Letra do alfabeto. Plural: is, ii.

Os pingos nos ii

Vamos pôr os pontos nos ii? A expressão não deixa dúvida. Refere-se ao esclarecimento rigoroso de determinada situação. Ela nasceu há muito tempo – na época em que só se escrevia à mão. Pra evitar que dois ii fossem confundidos com u, passou-se a acentuar o *i*. No século 16, pontos substituíram os grampinhos. Daí os pontos nos ii.

ibero – Paroxítona, a sílaba tônica é *be*, que se pronuncia com a vogal aberta (*bé*). Na composição de adjetivos pátrios, liga-se ao segundo elemento com hífen. Nos demais casos, é tudo junto: *ibero-americano, ibero-germânico, ibero-francês, iberolatria, iberorromance.*

ídolo – Só tem um gênero. Ele é meu ídolo. Ela é meu ídolo. Eles são meus ídolos. Elas são meus ídolos.

- **1. O fim do mistério**
- "Não é bom tocar nos ídolos. O dourado que brilha neles pode se
- dissolver em nossas mãos." (Gustave Flaubert)
- **2. Sem ídolos**
- "Eu não tenho ídolos. Tenho admiração por trabalho, dedicação e compe-
- tência." (Ayrton Senna)
- **3. Ídolo e herói**
- Ídolo, originalmente, é a representação material de entidade espiritual ou re-
- ligiosa. Trata-se de objeto de adoração. Mas, a partir do século 20, o termo
- pulou da esfera divina para a humana. O herói, principalmente nos esportes e
- nas artes, passou a ser chamado de ídolo. E, em alguns casos, converteu-se
- em objeto de adoração.

Igreja / igreja – Escreve-se com a inicial maiúscula quando se tratar da instituição e, com minúscula, quando se referir a templo: *O cardeal defendeu a posição da Igreja. Lutava-se para separar a Igreja do Estado. A velha senhora ia à igreja todos os domingos.*

ímã – Escreve-se assim.

- **Tadinha, sem rima!**
- A palavra *ímã* é uma das raras da língua portuguesa que não tem
- rima. A não ser nas formas compostas por ela própria, como: *ele-*
- *troímã, pedra-ímã.*

imbróglio – Escreve-se assim.

imergir – Veja *emergir / imergir.*

A pessoa que mergulha imerge. Daí *banho de imer-são.* Quando põe a cabecinha fora d'água, emerge.

imigração – Veja *emigrar / imigrar / migrar.*

imigrar – Veja *emigrar / imigrar / migrar.*

iminente – Veja *eminente / iminente.*

impeachment – Escreve-se desse jeitinho.

implicar – Olho vivo! Implicar implica e complica. Tem três regências. 1. No sentido de produzir como consequência, é transitivo direto, não pede preposição: *Guerra implica aumento da corrida armamentista. A mudança do ministro implicou alteração da equipe econômica.* (Nessa acepção, a norma culta rejeita a preposição. Não use *implicar em*.) 2. Na acepção de envolver, comprometer, é transitivo direto e indireto: *O delator implicou o deputado no escândalo.* 3. No sentido de ter implicância, é transitivo indireto, pede a preposição com: *O professor implicou com o novato no primeiro encontro. É natural que irmãos impliquem um com o outro.*

impostos e taxas – Grafam-se com a inicial maiúscula: *Imposto de Renda, Imposto sobre Circulação de Mercadorias e Serviços (ICM), Taxa do Lixo.*

imprimido / impresso – Use **imprimido** com os auxiliares *ter* e *haver* e **impresso** com *ser* e *estar*: *havia imprimido, tinha imprimido, foi impresso, estava impresso.* (Veja *aceitado / aceito.*)

impugnar – Transitivo direto: *A Justiça impugnou o resultado das eleições.*

in extremis – A expressão latina quer dizer *nos últimos instantes da vida, momento final.*

inaugurar – Atenção à forma pronominal. Inauguramos alguma coisa, mas alguma coisa se inaugura: *O governador inaugurou a escola do bairro. Inaugura-se a escola do bairro.*

inaugurar o novo – Ops! É pleonasmo. Só se inaugura o novo. O adjetivo sobra. Basta inaugurar.

incendiar – Conjuga-se como odiar: odeio (incendeio), odeia (incendeia), odiamos (incendiamos), odeiam (incendeiam); odiei (incendiei), odiou (incendiou), odiamos (incendiamos), odiaram (incendiaram). E assim por diante.

- **Doido varrido**
- Naquele tempo não havia perícia. Nem corpo de bombeiros. Nem escada Magirus. Por isso até hoje não se sabe se o famoso incêndio de Roma, ocorrido em 64 d.C, foi acidental ou criminoso. A versão mais conhecida diz que Nero, doido de pedra, foi quem mandou incendiar a cidade para inspirar-se e escrever um poema. Além de piradinho, Nero era vaidoso. Tanto que, ao suicidar-se, gritou: "Que grande artista o mundo vai perder!"

Curiosidades

inclusive / até – Atenção ao modismo. 1. *Inclusive* não é partícula de reforço. Empregue-a como antônimo de *exclusive* (O curso se estende de 24 de janeiro a 2 de fevereiro, inclusive). 2. Não a use como sinônimo de *até* em frases como esta: *O presidente sugeriu, inclusive, que o preço dos combustíveis poderia cair.* O certo é: *O presidente sugeriu que o preço dos combustíveis até poderia cair.*

incontinente / incontinenti – **Incontinente** = exagerado, sem moderação. **Incontinenti** = imediatamente, sem demora.

independente / independentemente – **Independente** é adjetivo. Quer dizer livre. **Independentemente**, advérbio, significa *sem levar em conta*: *O Brasil ficou independente em 1822. Ganha o mesmo salário independentemente do número de horas trabalhadas.*

indiano – Veja *hindu / indiano*.

indicar – Indica-se alguma coisa ou alguém, mas não se indica que: *O ministro indicou a direção da política que traçaria* (não: *o ministro indicou que traçaria política desenvolvimentista*).

índios – Nome de tribos indígenas não tem pedigree. Escreve-se com inicial minúscula (*os tupis, os guaranis, os ianomânis*). Flexiona-se apenas em número: *o índio calapalo, os índios calapalos, a índia calapalo, as índias calapalos.* Os menos comuns se escrevem na forma antropologicamente fixada. No caso, não têm plural: *os txucarramãe.*

Os índios não são das Índias

O nome *índio* foi usado pela primeira vez pelo navegador italiano Cristóvão Colombo, convencido de que havia chegado às Índias. O nome pegou. Depois, mesmo sabendo que não estavam na Ásia mas num continente desconhecido, os exploradores europeus mantiveram a denominação. Naquele tempo, duvidava-se que os nativos fossem humanos. Diziam que eram bichos selvagens, sem alma. Para resolver a situação, em 1537, o papa Paulo III proclamou oficialmente a humanidade dos índios na bula *Veritas Ipsa*.

indiscrição – Escreve-se assim, com *i*. O adjetivo correspondente se grafa com e: *indiscreto*.

infante – Feminino: infanta.

infantojuvenil – Escreve-se assim.

infarto – Também existem as formas *enfarte* e *enfarto*. Trata-se de área de necrose de algum órgão do corpo (coração, pulmão, cérebro) provocada pela interrupção do fornecimento de sangue. Por isso é importante especificar. Se for, por exemplo, infarto do coração, é infarto do miocárdio.

infinitivo (pessoal) – O português é uma língua única. Tem dois infinitivos: o impessoal e o pessoal. O impessoal é o nome do verbo (*cantar, vender, partir, pôr*). Não tem sujeito e, por isso, não se flexiona. Com o pessoal, a história muda de enredo. Ele tem sujeito. E não foge à regra: concorda com o mandachuva (*para eu viajar, tu viajares, ele viajar, nós viajarmos, vós viajardes, eles viajarem*). Quando flexioná-lo? Em um caso. No mais, a clareza ditará a regra.

1. Flexão obrigatória

Rigorosamente, só é obrigatória a flexão quando o infinitivo tem sujeito próprio, diferente do sujeito da oração principal:

Esta *é a última chance de* o futebol e o basquete *devolverem a alegria à torcida*. (O sujeito da 1ª oração é *esta*; da 2ª, *o futebol e o basquete*.)

Saí mais cedo para irmos *ao circo*.

Se o infinitivo não estivesse flexionado (*saí* mais cedo para *ir* ao circo), a frase estaria correta, mas trairia a verdade. Quem vai ao circo não sou eu, mas nós.

Exceção: Nem todos são iguais perante as regras. Alguns são mais iguais. No infinitivo, os mais iguais são os verbos *mandar, fazer, deixar, ver* e *ouvir*. Com eles, a flexão é facultativa mesmo com sujeitos diferentes. Você pode dizer: *Vi os dois sair (ou saírem) da sala. Ouvi os cães latir (ou latirem). Deixai vir (ou virem) a mim as criancinhas. Fiz os alunos estudar (ou estudarem) mais. Governo manda os funcionários devolver (ou devolverem) o dinheiro.*

Cuidado. Se o sujeito for um pronome átono, acabou a farra. O infinitivo só pode ficar no singular: *Vi-os deixar a sala mais cedo. Ouvi-as chegar. Deixei-os sair. Pressão sindical fê-los recuar. Governo manda-os devolver dinheiro.*

2. Flexão facultativa

a) Se o sujeito da oração principal e o da subordinada forem os mesmos:

Saímos mais cedo para ir ao circo. Quem saiu mais cedo? Nós. Quem vai ao circo? Nós (quando o sujeito da segunda oração não está expresso, significa que é o mesmo da primeira). *Fechamos (nós) a janela para não sentir (nós) frio.* (Se você faz questão de reforçar o sujeito, dê passagem à flexão: *Saímos mais cedo para irmos ao circo. Fechamos a janela para não sentirmos frio.*)

b) Se o infinitivo for precedido de preposição: *Esses são os temas a ser tratados. Há formas a ser desenvolvidas pelos expositores. Muitas de suas afirmações são abrangentes demais para ser aceitas ao pé da letra. Os presentes foram forçados a sair. Os clientes eram obrigados a esperar duas horas na fila. As forças policiais impediram os jornalistas de trabalhar. Estudamos para aprender. Os trabalhadores pararam para reivindicar melhores salários.*

3. Flexão proibida

Se o princípio básico que rege o emprego do infinitivo é a clareza, não se deve flexioná-lo quando a presença de outros índices é capaz de marcar o sujeito do verbo, como:

a) nas locuções verbais, em que a desinência do auxiliar já indica o sujeito: *Conseguimos sair cedo porque adiantamos o trabalho do fim de semana.*

b) quando não há referência a nenhum sujeito: "Navegar é preciso, viver não é preciso".

c) quando, precedido da preposição *de*, tem sentido passivo e completa adjetivos como *fácil, difícil, bom: Livros bons de ser lidos (serem lidos). Trabalhos difíceis de fazer (serem feitos). Ações passíveis de contestar (serem contestadas). Joias raras de encontrar (serem encontradas).*

infligir / infringir – **Infligir** = aplicar pena, repreensão, castigo. **Infringir** = transgredir, violar, desrespeitar: *A decisão do Congresso inflige novas perdas aos trabalhadores. Suas palavras infringiram o regulamento.*

informar – Atenção aos caprichos da regência desse verbo que sabe das coisas. A gente informa: 1. alguém: *O jornal tem obrigação de informar os leitores.* 2. de alguma coisa: *O governo vai informar das mudanças na política de câmbio.* 3. alguém de ou sobre alguma coisa: *O diretor do Banco Central informou os parlamentares sobre as mudanças na política cambial. Ele informou-os da mudança de cálculo.* 4. alguma coisa a alguém: *Informei ao diretor que os encontros estavam cancelados. Informei-lhe o resultado do sorteio.* 5. Informar-se de ou sobre alguma coisa: *Informei-me dos (ou sobre os) possíveis desdobramentos da crise.*

infra – Pede hífen antes de *h* e *a*. Nos demais casos, é grafado diretamente ligado ao radical: *infra-humano, infra-assinado, infraestrutura, infrarregional, infrassom, infravermelho, infraconstitucional.*

infravermelho – Concorda em gênero e número com o substantivo a que se refere: *luz infravermelha, luzes infravermelhas.*

Curiosidades

Vermelho de susto
Foi assim: um tal de William Herschel, astrônomo inglês, colocou um termômetro no espectro da luz obtido por um prisma de cristal. Constatou que o calor mais forte era o da luz vermelha. Mas quase cai pra trás ao verificar que uma faixa do espetro, ao lado do vermelho, onde não havia luz alguma, era onde o termômetro registrava a maior taxa de calor. O cara havia descoberto os raios infravermelhos, de comprovada eficácia na regeneração celular.

infringir – Veja *infligir / infringir*.

iniciar – *O presidente iniciou a sessão, mas a sessão se iniciou.*

inimigo / adversário – Cuidado com os falsos sinônimos. Inimigo é uma coisa. Adversário, outra. **Inimigo** = pessoa odiada, por quem nutrimos aversão. Xô, satanás. **Adversário** = quem se enfrenta em debate, em competição: *O adversário do Vasco é o Flamengo. Os quenianos não têm adversários em corridas. Ganham todas.*

injúria / calúnia – **Injúria** = Manifesta-se quando se ofende alguém na dignidade ou decoro. Exemplo: chamar uma pessoa de corrupta (sem especificar qual o crime de corrupção cometido). **Calúnia** = Se especificar, sabendo falsa a imputação, comete calúnia.

intempestivo – Veja *tempestivo / intempestivo*.

Tempestivo e intempestivo não têm nada a ver com temperamento nem com a ocorrência de tempestades. A duplinha pertence à família de tempo. *Tempestivo* significa no tempo certo, oportuno. O advogado apresentou o recurso tempestivamente (dentro do prazo). *Intempestivo* é o contrário. Quer dizer fora do prazo: *Consideraram a ação judicial intempestiva* (ajuizada fora do prazo).

- **Toró de palpite**
- Por falar em tempestade, atenção para a expressão "tempestade
- de ideias", que vem do inglês *brainstorm* (tempestade cerebral),
- técnica de dinâmica de grupo muito usada nas agências de publi-
- cidade. Nessas reuniões, podem-se falar os maiores absurdos. As
- críticas são rejeitadas e a criatividade é bem-vinda. Professores
- de Publicidade da UnB criaram um sinônimo divertido para tem-
- pestade de ideias: *toró de palpite*.

inter – Pede hífen quando seguido de *h* e *r*. Nos demais casos, é tudo junto: *inter-helênico, inter-racial, intersocial, intercolegial.*

interessar – 1. A alguém: *A matéria interessa ao sindicato. A informação não lhes interessa.* 2. Alguém em alguma coisa: *Interessei-o na empresa.*

intermediar – Conjuga-se como odiar: odeio (intermedeio), odeia (interme-deia), odiamos (intermediamos), odeiam (intermedeiam); odiei (intermediei), odiou (intermediou), odiamos (intermediamos), odiaram (intermediaram); odia-va (intermediava); que eu odeie (intermedeie). E por aí.

internet – Escreve-se com inicial minúscula.

Curiosidades

A internet já é vovó

A internet é moderna? Sim. Mas a palavra não. Ela já era empre-gada em 1883 para designar movimentos interligados. No início dos anos 1970, o termo começou a ser usado como resultado da interligação de redes com roteadores. Os primeiros registros de interações datam de 1961, 1962 e 1964. Naquela época, já se fa-lava da possibilidade de uma "rede galáxica". Mas foi em 1965 que Lawrence G. Roberts e Thomas Merril promoveram, pela primeira vez, a conversa de dois computadores através de uma linha telefônica entre Massachussets e Califórnia.

intervir – Conjuga-se como o verbo vir: venho (intervenho), vem (intervém), vimos (intervimos), vêm (intervêm); vim (intervim), veio (interveio), viemos (inter-viemos), vieram (intervieram); vinha (intervinha); virei (intervirei); viria (interviria); vier (intervier), vier (intervier), viermos (interviermos), vierem (intervierem); viesse (interviesse). O gerúndio e o particípio têm a mesma forma – vindo (intervindo).

Muitos confundem a paternidade de intervir. Pen-sam que ele é filho do verbo ver. Na bobeira, soltam o tal "interviu". Não dá outra: perdem pontos, pres-tígio e promoções. Olho vivo, moçada. Na verdade, intervir conjuga-se como o verbo vir – *interveio*. No caso, a cara de um é o focinho do outro.

intra – Pede hífen antes de *h* e *a*. Nos demais casos, é tudo colado como unha e carne: *intra-atômico, intra-arterial, intra-histórico, intraintestinal, intrauterino, intrarregional, intrassistêmico, intramuscular.*

intuito – Pronuncia-se como *circuito, fortuito, gratuito.*

investir – Atenção às diferentes regências. 1. intransitivo: *Em época de inflação alta, saber investir constitui questão de sobrevivência.* 2. Investir contra: *No assalto, o ladrão investiu contra o dono da casa.* 3. Investir alguém de ou em: *O presidente investiu o ministro de poderes extraordinários. O governador investiu Paulo de Castro no cargo de secretário da Saúde.* 4. Investir alguma coisa em: *Os empresários brasileiros investem pouco dinheiro no treinamento dos trabalhadores.* 5. Pronominal (investir-se): *Investiu-se no cargo com grande desenvoltura.*

ipsis literis – Textualmente, significa *pelas mesmas letras.* Latinas, as palavras se escrevem sem acento.

ipsis verbis – Quer dizer *pelas mesmas palavras.* O latim não tem acento nem hífen. Daí a grafia livre e solta.

ipso facto – Tem a acepção de *por isso mesmo, em consequência.* É mais usado na linguagem jurídica.

ir a / ir para – **Ir a** = deslocamento breve (ir ao cinema, ir ao teatro, ir a São Paulo). **Ir para** = deslocamento longo. Em geral implica mudança: *Foi para Brasília na esperança de conseguir emprego melhor. Vai para Paris fazer o doutorado. Na busca de oportunidades, jovens vão para grandes centros.*

irá + infinitivo – Não use. O futuro composto se forma com o presente do indicativo do verbo ir. Em vez de *irei viajar*, escreva *vou viajar.* Em lugar do *irá estudar*, fique com *vai estudar.*

irascível – Assim mesmo, com um *r* só.

isentado / isento – Use **isentado** com os auxiliares *ter* e *haver* (*tinha isentado, havia isentado*) e **isento** com *ser* e *estar* (*foi isento, estava isento*). (Veja *aceitado / aceito.*)

islã – No sentido de islamismo, religião muçulmana, grafa-se com a inicial minúscula como catolicismo, espiritismo, budismo. Na acepção de mundo muçulmano, é nome próprio.

israelense / israelita – **Israelense** = o natural ou o habitante de Israel. **Israelita** = refere-se à religião judaica ou ao povo de Israel no sentido bíblico: *praça israelense, templos israelitas.*

isto / isso / aquilo – Veja *este / esse / aquele.*

Itamaraty – Com y.

Curiosidades

Cor-de-rosa

Itamaraty, palavra da língua tupi, significa pedra cor-de-rosa. O Palácio do Itamaraty, no Rio de Janeiro, tem esse nome em homenagem ao construtor, Francisco José da Rocha Leão, conde de Itamaraty, filho do barão de Itamaraty. Era a sede do Ministério de Relações Exteriores. Com a mudança da capital para Brasília, em 1960, o ministério passou a funcionar no Palácio dos Arcos, desenhado por Niemeyer. Por metonímia, continuou-se a usar Itamaraty como sinônimo de Ministério de Relações Exteriores.

JURIDIQUÊS & BESTEIRÊS

O mal vem do tempo em que diabo era menino e Sílvio Santos, em vez de cédulas de real, ainda distribuía dracmas e contos de réis. Naquele tempo, as mais altas potestades do céu – Alá, Jeová, Oxalá – não davam a mínima para a ralé. Só se comunicavam com os sumos sacerdotes. Os oráculos emitiam as profecias num código indevassável à patuleia, acessível exclusivamente aos clérigos de alta linhagem. No cristianismo, os sacerdotes detinham o monopólio da verdade contida no Livro Sagrado (Gutemberg ainda não havia inventado a imprensa, que popularizou a Bíblia).

Falar difícil ou de forma empolada sempre foi uma forma de exibir status. Agindo assim, o falante manda dizer – sem dizer – que domina um código acessível somente a alguns privilegiados, aos quais a plebe rude e ignara deve reverentemente se curvar. As várias categorias profissionais foram desenvolvendo os próprios códigos. Falar sem ninguém entender bulhufas converteu-se numa arte.

Hoje é chique usar palavras estrangeiras, principalmente o inglês. Cabeleireiro agora é *hair-stylist*. Orientador profissional é *coach*. Praticar o *enrolês* e o *obscurês* virou regra. Colunistas de economia escrevem num dialeto propositalmente indecifrável. Tudo isso enquanto um certo Montaigne, com a garganta aos farrapos, implora: "Ouvi-me, ouvi-me! O estilo tem três virtudes: a primeira é clareza, a segunda é clareza, e a terceira é... clareza! Por Deus, ouvi-me!"

Mas ninguém dá atenção ao pobre Montaigne. Ele brada no deserto. Mais fácil e mais charmoso é esquecer a clareza e falar *juridiquês, economês, politiquês, mediquês, enrolês, besteirês*. Ninguém entende nada. Mas acha bonito que só!

Curiosidades

1. Juridiquês

A área que mais se prestou à redação empolada e tola foi a jurídica, onde até hoje impera o imponente, viscoso e gosmento *juridiquês*: "Os cânones civis pavimentam a pretensão sumária, estribada no Livro das Coisas, na Magna Carta, na boa doutrina e nos melhores arestos deste sodalício. Urge sejam vivificados os direitos fundamentais do Ordenamento Jurídico, espeque do petitório que aqui se encerra. O apossamento solerte e belicoso deve ser sepultado *ab initio* e inaudita altera parte, como corolário da mais lídima Justiça".

2. Mediquês

O *mediquês* castiço permite construções incompreensíveis como esta: "EEG realizado em vigília e sono espontâneo evidenciando discreta anormalidade localizada. Inespecífica da atividade bioelétrica cerebral. Caracterizado por atividade lenta polimorfa intermitente no quadrante posterior esquerdo".

3. Economês

O *economês* dos textos do Banco Central e de alguns comentaristas econômicos dá show de incomunicabilidade: "A economia tem de resistir às armadilhas do *low cost*. Mas, neste momento em que o mercado enfrenta uma clivagem, aumentam as vozes que pedem uma agência de *ratying* europeia. Só para lembrar, o reforço do Outlook negativo por parte da Moody's, para a banca portuguesa, apanhou de surpresa o presidente da CGD".

4. Escrever difícil é fácil

Escrever difícil é tão fácil que existe até uma tabela de combinação de expressões ininteligíveis rolando na Internet. Um exemplo: "O diagnóstico vetorial ampliado, a partir de uma investigação sumária, implica numa síntese paralela

- dinâmica. Claro que, a partir de uma estrutura matricial equidistante você pode
- chegar a uma síntese vetorial polivalente. Mas isso, de forma alguma, significa
- que uma gerência helicoidal não possa se converter numa programação inte-
- gral operacionalizada". Entendeu? Não? Pois é: textos assim servem mesmo é
- pra ninguém entender nada embora pareçam profundos e eruditos.

j – Letra do alfabeto. Plural: jotas, jj.

- **Jota quem?**
- *J* é a única letra que não aparece na tabela periódica dos elemen-
- tos. A razão: nenhum elemento começa com *j*.

já – Indica mudança de estado – o que era e deixou de ser: *O pai já não acredita na inocência da filha* (ele acreditava, mas deixou de fazê-lo). Não o faça de muleta em frases como esta: *Presidente da Venezuela (já) ameaça romper com os Estados Unidos*. Lembre-se: o desnecessário sobra. Xô!

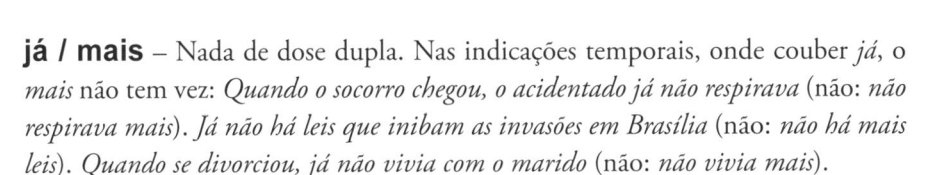

- **Indagorinha**
- *Já* significa agora. Na linguagem popular, *já-já* é agora mesmo. *Já-*
- *zim*, agorinha. No Piauí e em boa parte do Nordeste, *nestante* (neste
- instante) é sinônimo de já-zim. Deu pra entender? Se não deu, aguar-
- de um *cadim* (como dizem os mineiros) que já-zim a gente volta pra explicar.

já / mais – Nada de dose dupla. Nas indicações temporais, onde couber *já*, o *mais* não tem vez: *Quando o socorro chegou, o acidentado já não respirava* (não: *não respirava mais*). *Já não há leis que inibam as invasões em Brasília* (não: *não há mais leis*). *Quando se divorciou, já não vivia com o marido* (não: *não vivia mais*).

jabuticaba – Escreve-se com u.

- **Brasileirinha**
- A jabuticaba é a fruta mais brasileira de todas. Raramente con-
- segue ser cultivada em outros países. Ao que se saiba, é a úni-
- ca árvore no mundo que se aluga. Em algumas cidades, como
- Sabará, em Minas Gerais, os proprietários alugam por hora o pé
- da frutinha. O inquilino paga e come até onde aguentar. Especia-
- listas de Europa, França e Bahia se renderam à pretinha, como
- o chef Paul Bocuse: *"La jabuticaba nes't pas pour le bec de tout*
- *le monde. Extraordinaire!"* (Jabuticaba não é para o bico de todo mundo.
- Extraordinária!). Em *Reinações de Narizinho*, Monteiro Lobato dedica um
- capítulo inteiro à frutinha.

Jerusalém – A cidade tem cinco adjetivos pátrios, todos pra lá de sofisticados: *hierosolomita, hierosolimitano, jerosolimita, jerosomilitano, jerusalemita.*

jetom – Como garçom, escreve-se com *m* no final.

jiu-jítsu – Escreve-se assim. O nome significa *a arte suave.*

jogging – Tem dois significados: 1. como prática esportiva, ação de correr lentamente ou andar em passos ritmados, e 2. vestuário esportivo usado sobretudo para praticar *jogging.*

Jogging
O uso dos termos *jog* e *jogging* como exercício vem do século 16, na Inglaterra. No romance *My home run*, de 1884, o australiano Rolf Boldrewood escreveu "*your bedroom curtains were still drawn as I passed on my morning jog*" (as cortinas do seu quarto ainda estavam fechadas quando eu passava em meu jog matinal). Atualmente, considera-se *jogging* a corrida feita na velocidade média de 9,7km por hora ou 6,2 minutos por quilômetro.

juízes e tribunais – Juízes e tribunais não dão pareceres. Sentenciam, ordenam, mandam, determinam, condenam, absolvem. É errado – e pega mal à beça – dizer que o juiz ou o tribunal opinou ou deu parecer a favor ou contra alguém.

júnior – Plural: juniores. Paroxítona, a sílaba tônica é *o* (ju-ni-o-res). Abreviatura do sobrenome Júnior: Jr.

Sênior joga no time de júnior. Um e outro fazem o plural do mesmo jeitinho (seniores e juniores). A sílaba tônica também cai no mesmo lugar. Por serem paroxítonos, a fortona se desloca para o o – se-ni-o-res e ju-ni-o-res.

juntamente com – O desnecessário sobra. Basta com: *O diretor, com (não juntamente com) os professores e coordenadores, participou da solenidade de entrega dos prêmios.*

junto a – Eta vício danado! É comum ver a locução *junto a* empregada inadequadamente. Deixe a preguiça pra lá e busque a preposição adequada ao contexto: *Intermediou empréstimos junto ao Banco do Brasil?* Não. *Intermediou empréstimos no Banco do Brasil. Comprou o passe dos jogadores junto ao Barcelona?* Nem pensar. *Comprou o passe dos jogadores do Barcelona. Manteve entendimentos junto ao BID?* Claro que não. *Manteve entendimentos com o BID. Junto a* tem emprego muito restrito. Equivale a *adido a* (*embaixador do Brasil junto ao Vaticano*). Fora esse caso, deve-se procurar a preposição correta. Sem corpo mole.

juro / juros – No singular ou plural, o significado não muda. A concordância acompanha o número: *O juro subiu. Os juros subiram.*

Justiça / justiça – **Justiça** (inicial grandona) = Poder Judiciário. A **justiça** (inicial pequenina) = nos demais casos: *A Justiça ordenou o pagamento dos servidores. Não agiu com justiça. Fez justiça com as próprias mãos.*

- **A deusa da justiça**
- Na Grécia antiga, a justiça era representada por Thémis, filha de
- Urano (céu) e de Gaia (Terra). Inicialmente ela tinha os olhos bem
- abertos – sinal de pleno conhecimento da verdade. Nada lhe es-
- capava. Segurava uma espada e uma balança. Com o tempo, a
- deusa passou a aparecer de olhos vendados, não para significar
- que a justiça é cega, como se costuma dizer, mas que trata a todos com
- igualdade. A balança simboliza o equilíbrio. E a espada, a punição a quem
- desrespeita a lei.

Curio sida des

A ESTRANHA LETRA K

Sempre desconfiei do *K*. "Claro – provoca um dos meus botões –, quem tem *C* não precisa de *K*". E é verdade. O *C* faz tudo o que o *K* faz, só que melhor. Então, que diabo o *K* intrometido faz no alfabeto? Fui atrás e descobri que o *K* vem do grego e significa uma mão aberta. Com certeza, o *K* "abriu a mão" (assim, entre aspas) para comprar o direito de frequentar o alfabeto. Porque, se não pagou algum por fora, nada justifica a presença dele. Tanto é assim que em Portugal, depois da revolução ortográfica de 1911, o *K* caiu em desgraça e, proscrito do alfabeto, foi morar no olho da rua.

Por aqui parece que o *K* abriu a mão, ou melhor, molhou a mão de alguém, porque se segurou até o Acordo Ortográfico de 1943, quando foi expulso, mais envergonhado do que o Brasil depois daquele 7 x 1 pros alemães na Copa de 2014. Foi substituído pelo *C* antes de *a*, *o* ou *u* e *qu* antes de *e* ou *i*. Mas o mão aberta não se emendou. Voltou à carga, e tal como alguns políticos ficha suja que molham uma mão aqui e outra ali pra se reeleger, recuperou o prestígio em 1990, em mais um acordo ortográfico. Esse acordo só entrou em vigor em 2009. E assim mesmo restringindo o *K* às abreviaturas, às palavras com origem estrangeira e seus derivados.

Menos mal. Mas continuo implicando solenemente com o *K*. Diabo de letra. Não é pedra nem tijolo, fica ali no meio termo, sem querer se comprometer. E vamos convir: letrinha mais metida a besta, né? Parece bolsa de grife. Além disso, o *K* é tão redundante como o *Y*, aquela bela e solitária árvore seca na paisagem do alfabeto. Já que foi citado, é bom que se diga que o *Y*, embora simpático e elegante, também não faria falta nenhuma, já que o bom e velho *I*, este sim, um porrete em posição de sentido, resolve qualquer parada. Quem tem *I* não precisa de *Y*, é ou não é?

Assim como quem tem *C* não precisa de *K*, concorda? Tenho certeza de que o *K* só permanece no alfabeto pra ser possível escrever a palavra *viking*. Porque, convenhamos, será que alguém acreditaria na hombridade e na ousadia dos *viquingues* se o nome deles fosse escrito assim, paroxítono, à moda tupiniquim? Mas nem!

k – Letra do alfabeto. Plural: kas ou kk.

Se juntar o *c* com *a*, dá *ca*; com *h* e com *a* dá *cha*. Mas um chato argumentará: é, mas se juntar o *c* com o *e* não vai dar o som de *ke, mas* de *cê*. E aí? Não tem problema: a velha dupla *qu,* que não desgruda nem a porrete, está aí mesmo pra resolver o imbróglio. Q-U-E = que. Mas o *K*, oh, que pobreza... Só funciona na companhia de alguma vogal. E olhe lá.

Kkkkkkk!
O *k* é uma letra divertida. Principalmente algumas onomatopeias em que ele está presente. *Kuak!* é uma delas. O caráter hilário do *k* não é apenas uma opinião: há experimentos científicos que provam isso, como os realizados pelo psicólogo alemão Fritz Strack. E a explicação está num fenômeno psicológico chamado realimentação facial. Palavras que contêm o som do *k* obrigam nosso rosto a forçar um sorriso. Talvez por isso, nas mensagens de texto, em vez de quá, quá, quá, escrevemos simplesmente kkk para significar que estamos rindo.

Curio sida des

kafkiano – Adjetivo relativo ao escritor tcheco Franz Kafka (1883-1924).

Sem explicação

O tcheco Franz Kafka, um dos escritores mais influentes do mundo, criou histórias em que a burocracia vence as pessoas de forma surreal. Os personagens não conseguem sair das situações sem sentido em que são colocadas, muitas vezes de forma distorcida e sem possibilidade de receber ajuda. Inicialmente, o termo *kafkiano* foi usado pelos existencialistas. Depois, popularizou-se para ilustrar ocorrências reais incompreensíveis, bizarras ou ilógicas.

kg – Abreviatura de quilograma. Escreve-se sem espaço, sem ponto e sem plural: *200kg*.

KHz (quilohertz), MHz (megahertz), GHz (gigahertz) – Unidades de medida de frequência, erroneamente atribuídas à velocidade dos processadores.

kibutz – Plural: kibutzes (há quem adote o plural *kibutzim*, estranho à nossa língua).

km – Abreviatura de quilômetro. Escreve-se sem-sem-sem – sem espaço, sem ponto e sem plural: *10km*.

Kubitschek – Escreve-se dessa forma.

O cigano bossa-nova

Único presidente de origem cigana em todo o mundo, Juscelino Kubitscheck era bom em português, mas suava que só pra garantir aprovação em matemática. Sofreu ferimentos graves num dedo do pé, quando criança, por isso sentia fortes dores ao calçar sapatos. Ficaram famosas suas fotos recebendo, de meias, personalidades ilustres. Até hoje, o presidente bossa-nova, como ficou conhecido, é considerado o chefe de Estado brasileiro mais popular em toda a história. Seu sobrenome é germanização do original tcheco *Kubicek*.

Kw – Símbolo do quilowatt.

LÍNGUA

Bom-dia, Excelência. Muito obrigado por me receber. Venho pedir a minha exclusão de forma irrevogável do quadro de usuários da língua portuguesa. Impossível, Excelência, admitir como oficial uma língua em que basta trocar uma letra no meio de uma palavra para criar outra que significa o contrário da primeira. Por exemplo: pelado e... peludo.

Pior é quando o aumentativo... diminui! Se digo *carrão* estou falando de um carro grande, certo? Mas, se digo *portão*, posso estar falando de uma porta... pequena. E tem mais: nesta língua é possível afirmar para negar e negar para afirmar. Quando digo *pois não* significa, literalmente, *pois sim*. Por exemplo: "Pois não, pode entrar". Mas, se digo, com profunda ironia: "Pois sim!", quero negar peremptoriamente.

Quer mais uma? Pois repare: quando alguém tem alguma coisa pra falar, não fala nada. Éééé... Não fala! Antes, diz: "Deixa eu te falar". Ou, na forma sincopada: "Xa te falar". Pior é quando alguém diz "Olha só pra você ver". E não se trata de olhar – olhar com os olhos, Excelência, se me permite o pleonasmo. *Olha só pra você ver* significa *admire-se do que vou dizer*. Dá até para um cego – um cego!, Excelência – dizer para outro cego, sem ofensa: "Olha só pra você ver: a confusão era tão grande que eu fiquei mais perdido do que cego em tiroteio".

Em português, as palavras têm a mania de ir encolhendo, encolhendo... até ficarem destamanhinho. No Nordeste, a expressão *vamo-nos embora* faz tempo que saiu de moda. E olha que originalmente era *vamo-nos em boa hora*. Pois é. Primeiro, virou *vamos embora*. Depois, *vambora*. Mais adiante, simplificou-se em *rumbora*. Aí espreguiçou-se em *mbora* até converter-se em *bora*, que se desgraçou numa única e miserável sílaba – *bó*.

Morrer? Que morrer que nada. Vossa Excelência ainda vai viver muito! "Morrer de rir" significa apenas rir... muito. Tudo bem, eu aceito continuar. Mas que esta língua da gente é divertida e maluca, ah, é!

1. Imagina!

Em São Paulo, se alguém agradece, o agradecido às vezes manda o outro... imaginar! Mais ou menos assim: "Muito obrigado pela sua atenção", diz alguém. E o outro responde: "Imagina!" Coisas da língua.

2. Modismo

No Centro-Oeste, como em São Paulo, se alguém diz *obrigada*, o outro responde *obrigado eu*. Entre as celebridades, pintou uma frescurinha recém-saída do forno ou da geladeira. Em vez do *obrigado*, a pessoa diz: *gratidão*.

3. Calça e bota

"O português é uma língua muito difícil. Tanto que calça é uma coisa que se bota, e bota é uma coisa que se calça." (Barão de Itararé)

4. Eloquência

"Aprender várias línguas é assunto de um ou dois anos. Ser eloquente na própria língua exige a metade da vida." (Voltaire)

5. O correto

"Linguisticamente correto é o exigido pela comunidade linguística a que se pertence." (Jespersen)

"Minha pátria é minha língua." (Caetano Veloso, inspirado em Fernando Pessoa, que escreveu: "Minha pátria é a língua portuguesa.")

l – Letra do alfabeto. Plural: eles, ll.

labaredas de fogo – É pleonasmo. Toda labareda é de fogo. Basta labaredas.

> "Labareda", ensina o dicionário, é grande chama, língua de fogo. É fogo no aumentativo, fogaréu.

lady – Usa-se sem artigo: *Lady Di morreu em acidente automobilístico*. Roberto Carlos homenageou a mãe com a música "Lady Laura".

laissez-faire – Significa não ingerência no que fazem os outros. Também empregado para indicar a não interferência do Estado em determinadas atividades econômicas dos cidadãos.

- **Deixa rolar**
- *Laissez-faire* é a expressão-símbolo do liberalismo econômico.
- Prega: o mercado deve funcionar e se autorregular livremente,
- com legislação suficiente para proteger os direitos de propriedade.
- É parte da expressão francesa "*laissez faire, laissez aller, laissez
- passer*", que significa *deixai fazer, deixai ir, deixai passar*.

lançar o novo – É pleonasmo. Só se lança o novo. Basta lançar.

laptop – Escreve-se assim. Plural: laptops.

- **No colo**
- Laptop se formou de duas palavras inglesas: *lap* (colo) e *top*
- (em cima). Significa, portanto, *no colo*. Já desktop quer dizer
- *em cima da mesa*.

laser – Com *s*: raio laser (pronuncia-se *lêizer*). Não confunda com lazer (folga, descanso).

1. Laser

Pela descoberta do raio laser, Charles H. Townes ganhou o Prêmio Nobel de Física. Ele morreu em janeiro de 2015, aos 99 anos, na Califórnia, Estados Unidos. Sua descoberta foi muito importante para o desenvolvimento de impressoras e marcadores de luz, além das aplicações na indústria e na medicina. Townes encontrou, com uso do laser, as primeiras evidências de um buraco negro no centro de nossa galáxia.

2. Que rima!

"A grande atração é uma grande vidente / Uma grande vidente que tudo sabe, que tudo / vê / Que tudo sente / E agora com vocês a grande cartomante / A internacional Deise / A mulher do homem que come raio-laser" (Jorge Ben, "O circo chegou")

latino – Pede hífen na formação de adjetivos compostos (*latino-americano, latino-eclesiástico, latino-eslavo, latino-helênico*) e quando seguido de *h* e *o*. Nos demais casos, fica colado: *latinofobia, latinofilia, latinomania.*

Latino ladino

Latino é quem ou o que provém da América Latina, reunião dos países americanos cujos habitantes falam espanhol ou português. Mas a ideia de América Latina costuma ser associada ao conjunto de países americanos situados ao sul dos Estados Unidos. Por isso, fala-se de América Latina e das Caraíbas como unidade. Aí entram no grupo nações como a Guiana, o Suriname e o Belize. Já a palavra *ladino*, da mesma raiz, significa esperto, finório, ardiloso, astuto.

lato sensu – Expressão latina, significa *em sentido lato*, o contrário de *stricto sensu.*

lava-jato – Escreve-se assim. Plural: lava-jatos.

Operação Lava-Jato

A Operação Lava-Jato é investigação da Polícia Federal que descobriu uma das maiores redes de corrupção do Brasil. Só na Petrobras o esquema de lavagem de dinheiro movimentou mais de R$ 10 bilhões. A operação ganhou esse nome porque lavanderias e postos de combustíveis foram usados para movimentar valores ilícitos pela quadrilha.

legendário / lendário – Embora tenham a mesma origem, legendário e lendário usam-se em contextos diferentes. *Ayrton Senna, lenda do esporte, é personagem legendário. O Negrinho do Pastoreio é lenda gaúcha, e ele, o Negrinho, personagem lendário.*

legiferar / legiferante – Assim, sem *s*.

lei – Escreve-se com a letra inicial maiúscula quando a lei tiver número ou nome: Lei 2.328, Lei de Diretrizes e Bases da Educação, Lei Áurea. Na segunda referência, letra minúscula.

Lei Magna / Lei Maior – Sinônimos de Constituição, escrevem-se com iniciais maiúsculas.

1. As sete Leis Magnas

O Brasil já teve sete Leis Magnas: a de 1824, outorgada por D. Pedro I; a de 1891, a primeira da República; a de 1934, promulgada por uma constituinte logo depois da Revolução de 1930; a de 1937, a "polaca" (inspirada na constituição polonesa), outorgada por Getúlio Vargas depois do golpe do Estado Novo; a de 1946, promulgada por uma constituinte após a queda de Vargas em 1945; a de 1967, redigida pelos militares que deram o golpe de 1964; e a de 1988, a "Constituição cidadã", promulgada por uma constituinte convocada durante o governo Sarney.

Curiosidades

2. Bicho preto

O Brasil já teve uma Lei Magna não tão "magna". Em 1968, o general-presidente Costa e Silva suspendeu a Constituição de 1967 e em 1968 outorgou a Emenda Constitucional nº 1, que pretendia ser uma nova versão da Constituição de 1967. Mas as alterações foram tão profundas, para garantir o autoritarismo dos donos do poder, que não foi emenda nem soneto. Apenas um bicho preto – uma Constituição autoritária que atormentou a vida da nação durante os 20 anos da ditadura militar.

lembrar – A gente lembra 1. alguma coisa: *A nova casa lembrava velhos casarões paulistas.* 2. alguma coisa a alguém ou alguém de alguma coisa: *O professor lhe lembrou a data da prova. A secretária lembrou o chefe de que a campanha estava em execução.* 3. lembrar-se de alguma coisa ou de alguém: *Lembrou-se do compromisso assumido. Lembrou-se do amigo distante.*

ler – Atenção ao presente do indicativo: eu leio, ele lê, nós lemos, eles leem. (A reforma ortográfica cassou o acento do hiato *eem*.)

Curiosidades

1. Leia e emagreça

Ler emagrece. Estudo encomendado pela rede de livrarias britânicas Borders reforçou o ditado "mente sã, corpo são". O ato de ler gasta calorias, porém o estudo comprovou que, ao ler livros de ação, sexo e suspense, a taxa média de calorias gastas dobra. Isso se deve ao fato de que livros ligados a esses temas provocam a produção de adrenalina, hormônio que prepara o corpo para situações de estresse, reduzindo o apetite e queimando calorias.

2. Quem sabe ler sabe escrever

"Sabendo interpretar o que lê, o estudante organiza as ideias e produz bom texto. O resto é conversa, falsa teoria."
(Lygia Fagundes Telles)

3. Direitos do leitor

1. *O direito de não ler.*
2. *O direito de pular páginas.*
3. *O direito de não terminar um livro.*
4. *O direito de reler.*
5. *O direito de ler qualquer coisa.*
6. *O direito ao bovarismo (doença textualmente transmissível)*
7. *O direito de ler em qualquer lugar.*
8. *O direito de ler uma frase aqui e outra ali.*
9. *O direito de ler em voz alta.*
10. *O direito de calar.*

(Daniel Pennac)

ler / lê – Muitos confundem as duas formas. Perdem pontos, promoções e amores. Vamos acabar com os vacilos? É fácil como tirar doce de criança. **Ler** é infinitivo. **Lê**, presente do indicativo. O infinitivo detesta a solidão. Anda, por isso, acompanhado de auxiliar: *Ele pode ler. Nós vamos ler. Eles começam a ler.* O presente é dono e senhor de si. Emancipado, dispensa companhias: *ele lê, Maria lê, Paulo lê.* Na dúvida, ponha o verbo no passado. O presente muda. O infinitivo fica sempre igual: *Ele leu. Ele pôde ler. Nós fomos ler. Elas começaram a ler.*

lesa / leso – É adjetivo, não verbo. Deve concordar em gênero e número com o substantivo a que se refere: *lesa-pátria, leso-patriotismo, lesas-pátrias, lesos-patriotismos.*

Atenção, moçada. *Lesa* e *leso* podem ser verbos – formas do presente do indicativo de lesar (*eu leso*, *ele lesa*). Também pode ser adjetivo (com significado de lesado). Sem privilégios, tem feminino e masculino: *Paulo está leso de uma perna. Maria está lesa do braço.*

- **Leseira baré**
  Na região Norte existe uma expressão que é a cara dos moradores de lá: *tu é leso?* (assim mesmo, sem respeito à concordância). *Tu é leso?* significa "tu és bobo?", "tu és idiota?" Da palavra *leso* derivou-se o substantivo *leseira*, que ainda tem um qualificativo: *leseira baré*. Os de lá dizem que a *leseira baré* é o produto da alta taxa de umidade associada ao calor da floresta amazônica. Quem não tem costume adquire *leseira baré*: fica mole, mole, leso, leso. Ah! Baré é o nome de tribo indígena. Mas, hoje, *baré*, no uso popular, é quase um sinônimo de amazônico.

lhe / o – **Lhe** tem duas funções. Uma: objeto indireto. Aí, complementa verbo transitivo indireto. É o caso de *oferecer, agradecer, obedecer*: *Ofereci-lhe um cafezinho* (a gente oferece alguma coisa *a* alguém). *Agradeço-lhe o favor* (a gente agradece alguma coisa *a* alguém). *Obedecemos-lhe sem discussão* (a gente obedece *a* alguém). A outra: adjunto adnominal. Substitui o possessivo *seu, sua, dele, dela*: *Acariciou-lhe os cabelos* (acariciou seus cabelos). *Invejou-lhe o vestido* (invejou o vestido dela). *Encheu-lhe os bolsos de balas* (encheu seus bolsos de balas). **O** e **a** funcionam como objeto direto: *João a ama* (João ama Maria). *O diretor os cumprimentou* (o diretor cumprimentou os funcionários).

la / lo / na / no – Os pronomes átonos *a* e *o* mudam de cara. Podem virar **la, lo**. O troca-troca ocorre quando eles se agregam a verbos terminados em *r, s* e *z*. *Vão comprar o livro. (Vão comprá-lo.) Podemos vender o lote. (Podemos vendê-lo). Temos o livro referido. (Temo-lo.) Refiz o trabalho. (Refi-lo).* Podem também se transformar em **na, no**. Quando? Quando vêm depois de verbos terminados em nasal (*m* ou *til*). Compare: *Eles amam Maria. Eles a amam. Eles amam-na. Paulo põe o livro na estante. Paulo o põe na estante. Paulo põe-no na estante.*

 Por que *comprá-lo*, *vendê-lo* e *compô-lo* são acentuados e *digamo-lo*, *sabemo-lo* e *examinemo-lo* não são? O acento não tem nada a ver com o pronome. Tem a ver com as regras de acentuação gráfica. *Digamo, sabemo* e *examinemo* são paroxítonas terminadas em *o*. Pertencem à patotinha de *livro, carro, menino*. Uns e outros dispensam grampos e chapéus. *Comprá, vendê* e *compô* são oxítonas terminadas em *a, e, o*. Frequentam o clube *sofá, você, vovô*. Daí o acento.

licença-maternidade / licença-paternidade – Têm dois plurais: *licenças-maternidades, licenças-paternidades* ou *licenças-maternidade, licenças-paternidade*.

líder / liderança – **Liderança** = a qualidade do líder, o espírito de chefia: *O regimento prevê voto de liderança. O chefe deve ter liderança. O técnico, sem liderança, não conseguiu evitar o conflito. Esta é a sala da liderança do partido*. **Líder** = pessoa que exerce a liderança: *Os líderes* (não: *as lideranças*) *do Congresso discutiram o projeto hoje. O presidente vai negociar com os líderes* (não: *lideranças*) *que se opõem ao projeto*.

limite – Veja *divisa / fronteira / limite*.

limusine – Dessa forma.

Limusine com banheira
Algumas limusines têm espaço para bar e cama(s). Podem transportar até oito pessoas além do motorista. Ele fica isolado por vidro espelhado que o impede de ver os passageiros que, no entanto, podem vê-lo e falar com ele usando microfone. Na Inglaterra apareceu limusine tão sofisticada que tem até banheira de hidromassagem.

litoral – Nome comum, escreve-se com a inicial minúscula: *litoral nordestino, litoral gaúcho, litoral catarinense*.

lobby, lobista – Escrevem-se dessa forma.

longa-metragem – Com hífen. Plural: longas-metragens.

lotação – **O lotação** = veículo. **A lotação** = capacidade: *Sônia Braga brilhou no filme* A dama do lotação. *O concerto está com a lotação esgotada*.

Lua / lua – Letra maiúscula quando nomear o astro (eclipse da Lua, os americanos fincaram a bandeira na Lua). Letra minúscula quando nomear a claridade da Lua: *a claridade da lua.*

- **1.** **Lua dos namorados**
  "Lua que no céu flutua / Lua que nos dá luar / Lua, ó Lua, não deixa ninguém te pisar" (Braguinha, "Lua dos namorados")

- **2.** **A mão pelo pé**
  A Lua é o único corpo celeste, além da Terra, que os seres humanos pisaram. A primeira vez foi em 20 de julho de 1969, um domingo, pela Apolo 11. O comandante, Neil Armstrong, de 38 anos, tímido, escorregou na escada da pequena nave. Por pouco não imprimiu no chão do satélite a mão antes do pé. Ao descer, afirmou sobre o feito: "Um pequeno passo para o homem, um salto gigantesco para a humanidade".

- **3.** **Xixi lunar**
  O segundo astronauta a pisar a Lua, Edwin Aldrin, experimentado piloto de jatos da Força Aérea americana, desceu depois de Armstrong. Sentiu uma vontade louca de fazer xixi. E fez, dentro do traje de astronauta, numa bolsa de coleta para tais necessidades. Um xixizinho que entrou para a história da humanidade.

Curio sida des

luso – Nos adjetivos pátrios, escreve-se com hífen. Nos demais casos, é tudo colado: *luso-brasileiro, luso-americano, luso-germânico, lusófono, lusofonia.*

- **Luso**
  Luso é o filho ou companheiro de Baco, o deus do vinho e do furor, a quem a mitologia atribuiu a fundação da Lusitânia, as terras de Portugal.

Curio sida des

MODISMO

Eu me lembro, e olha que faz é tempo. Pois acredite: houve época em que as pessoas se chamavam Pedro, João, Raimundo, José, Francisco, Damião, Benedito, Mateus, Antonio e Severino. Se fosse menina, era Maria. Conheço poucas Marias atualmente. Mas o que tem de Jéssica, Carolaine, Dayanne e Myrella não está no cartório. Sem falar em Maicon (tentativa desastrada de homenagear Michael Jackson), Luan e... Hummm! Cala-te, boca.

Dando aula no ensino superior, a cada semestre letivo, ao correr a vista pela lista de presença, mais me assusto com a profusão de nomes arrevesados, inventados, adaptados, danificados, anglicanizados, afrancesados ou apenas imbecilizados. Outro dia, lá na linda ilha de Parintins, no Médio Amazonas, me deparei com uma Marlessandra. O pai deve ser Marlon, e a mãe, Alessandra. Deu nisso aí. Quando achei que estava de bom tamanho, conheci várias Francielys, algumas Carlyennes e até uma Charlyety.

E pensar que existem países onde simplesmente não são registradas pessoas com nomes, digamos, excessivamente criativos. Em Portugal, por exemplo, ninguém pergunta: "Luís com s ou com z?" Simplesmente não existe por lá Luiz com z e ponto-final. Mas, por aqui, a complacência dos cartórios com nomes esquisitos tem causado um estrago danado. São os modismos nos nomes próprios. E os modismos no linguajar cotidiano?

Até outro dia era supimpa falar *a nível de*. Aí foi ficando menos chic – ou seria menos chique? –; ficou démodé e hoje é brega. Como a própria palavra *supimpa*. O must agora é belê. Viu aí? Os modismos vão se atualizando, como essas bactérias que precisam enfrentar antibióticos cada vez mais potentes para ser neutralizadas. Um dia falamos supimpa, depois afrancesamos para chic, depois aportuguesamos para chique, depois anglicanizamos para must. E assim caminha a mediocridade.

m – Letra do alfabeto. Plural: emes, mm.

- Sabia? O travessão tem o tamanho da letra m.
- O *m* no fim de sílaba é sinal de nasalidade. Vale por til: *cam-po* (cãpo).
- Antes de *p* e *b*, usa-se *m*. É o caso de *bomba*, *campo*, *pimpolho*. A razão: trata-se da lei do menor esforço. As três jogam no time das bilabiais. Aproximá-las facilita a pronúncia.

macho / fêmea – Para distinguir o gênero do animal, acrescenta-se macho ou fêmea: *cobra macho*, *cobra fêmea*, *jacarés machos*, *jacarés fêmeas*. Ao se referir a pessoas ou coisas, macho se flexiona em gênero e número: *mulher macha, mulheres machas; homem macho, homens machos.*

Muié macho

Embora a forma correta seja *mulher macha*, a expressão que se consagrou no uso popular foi *mulher macho* ou *muié macho*. O bicho pegou em consequência do sucesso da música "Paraíba", de Luiz Gonzaga, que diz: "Quando a lama virou pedra / e mandacaru secou / Quando a ribaçã de sede / Bateu asas e voou / Foi aí que eu vim-me embora / Carregando a minha dor / Hoje eu mando um abraço / Pra ti, pequenina / Paraíba masculina, / Muié macho, sim sinhô".

maçom – Como *garçom* e *batom*, escreve-se com *m*.

má-criação / malcriação – Você escolhe. A alternativa é acertar ou acertar.

macro – Pede hífen quando seguido de *h* ou *o*: *macro-história, macro-organiza-ção, macroeconomia, macrorregião, macrossistema.*

Macro e micro aparecem em palavras pra lá de conhecidas. Macróbio é uma delas. Quer dizer *vida longa*. Micróbio, outra. Significa *vida curta*.

maior empresa x primeira empresa – Diz-se *a maior empresa do Brasil* ou *a primeira empresa em faturamento*. É redundante misturar o numeral com o adjetivo maior como *a primeira maior empresa, a segunda maior empresa, a quarta maior empresa.*

maiores informações, maiores detalhes, maiores esclareci-mentos – Vamos combinar? Não se trata de tamanho, mas de quantidade. Xô, *maior*! Vem, *mais*: *Pediu mais informações sobre o curso. Quer mais detalhes sobre o depoimento do servidor. Para mais esclarecimentos, visite o site do candidato.*

mais / já – Veja *já / mais*.

mais / mas – **Mais** = o contrário de menos: *Estudo mais (menos) que ele. Gostaria de viajar mais (menos).* **Mas** = porém, todavia, contudo: *Não estudou, mas passou na prova.*

Superdica: *Mas* tem três letras. *Mais*, quatro. Há lógica. A grandona é o contrário de *menos*. Na dúvida, substitua a *mais* por *menos*. Se a declaração ganhar sentido contrário, não tenha dúvida. Dê passagem ao quarteto: *Comi mais (menos) do que Maria. Paulo é mais (menos) educado que Luís. Acordei mais (menos) disposto. Comprei mais (menos) laranjas que maçãs. Ops! Estudei muito, mas não passei.* Viu? Aí o *menos* não tem vez. O *mas* introduz ideia contrária. Conjunção adversativa, joga no time de porém, todavia, contudo, entretanto: *Estudei muito, porém não passei.*

Curiosidades

Mas bah, tchê!

Certas expressões definem um estado ou região. *Mas bah, tchê!* serve de exemplo. Ela é tão usada no Rio Grande do Sul que virou marca 100% gaúcha. Dá nome a banda de rock, butique, blogue. Igualzinha a Bombril, tem mil e uma acepções. Significa tanto exclamação diante de fato surpreendente (que maravilha!), quanto aprovação (é isso mesmo) ou desaprovação (de forma alguma!). Como *bah* é diminutivo de barbaridade, e *tchê*, palavra herdada dos índios mapuches ou de habitantes dos países fronteiriços ao Rio Grande do Sul (há controvérsias), o trio seria o correspondente à expressão paulista *mas que barbaridade, meu!*

mais bem / mais mal – 1. Antes de particípio, use **mais bem** ou **mais mal**: *As francesas são as mulheres mais bem vestidas da Europa. É o candidato mais mal classificado nas pesquisas. Apresentou o relatório mais bem redigido da reunião.* 2. Se a frase indicar gradação, mesmo com particípio, empregue *melhor* ou *pior*: *Foi mal orientado e pior classificado. Os discursos eram bem redigidos e melhor proferidos. A peça foi bem ensaiada e melhor representada.* 3. Quando o advérbio não for seguido de particípio, fique com *melhor* ou *pior*: *Teve o pior desempenho da carreira. Saiu-se melhor do que esperava. Apresentou o pior relatório da reunião.* 4. Na comparação, escolha *bem* e *mal*: *Na prova, saiu-se mais bem do que mal.*

mais bom – Ao comparar atributos ou qualidades, use *mais bom* ou *mais mau*: *Paulo é mais bom que mau* (não use: *Paulo é melhor que pior*). A mesma construção serve para *grande* e *pequeno*: *A casa é mais grande que pequena* (não: *A casa é maior que menor*).

mais de, menos de, cerca de, perto de (concordância) – 1. Sujeito construído com expressões que indicam quantidade aproximada (mais de, menos de, cerca de, perto de) seguido de numeral leva o verbo a concordar com o numeral: *Mais de um reclamou. Mais de uma pessoa sentiu-se mal depois do almoço. Mais de 100 pessoas ganharam na loteria.* 2. Se houver ideia de reciprocidade, cessa tudo o que a musa antiga canta. O verbo vai obrigatoriamente para o plural: *Mais de um dos convidados se entreolharam com cumplicidade.*

mais grande / mais mau / mais pequeno – Veja *mais bom.*

mais mal – Veja *mais bem / mais mal.*

maiúsculas e minúsculas – O *Vocabulário Ortográfico da Língua Portuguesa (Volp)* manda grafar com inicial grandona:
1. nomes próprios: Rafael, Renascimento, Avenida Atlântida, Presidência da República, Poder Judiciário, Região Sul, o Sul do Brasil, Região Centro-Oeste, o Centro-Oeste, o Nordeste, Oriente, Ocidente, Antiguidade, Idade Moderna, Renascimento, Belle Époque, Seleção Brasileira, Seleção Chinesa de Vôlei Feminino, Campeonato Nacional, Copa do Mundo, Olimpíadas, Medalha do Pacificador.
2. nome de disciplinas: *Marcos levou pau em Português e Matemática. Mas safou-se em Inglês.*
3. nomes de impostos e taxas: Imposto de Renda, Imposto Predial Urbano, Taxa do Lixo.
4. atos de autoridades quando especificado o número ou o nome: Lei 2.346; Medida Provisória 242; Decreto 945; Lei Antitruste. 2. O ato perde a majestade em dois casos. Um: depois da 1ª referência. O outro: na ausência do número: *A medida provisória trata do Plano Real. O presidente vetou a lei.*
5. os pontos cardeais (Norte, Sul, Leste, Oeste). Se o ponto cardeal define direção ou limite geográfico, usa-se a inicial minúscula: *O carro avançava na direção sul. Cruzou o Brasil de norte a sul, de leste a oeste.*
6. as palavras Estado (país), União e Federação (associação de estados): *A sociedade controla o Estado. A Constituição enumera as competências da União. Impõe-se preservar a Federação.*
7. datas comemorativas e nome de festas religiosas: Sete de Setembro, Proclamação da República, Natal, Páscoa, Dia das Mães, Dia dos Namorados, Dia da Árvore.

Atenção, gente fina. As festas pagãs se escrevem com a inicial pequenina (carnaval, ano-novo). Também se grafam com minúscula: quaresma, semana santa, quarta-feira de cinzas, sábado de aleluia.

8. nomes científicos de famílias animais e vegetais (o segundo elemento com minúscula): *Coffea arabica* (em grifo).

9. oração incluída dentro de parênteses quando constitui oração à parte, completa, precedida de ponto. No caso, começa com letra maiúscula e termina por ponto: *Na praça, o sentimento geral era de grande frustração. (Nenhum candidato se dignara comparecer ao comício.)*

10. citação: quando vem depois de dois pontos, a citação começa com letra maiúscula. Caso contrário, com minúscula: *Fernando Pessoa escreveu: "Tudo vale a pena se a alma não é pequena". Segundo Fernando Pessoa, "tudo vale a pena se a alma não é pequena".*

11. nomes que designam instituição: escreve-se com a letra inicial maiúscula: Presidência da República, Senado Federal, Ministério da Fazenda, Poder Executivo, Poder Legislativo, Poder Judiciário, Justiça, Exército.

Na língua dos Césares, *majusculus* quer dizer *um tanto maior. Maioral, maioria, maioridade, major, majoritário, majorar* pertencem à mesma família. Todos são aparentados com maior. Por isso, têm complexo de Deus. Se deixar, ocupam um senhor espaço. Manda o bom senso pôr-lhes o pé no freio. Para dar-lhes um chega pra lá, dois princípios se impõem. Um deles: só as use nos casos obrigatórios. O outro: não as empregue para valorizar ou destacar ideias. Maiúsculas devem ser as ideias, não as letras.

Deus e deus

"O governo fazia o papel de um deus tirano, enquanto as religiões se perdiam de Deus." Renato Fino sabe a diferença entre Deus e deus: Deus é o criador do universo; deus, objeto de culto ou desejo ardente. Para muitos, o dinheiro é deus. Segundo a *Bíblia*, Cristo é filho de Deus.

majestade – Escreve-se assim, com j.

O poder

O tratamento dado a rei é majestade. Por quê? *Majestas*, em latim, quer dizer poder.

mal – No sentido de insuficientemente, pede hífen quando seguido de *vogal* e *h* (mal-acabado, mal-agradecido, mal-educado, mal-intencionado, mal-ouvido, mal-humorado). Nos demais casos, é tudo colado: *malcheiroso, maldisposto, malfeito, malpassado, malresolvido, malsucedido*. (A regra tem exceções. Na dúvida, consulte o dicionário.)

mal / mau – **Mal** = o contrário de bem; **mau** = o oposto de bom. Na dúvida, faça a substituição: *mau humor (bom humor), mau datilógrafo (bom datilógrafo), homem mau (homem bom), mal-humorado (bem-humorado), mal-estar (bem-estar), mal-agradecido (bem-agradecido), mau português (bom português)*.

- **Mãozinha do lobo mau**
- Vacilou? Lembre-se do versinho: "Eu sou o lobo mau, lobo mau,
- lobo mau / Eu pego as criancinhas pra fazer mingau". Uau! *Mau* e
- *mingau* jogam no mesmo time. Ambos terminam com *u*.

mal de Alzheimer ou doença de Alzheimer – Veja *Alzheimer*.

mandado – Vem de mandar, mando. Trata-se de ordem judicial: *mandado de prisão, mandado de busca e apreensão*.

mandato – Representação, delegação: *O mandato de deputado é de quatro anos; o de senador, oito*.

manter a mesma – Pleonasmo. Só se mantém o mesmo. Basta manter.

mão de obra – Sem hífen. Plural: mãos de obra.

mapa-múndi – Plural: mapas-múndi.

marcha a ré – Escreve-se desse jeitinho.

mas (vírgula) – É antecedido por vírgula quando liga orações: *Estudou, mas não conseguiu promoção. Trabalha, mas ganha pouco. Maria não só estuda, mas também trabalha. Nós não só fomos a João Pessoa, mas também a Natal e Recife*. (Veja *mais / mas*.)

mass media – Meios de comunicação de massa.

mata atlântica – Nome comum, escreve-se com inicial minúscula: *A mata atlântica precisa de proteção*.

matado / morto – Use **matado** com os auxiliares *ter* e *haver* (havia matado, tinha matado, tem matado); **morto**, com *ser* e *estar* (foi morto, estava morto). (Veja *aceitado / aceito*)

material – Com o significado de conjunto de componentes, dispensa o plural: *material de construção, material escolar, material atômico.*

matéria-prima – Plural: matérias-primas.

mau – Ver *mal / mau*.

mau-caráter – Plural: maus-caracteres.

maus-tratos – Sempre no plural e sempre com hífen.

maxi / máxis – 1. O prefixo **maxi** pede hífen quando seguido de *h* ou *i* (maxi-história, maxi-irmandade, maxissaia, maxivalorização, maxiassociação). 2. **Máxi** é substantivo. Tem plural: *O governo não falava em maxidesvalorização da moeda. Mas a máxi, quando veio, pegou a Argentina de surpresa. Quantas máxis o país enfrentou?*

mea-culpa – Não tem plural: *o mea-culpa, os mea-culpa.*

mediar – Conjuga-se como odiar: odeio (medeio), odeia (medeia), odiamos (mediamos), odeiam (medeiam); odiei (mediei), odiou (mediou), odiamos (mediamos), odiaram (mediaram); que eu odeie (medeie), ele odeie (medeie), odiemos (mediemos), odeiem (medeiem). E por aí vai.

médium – Serve aos dois gêneros – o médium, a médium. Plural: médiuns.

Médium, media, mídia
A palavra médium veio do latim *medium*. Na língua da Roma antiga, quer dizer meio. É a pessoa que, graças à mediunidade, estabelece comunicação com mortos. Mídia, que dá nome aos meios de comunicação social, tem a mesma origem. Mas chegou até nós por meio do inglês. Daí a diferença de pronúncia.

mega – Com hífen se seguido de *h* ou *a*: *mega-aglomeração, mega-hertz, megaoperação, megassistema* (*Mega-Sena* é exceção, pois é nome fantasia).

meia / meio – Na formação de palavras compostas, usa-se sempre com hífen: *meia-água, meia-entrada, meia-direita, meia-noite, meia-luz, meio-dia, meio-campo, meio-irmão, meio-tom.*

meia-noite – Veja *meio-dia / meia-noite.*

- **Meia três quartos**
- Frejat e Cazuza compuseram a música "Malandragem" e a ofereceram a Angêla Rô Rô para incluir no disco que estava preparando. Mas ela não gravou. Frejat ligou: "Ângela, por que não incluiu nossa música? E ela: "Não gravei porque achei a música uma merda! Esse negócio de meia três quartos, garotinha, isso não tem nada a ver comigo". "Então posso passar pra outra pessoa? "Claro!" Frejat entregou a música a Cássia Eller. O resultado foi um sucesso estrondoso. "Malandragem" – com meia três quartos, garotinha e tudo – até hoje não para de tocar nas rádios.

meio – Em certos empregos, *meio* é invariável. Não quer saber nem de feminino nem de plural. Advérbio, significa *um tanto: Maria anda meio (um tanto) irritada. Na prova, os alunos pareciam meio (um tanto) inseguros. Há uma coisa meio (um tanto) lógica.* Noutros empregos, *meio* quer dizer *metade.* Aí, terminou a moleza. Flexiona-se como qualquer mortal: *Os médicos dizem meias verdades. Comprei duas dúzias e meia (dúzia) de ovos. Eles são meios-irmãos. É meio-dia e meia (hora). Comprei duas meias-entradas.*

meio-dia / meia-noite – Plural: meios-dias, meias-noites.

meio-dia e meia – Olho vivo. *Meia* concorda com hora, daí o feminino.

melhor – Veja *mais bem / mais mal.*

melhor / a melhor / o melhor – Olho na manha pra lá de sofisticada. Numa relação de homens e mulheres, diga *o melhor* se quiser destacar a mulher no grupo misto: *Maria é o melhor aluno da escola.* Se quiser destacar a mulher no grupo de mulheres, use o artigo *a: A Maria é a melhor aluna da escola.* A regra vale para *a pior, o pior.*

melhor / melhores – Se melhor equivaler a *mais bom,* será adjetivo. Flexiona-se. Se equivaler a *mais bem,* será advérbio. Mantém-se invariável: *Os meninos eram melhores (mais bons) que as meninas. Os imigrantes estavam melhor (mais bem) de saúde.*

membro – Como adjetivo, tem plural: país membro, países membros.

mendigo – Atenção à grafia. Muitos acrescentam um *n* depois do *i*. Bobeiam. Xô, intruso!

merchandising – A inglesinha mantém a grafia original.

meritíssimo – Tratamento dado a juízes de direito. Derivada de mérito, escreve-se com *i*.

Quer ofender um juiz? Chame-o de meretríssimo. A troca da letra lembra meretriz. É cadeia certa.

meses – Escrevem-se com a letra inicial minúscula: janeiro, fevereiro, março, abril.

Curiosidades

Meses, deuses e vaidades

Segundo a lenda, Rômulo, o primeiro rei de Roma, teria criado o primeiro calendário — com 10 meses. Começava em março e terminava em dezembro. Pompílio, o sucessor, acrescentou janeiro e fevereiro. Mas os pôs no fim da lista. Mais tarde, os caçulinhas mudaram de lugar. Viraram primeirões.

Janeiro se chama janeiro em homenagem a Jano. O deus da mudança (dos começos e dos fins) tinha duas caras que olhavam em direção oposta. Uma mirava o passado (o ano que acabava); a outra, o futuro (o ano que começava).

Fevereiro se inspira em Februa, deus da purificação dos mortos.

Março, como Márcio e marciano, deriva de Marte, o deus da guerra.

Abril tem tudo a ver com aprilis. Já ouviu falar? Trata-se da comemoração sagrada dedicada a Vênus — a deusa do amor e da entrega.

Maio se identifica com a primavera. As comemorações que se faziam depois do frio e da neve reverenciavam Maia e Flora — deusas do crescimento de plantas e flores.

Junho vem de Juno, o nome romano de Hera, a primeira-dama do Olimpo. Defensora incondicional do casamento, a mulher de Zeus se tornou protetora da maternidade.

Julho era o 5º mês do ano antes de janeiro e fevereiro mudarem de lugar. Nada mais lógico que se chamar quintilis. Mas, em 44 a.C., mudou de nome por causa de Júlio César. O grande líder romano, assassinado por gente de casa, disse ao ver o algoz: "Até tu, Brutus, meu filho?"

- Agosto serve de prova da ciumeira. Por ser o 6º mês do ano, chamava-se sextilis. Mas, como julho bagunçou o calendário, o primeiro imperador de Roma (sucessor de Júlio César) não ficou atrás. "Eu também quero", exigiu ele. Levou.
- Setembro, outubro, novembro e dezembro não deram bola pra mudança de janeiro e fevereiro. Mantiveram o nome. Setembro, do latim septe, era o sétimo mês do ano. Outubro, de octo, o oitavo. Novembro, de nove, o nono. Dezembro, de decem, o décimo.
- Ufa! Até chegar à forma de hoje, o contar dos meses sofreu muitas adaptações. Com elas, falhas foram corrigidas. A última, do papa Gregório XIII, ocorreu em 1582. Por isso nosso calendário se chama gregoriano.

mesmo – 1. Quando reforça nome ou pronome, concorda com o termo a que se refere: *Ele mesmo leu o discurso. Ela mesma leu o discurso. Nós mesmos (mesmas) lemos o discurso. Eles mesmos leram o discurso. Elas mesmas leram o discurso.* 2. Com o significado de realmente, mantém-se invariável: *Ele disse mesmo a verdade. Eles saíram mesmo às 18h.* 3. Não use *o mesmo, a mesma* no lugar de substantivo ou pronome: *Vi Maria. A mesma embarcava no voo com destino a São Paulo.* Xô! *Vi Maria. Ela embarcava no voo com destino a São Paulo.*

1. A lei do mesmo

Este aviso aparece na parede perto dos elevadores de norte a sul do país. Trata-se de lei. Por isso é reproduzido tim-tim por tim-tim: "Antes de entrar no elevador verifique se o mesmo encontra-se parado neste andar". Valha-nos, Deus, Maria e Divino Espírito Santo! É a receita do cruz-credo. O texto comete quatro pecados – na estrutura da frase, na pontuação, na colocação do pronome átono e no emprego do *mesmo*. A forma nota 10 é esta: *Antes de entrar, verifique se o elevador se encontra neste andar.* Melhor ainda: *Antes de entrar, verifique se o elevador está neste andar.*

Curiosidades

2. Mesmo, o monstro aterrador

Morro de medo do Mesmo. Tenho certeza de que Mesmo é uma dessas assombrações que aparecem nas estradas desertas, noite alta, lua cheia. Ou então Mesmo é um desses monstros que frequentam diariamente as páginas policiais, um serial killer, um Jack, o estripador (ou mesmo Jack, o estuprador). Tipo: "Mesmo ataca outra vez na Baixada Fluminense. Polícia usa até helicóptero para encontrar o monstro". Porque, vamos convir: para todo elevador ter um aviso para que a gente verifique se o *mesmo* está lá dentro, é porque o *mesmo* não é flor que se cheire.

meta – Pede hífen quando seguido de *h* ou *a*. No mais, é tudo coladinho da silva: *meta-arteríola, meta-histórico, metafísica, metalinguagem, metassistema*.

metade de – Trata-se do partitivo. O verbo concorda com o núcleo do sujeito (metade*)* ou com o complemento: *Metade dos alunos saiu (ou saíram). Metade das frutas apodreceu (ou apodreceram)*. Com o verbo anteposto ao sujeito, cessa a moleza. A concordância obrigatória é com *metade*: *Saiu metade dos alunos. Apodreceu metade das frutas*. O adjetivo predicativo pode concordar com metade ou com o complemento: *Metade do campo estava alagada (ou alagado). Estava com metade do corpo queimada (ou queimado)*.

micro – Pede hífen quando seguido de *h* e *o*. Nos demais casos, é tudo junto: *micro-história, micro-ondas, microssaia, microrregião*. Quando substantivo, tem plural: *Na sala há 20 micros*.

midi – Pede hífen quando seguido de *h* ou *i*: *midi-heroísmo, midi-insanidade, midicasaco, mididesvalorização*.

migração / migrar – Veja *emigrar / imigrar / migrar*.

mil – Evite *um* em *um mil*. Basta mil. A partir de dois, o numeral concorda com o substantivo: *dois mil homens, duas mil crianças, duzentas mil cabeças de gado, duzentos mil reais*. (Veja *milhão / milhar*.)

 Diferentemente do inglês, no português os números têm gênero. Por isso, nos textos que precisam ser lidos (como um discurso) é melhor escrever os numerais uma, duas, cento e uma, cento e duas do que os algarismos 1, 2, 101, 102. Dessa forma, evita-se pronunciar errado e ter de corrigir: "(102) cento e dois pessoas morreram..., desculpe, cento e duas pessoas morreram na queda do avião".

milhão / milhar – **Milhão** é substantivo masculino. O numeral ou o adjetivo que o modifica deve concordar com ele: *dois milhões de pessoas, duzentos milhões de estrelas, o milhão de dólares*. Prefira a concordância do verbo com a coisa expressa, não com o número: *Um milhão de pessoas estavam presentes ao comício*. Com **milhar**, outro substantivo masculino, a regra é idêntica: *dois milhares de laranjas foram desperdiçados (ou desperdiçadas) no transporte*. O numeral *mil*, por não ser substantivo, recebe tratamento diferente: *Duzentas mil pessoas acompanharam o enterro do astro. Duas mil crianças participaram do projeto do programa de alimentação escolar*.

mim – Veja *para eu / para mim*.

Minas – Por se escrever sem artigo (não se diz *a Minas Gerais*), na concordância exige verbo no singular: *Minas tem tradição de bons políticos. Minas está onde sempre esteve. Minas mora no meu coração.*

mini / míni – **Mini**, elemento de composição, pede hífen quando seguido de *h* ou *i*. No mais, é tudo junto: mini-herói, mini-império, miniolimpíada, minirregião, minissereia). **Míni**, substantivo, tem acento e plural: *As mínis chegaram para ficar.*

misantropo – Joga no time de filantropo. Paroxítonos, a sílaba tônica é a penúltima (tro).

mistificar / mitificar – **Mistificar** = enganar, iludir, abusar da credibilidade: *Não faltam inescrupulosos que mistificam os ingênuos.* **Mitificar** = converter em mito, atribuir a alguém ou a alguma coisa virtudes exageradas: *A imprensa mitificou Tancredo.*

modelo – O artigo define o gênero: o modelo, a modelo. *Gisele é a modelo mais conhecida mundo afora. O Brasil tem algum modelo conhecido nas passarelas internacionais?*

modus vivendi – A expressão latina escreve-se assim, sem hífen.

moeda – Escreve-se com a inicial minúscula: *o real, o dólar, o peso, o dinar.*

monstro – Como adjetivo, é invariável: *congestionamento monstro, operações monstro, tarefa monstro, tarefas monstro.*

moral – **O moral** = ânimo, disposição: *O resultado da pesquisa esmoreceu o moral dos militantes. Com o 7 X 1, os brasileiros ficaram com o moral baixo.* **A moral** = conjunto de preceitos de conduta: *moral duvidosa, a moral da fábula, pessoa sem moral.*

morar – Pede a preposição *em*, não *a*: *Moro no Lago Norte. Ele mora na Rua dos Andradas. Moro na Praça Dom Feliciano.*

morfo – Pede hífen quando seguido de *h* e *o*. No mais, é tudo junto*: morfo-hepático, morfo-organização, morfossintático, morfológico.*

morrido / morto – Use morrido com os auxiliares *ter* e *haver* (*havia morrido, tem morrido*) e morto com *ser* e *estar* (*foi morto, estava morto*). (Veja *aceitado / aceito*.)

muçarela / mozarela – O queijo gostosinho que acompanha a pizza tem a forma com *ç* e com *z*. Com dois *ss* dá indigestão. Cuidado!

muito poucos – Muito, advérbio, é invariável: *Viu muito poucos soldados na rua. São muito poucas as possibilidades de ele receber a indicação do partido.*

multi / múlti – **Multi**, elemento de composição, pede hífen quando seguido de *h* e *i*. No mais, é tudo junto (*multi-informação, multi-histórico, multinacional, multifacial, multissecular, multirracial*). **Múlti**, substantivo, tem acento e plural: *As múltis oferecem boas opções de trabalho.*

mutatis mutandis – Significa mudando o que deve ser mudado, isto é, com a devida alteração de pormenores.

NEOLOGISMO

NEOLOGISMO (medicamento controlado, de uso restrito e sob prescrição de profissional especializado).

Composição: NEOLOGISMO é a criação de uma palavra ou expressão. Seu princípio ativo dá ao usuário a impressão de que é criativo e moderninho.

Posologia: Usar somente o indispensável, e apenas quando esgotadas as opções oferecidas pela linguagem tradicional. Como contém alta carga de antígenos, é grande o risco de superdosagem.

Armazenamento: Manter em local afastado dos textos em elaboração, sob risco de contaminação irreversível.

Validade: Indeterminada. Sem uso, em pouco tempo perde a eficácia.

Cuidados: antes de fazer uso de NEOLOGISMO, recomenda-se buscar no mercado produtos (palavras ou expressões) mais antigos e consagrados pelo uso.

Contraindicações: o uso sem controle de NEOLOGISMO pode causar dependência e efeitos devastadores nos centros nervosos responsáveis pela compreensão.

Apresentação: NEOLOGISMO pode vir em forma de estrangeirismo (printar, startar, fazer download); de gíria (tucanar, dar um rolê), de abreviatura (PL, PEC, BC); de substituição de substantivo por adjetivo (antena – antenado); de redução (refri – refrigerante).

Observação: como é produto de atualização permanente, NEOLOGISMO costuma chegar ao mercado a qualquer momento das formas mais surpreendentes.

Cuidados na manipulação do produto: jamais deixar as unidades de NEOLOGISMO ao alcance de pessoas despreparadas. Testes com cobaias indicaram que o uso descontrolado pode causar reações alérgicas aos leitores diante da presença, na composição, de corpos estranhos à língua.

Curiosidades

1. Spiritisme

Em caso de uso contínuo, um neologismo pode incorporar-se à língua. O termo espiritismo, por exemplo, já foi *spiritisme* – palavra criada por Allan Kardec. Hoje, aportuguesada, espiritismo é de uso regular no idioma de Machado de Assis.

2. Palavras inventadas

Escritores, insatisfeitos com as palavras existentes, criam neologismos. Guimarães Rosa é bom exemplo. Eis invenções do mineiro de Cordisburgo: *nonada* (coisa sem importância), *arreleque* (asas abertas em forma de leque), *circuntristeza* (tristeza circundante), *suspirância* (suspiros repetidos), *coraçãomente* (cordialmente).

3. Sofrência

O letrista Billy Blanco criou no samba "Canto chorado" a palavra *sofrência:* "Bom mesmo é a palavra sofrência / que em dicionário não tem / mistura de dor, paciência / sorriso que é pranto também...".

n – Letra do alfabeto. Plural: enes, nn.

Manhas da Língua

Em português, pouquíssimas palavras terminam com *n*. Entre elas, *hífen, éden, abdômen*. Elas pregam senhora peça na acentuação gráfica. A regra diz que ganha grampo ou chapéu a paroxítona terminada com *n*. A que se finaliza com *ns* não tem nada com a história. Fica solta e livre, sem lenço nem documento: *hifens, edens, abdomens*.

na frente de – Veja *à frente / em frente / na frente*.

náilon – Assim na língua nossa de todos os dias.

na medida em que – Veja *à medida que* / *na medida em que*.

namorar – Vamos combinar? Namorar sem intermediários é pra lá de bom. Por isso, prefira a regência direta: *Paulo namora Raquel. Paulo a namora. Raquel namora Paulo. Raquel o namora.*

- **Namorando a mina**
- A música de Seu Jorge dá o bom exemplo. Ela diz: "Tô namorando
- aquela mina / Mas não sei se ela me namora."

não – Oba! A reforma ortográfica deu senhora ajuda aos lusofalantes. Cassou o hífen de palavras formada com *não: não agressão, não cooperação, não ingerência.*

não sei nada – Nota 10. O português exige a dupla negativa: *Não estudei nada. Não aprendi nada. Não vi nada.*

não só ... mas também / tanto ... quanto (concordância) – Com sujeitos ligados por essas locuções, prefira o plural: *Não só Paulo mas também Luís participaram do evento. Não só eu mas também Maria saímos mais cedo. Tanto os debates quanto a propaganda contribuem para o esclarecimento do eleitor.*

nazi / názi – Sem hífen: *nazifascismo, nazifascista.* Como substantivo ou adjetivo, tem plural e acento (paroxítona terminada em *i* como táxi): *názi, os názis.*

- **Menor esforço**
- No começo, era Nationalsozialistische Deutsche Arbeiterpartei
- (Partido Nacional-Socialista dos Trabalhadores Alemães). Mas a
- lei do menor esforço entrou em campo. A agremiação virou Natio-
- nal Sozialist. Mais um pouco e não deu outra. Tornou-se simples-
- mente názi, que deu filhotes. Um deles: nazismo.

necrópsia ou necropsia – Veja *autópsia* / *autopsia*. (Atenção à pronúncia: a sílaba tônica de necrópsia é *crop*; de necropsia, *si*.)

nefro – Pede hífen quando seguido de *h* e *o*. No mais, é tudo junto: *nefro-helmíntico, nefrologista, nefrocardíaco.*

nem (concordância) – Com os núcleos do sujeito ligados pela conjunção *nem*, o verbo, preferencialmente, vai para o plural: *Nem eu nem ele estivemos em Roma no ano passado.*

nem um nem outro – A expressão é seguida por substantivo no singular. O verbo pode ir para o singular se o fato expresso for atribuído a um só sujeito (*Nem João nem Carlos se casará com Maria*) e para o plural se atribuído a todos os sujeitos: *Nem um nem outro candidato chegaram ao segundo turno. Nem uma nem outra entrevista foram ao ar.*

nenhum / nem um – **Nenhum** = contrário de algum. **Nem um** = nem um sequer, nem um ao menos: *Nenhum atleta chegou atrasado ao treino. Estava tão despreparado que não conseguiu nem um ponto na prova.*

nenhum (concordância) – Exige o verbo no singular: *Nenhum dos filhos seguiu a profissão do pai. Nenhuma das atrizes decorou o papel. Nenhuma das tantas palavras foi memorizada.*

nenhum / qualquer – Em frases negativas, dê passagem ao *nenhum*, não ao *qualquer*: *Não disse nenhuma palavra antes de sair. Não tem nenhuma ideia das consequências do ato que praticou. Não há nenhum risco de proliferação da doença.*

neo – Pede hífen quando seguido de *h* ou *o*. Nos demais casos, é tudo junto: *neo-herói, neo-histórico, neo-observador, neo-ortodoxo, neoeconomia, neorricos, neossistemas, neoliberal.*

neuro – Pede hífen quando seguido de *h*: *neuro-hipnotismo, neuro-hipófise, neuro-hormonal.* Mas: *neurocirurgia, neuropediatria, neuromuscular.*

New York / Nova York / Nova Iorque – Adjetivo: *nova-iorquino.*

Pegadinha
Responda depressa: a capital dos Estados Unidos é New York, Nova York ou Nova Iorque? Nenhuma delas: é Washington.

nhoque – Escreve-se desse jeitinho.

no sentido de – Não use. Substitua por *para*: *Tomou todos os cuidados para* (não: no sentido de) *evitar o vazamento da informação. Dirigiu-se ao chefe para expor o projeto. Correu para chamar a atenção dos presentes.*

Nobel – Oxítona, pronuncia-se como *papel* e *Mabel*. Isolado, tem plural. Acompanhado de *prêmio*, mantém-se invariável: *Ganhou dois Nobéis. Dedicou o livro a dois Prêmios Nobel.*

nome científico – O primeiro elemento tem inicial maiúscula; o segundo, minúscula (escrevem-se em itálico): *Coffea arabica* (café), *Rhea americana* (ema), *Aedes aegypti* (mosquito transmissor da dengue).

nome estrangeiro – As partículas *de, von, di, va, da* e outras que aparecem em nomes estrangeiros escrevem-se com a inicial minúscula quando estiverem no meio do nome e com maiúscula quando iniciarem o nome: *Charles de Gaulle*, mas *o presidente De Gaulle; Leonardo da Vinci*, mas *o pintor Da Vinci; Werner von Braun*, mas *o cientista Von Braun.*

nome próprio (flexão) – Flexão no plural como o nome comum: *Os Maias, os Cavalcantis.* Mas: *os Cavalcanti Proença, os Graça Aranha.* Se termina em consoante, porém, é melhor manter no singular: *os Maciel, os Capaz.*

nome próprio plural (concordância) – Se usado só no plural e precedido de artigo = o verbo concorda com o artigo. Em siglas, o artigo não aparece, mas conta como se estivesse presente: *Os Estados Unidos invadiram o Iraque. EUA decidem o campeonato. Os Andes ficam na América do Sul. O Amazonas banha o Brasil e países vizinhos. O Palmeiras disputa a taça.* Se usado só no plural sem artigo = verbo no singular: *Minas Gerais fica na Região Sudeste. Alagoas tem as praias mais bonitas do país.* Em nome de obras, mesmo no plural acompanhado de artigo, prefira o verbo no singular: Os Miseráveis *imortalizou Victor Hugo.* Os Pássaros *é filme de suspense.* Os Lusíadas *narra a epopeia dos portugueses.*

norte – Pede hífen na formação de adjetivos pátrios: *norte-americano, norte-coreano, norte-rio-grandense.*

novo-rico – Plural: novos-ricos.

números cardinais – 1. Separe por ponto as classes (exceto em datas): *4.316, 1.324.728*, mas *1994*. 2. Só faça aproximação com números redondos: *cerca de 300 pessoas* (nunca *cerca de 92 pessoas*). 3. Use algarismos e palavras para números redondos: *40 mil, 24 milhões, 7 bilhões*. 4. No início do período, dê passagem ao numeral por extenso: *Vinte e cinco textos foram produzidos nas últimas horas.* (Sempre que possível, dê novo torneio à frase para não iniciar o período com o numeral: *Nas últimas horas, foram produzidos 25 textos.*)

Curio sida des

1. Algarismos arábicos
Algarismo, como *álgebra*, é palavra árabe.

2. Contando com os dedos
Árabes e romanos ajudaram a definir os números tais como os conhecemos hoje. Os romanos começaram a usar os dedos da mão para estabelecer o padrão do sistema decimal. Afinal, os dedos foram a primeira e mais prática forma de contar. Tudo isso começou 300 anos a.C. Mas só por volta do século 16 os números chegaram ao desenho atual.

3. O zero é indiano
O zero – um dos maiores avanços da humanidade – é invenção indiana. Mas quem o popularizou foram os árabes. Resultado: eles ganharam a fama e deitaram na cama.

números ordinais – Na numeração de artigos de leis, decretos, medidas provisórias & gangue, use o ordinal até nove. De 10 em diante, o cardinal: *artigo 1º, artigo 9º, artigo 10, artigo 17*. O primeiro dia do mês é 1º, não um.

números ordinais (grafia) – Os numerais ordinais se escrevem livres e soltos – sem hífen: *décimo primeiro, vigésimo quarto, centésimo sexagésimo quinto*.

números romanos – Os números romanos oferecem mais dificuldade de leitura que os arábicos. São uma pedra no caminho. Evite-os sempre que puder. Mas dê-lhes vez em texto de lei e o nome de papas, reis e nobres: *Bento XVI, D. João VI, D. Pedro II, Parágrafo V*.

núpcias – Pertence ao time plural. Exige artigos e adjetivos no mesmo número (as núpcias, núpcias badaladas). Outros membros da equipe: os óculos, as férias, os pêsames, os parabéns, as fezes, as calendas, os pêsames. Etc. e tal.

ORALIDADE

Sim, no princípio era o verbo. Verbo falado, não escrito, porque o bicho-homem aprendeu primeiro – e a duras penas – a falar. Na verdade, lá nas cavernas, em torno das fogueiras, o neandertal não falava: grunhia. Depois representou com a voz sentimentos básicos como raiva, nojo, admiração, medo. Onomatopeias foram a primeira forma de expressão, que nós, com boa vontade, podemos chamar de "língua" do homem primitivo. (Abre parêntese: saímos da idade da pedra e entramos na idade da pedrada. É só ler as histórias em quadrinhos que lá estão os mesmos argh!, grrrrrr!, uhhh! O neandertal continua dentro de nós. Fecha parêntese).

Depois, começamos a copiar os sons da natureza: o urro era a onça. O assovio, o pássaro. O chuaaaá, a cachoeira. Em inglês, cough, que se pronuncia algo como coff significa... tossir. Em português, bem-te-vi, aquele passarinho que parece um piloto de moto, se chama assim porque, quando canta, parece dizer *bem te vi*.

Continuamos copiando a natureza. A linguagem evoluiu, embora fosse apenas falada. E apenas falando o homem foi capaz de criar obras fabulosas, eternas e fundadoras da civilização, como a *Ilíada* e a *Odisseia*.

Está na hora de rever conceitos. No duro, no duro, continuamos recorrendo à escrita porque não podemos, apenas, falar. A fala é muito mais rica, cheia de infinitas possibilidades. A escrita só dispõe dos caracteres e dos sinais de acentuação e pontuação. Se já é frágil e insuficiente por natureza, imagina malcuidada.

1. Língua é a falada
"Só existe uma língua – a falada." (Millôr Fernandes)

2. Compreensão
"É conversando que a gente se entende." (Dito popular)

3. A fala nos define
"A fala é cultura. A escrita, técnica." (Régis Debray)

ó – Letra do alfabeto. Plural: ós, oo.

Senhora do Ó
Existem várias explicações para a denominação de Nossa Senhora do Ó. Há quem diga que se deve a Santo Agostinho, segundo o qual "o Ó é um círculo, e o ventre virginal outro círculo". O padre Vieira dizia que Maria, grávida, não parava de exclamar *oh!* na expectativa do nascimento do filho de Deus. Outros afirmam que a denominação deriva do fato de a letra *o* ser símbolo da imortalidade.

o / a – Veja *lhe / o*.

ó / oh! – **Ó** acompanha o vocativo: *Ó Paulo, venha cá. Deus, ó Deus, onde estás? Calem-se, ó criaturas incrédulas.* **Oh**! é interjeição que exprime espanto ou admiração: *Oh! Que beleza! Oh! Maravilha!*

206

o qual / que – Use *o qual* se o pronome for antecedido de preposição com mais de uma sílaba. Se não for, prefira *que*: *O livro de que lhe falei está esgotado. O livro sobre o qual lhe falei está esgotado. O público perante o qual se pronunciou manteve-se indiferente.*

obedecer / desobedecer – Regem a preposição *a*: *Os moradores obedeceram à ordem de recolher. Obedeço ao regimento. Nós obedecemos aos superiores. Nós lhes obedecemos. Os alunos desobedeceram ao professor. Os alunos lhe desobedeceram.*

obeso – O Brasil não tem pronúncia padrão. Por isso há regiões que dizem *obêso*. Outras, *obéso*. A liberdade se estende a obesidade – *obêsidade* e *obésidade*.

obra-prima – Plural: obras-primas.

obrigado – Ele diz *obrigado*. Ela, *obrigada*. Eles, *obrigados*. Elas, *obrigadas*.

obrigar – Atenção à regência. Obriga-se alguém *a* fazer alguma coisa: *Obrigou o filho a estudar. O professor obriga os alunos a se manterem calados. Eu o obriguei a fazer horas extras.*

Outros verbos exigem a preposição *a* antes do infinitivo. É o caso de *começar, convidar, ensinar* e *forçar. Começou a escrever a peça em 1989. Convidamos os amigos a participar da festa. Forcei o passageiro a descer. Ensinei-o a seguir as instruções tim-tim por tim-tim.*
Mas nem todos se curvam à imposição. Volta e meia aparece um tal de "começou decorar os verbos" & cia. desastrada. Nada feito. O verbo se vinga. Adia promoções. Rouba pontos em concursos. Mata amores. Valha-nos, Deus!

obter – Não troque as bolas. Obter quer dizer ganhar, granjear, conquistar o que se deseja, o que se busca. Por isso só o use em sentido positivo: *O time obteve vitórias (nunca obteve derrotas). Paulo obteve 90 pontos no concurso. Maria obteve o cargo pelo qual lutou durante dois anos.*

octa / octo – A indicação de oito tem duas formas – octa e octo. **Octo**, mais comum, aparece em palavras que frequentam o dia a dia (*octocampeão, octogésimo, octogenário, octogonal, octossílabo*). **Octa** tem menos representantes: *octaedro, octadecaedro, octangular*.

óculos – É substantivo plural: os óculos, meus óculos, óculos escuros.

> **MANHAS DA Língua** Existem as palavras *óculo* e *óculos*. *Óculo* significa luneta. Tem uma lente. *Binóculo* é filhote dele. Bi quer dizer dois. O danadinho tem duas lunetas. *Óculos*, sempre com *s*, tem duas lentes, uma para cada olho. Daí o plural obrigatório. Portanto, nunca diga *esqueci o óculos*, e sim *esqueci os óculos*.

ocultado / oculto – Use **ocultado** com os auxiliares *ter* e *haver*; **oculto**, com *ser* e *estar*: *O garoto tinha ocultado o dinheiro debaixo do tapete. O governo tem ocultado o índice da inflação. A resposta está oculta. A trapaça foi oculta durante os debates.* (Veja *aceitado / aceito*.)

odiar – Apresenta irregularidade no presente do indicativo (*odeio, odeias, odeia, odiamos, odiais, odeiam*), presente do subjuntivo (*odeie, odeies, odeie, odiemos, odieis, odeiem*), imperativo afirmativo (*odeia tu, odeie você, odiemos nós, odiai vós, odeiem vocês*) e imperativo negativo (*não odeies, não odeie etc.*). As demais formas são regulares.

oh! – Ver *ó / oh!*

OK – Sigla que significa está tudo bem, está tudo certo.

Olimpíada / Olimpíadas – No singular ou plural, o significado é o mesmo: Jogos Olímpicos.

ombudsman – Serve aos dois gêneros: *a ombudsman, o ombudsman*.

Curiosidades

O primeirão
O primeiro ombudsman da imprensa brasileira foi o jornalista Caio Túlio Costa. Ele exerceu a função na *Folha de S.Paulo* de setembro de 1989 a agosto de 1991.

omoplata – É substantivo feminino: *a omoplata.*

onde / em que – **Onde** indica lugar físico: *a cidade onde moro, o lugar onde nasci, a gaveta onde guardei, as palmeiras onde canta o sabiá.* **Em que** indica lugar não físico: *Na palestra em que falou sobre a crise americana, o presidente recebeu entusiasmados aplausos.*

on-line – Escreve-se assim, com hífen.

onomatopeia – Palavra que reproduz aproximadamente sons ou ruídos: *tique-taque, pingue-pongue, fofocar, cacarejar.*

- **As falas dos bichos**
- Imitamos as vozes dos bichos. Com elas, formamos novas pala-
- vras. São as onomatopeias. As danadinhas aumentam o vocabu-
- lário e, com isso, enriquecem a língua. Miau-miau, mia o gato. Au-
- au, late o cão. Muuuuu-muuuuuu, muge a vaca. Cocoricó, canta
- o galo. Cri-cri-cri, cricrila o grilo. Zum-zum-zum, zune a mosca.

Curio sida des

opor veto – Prefira vetar.

óptico / ótica / ótico – **Óptico** é relativo à visão (*músculo óptico, fibra óptica*). Para definir ponto de vista ou o estudo da luz, é preferível a forma **ótica**: *ilusão de ótica, estudo da ótica.* **Ótico**, relativo ou pertencente ao ouvido: músculo ótico.

Óptico admite a variante *ótico*. Mas pode armar confusão com ótico, referente a ouvido. Montaigne, há 400 anos, ensinou que a maior qualidade do estilo é a clareza, a clareza, a clareza. Ora, se a forma confunde, xô!

Opus Dei – É masculino: o Opus Dei.

ora – Veja *hora / ora*.

ora bolas – Escreve-se assim.

ora... ora – Conjunções alternativas, andam aos pares: *Ora estuda, ora trabalha. Ora faz sol, ora faz chuva. Ora ri, ora chora.*

orto – Pede hífen quando seguido de *h* ou *o*. Nos demais casos, é tudo junto: *orto-hexagonal, orto-hidrogênico, orto-oxibenzoico, ortopedia, ortomolecular, ortodontia.*

Oscar – Plural: Oscars.

- **O Oscar vai pro meu tio**
- Em 1931, a Academia de Artes e Ciências Cinematográficas de
- Hollywood instituiu prêmio para filmes e profissionais da sétima
- arte. Como chamá-lo? Enquanto os organizadores buscavam um
- nome popular, a bibliotecária da instituição olhou pra estatueta e
- comentou: "Puxa! Como se parece com meu tio Oscar". Foi assim que o
- fazendeiro da Califórnia Oscar Pierce virou o objeto de desejo de astros e
- estrelas da telona.

ótico / óptico – Veja *óptico / ótica / ótico*.

ou seja – Invariável, escreve-se sempre entre vírgulas: *Falou 120 minutos, ou seja, duas horas.*

ou... ou (concordância) – Atenção à ideia. 1. Se for de exclusão, o verbo fica no singular: *Ou Maria ou Paulo será presidente do clube. João ou Rafael se casará com Elisa. Só há uma vaga. Carlos ou Beto a preencherá.* 2. Se for de inclusão (= e), o verbo vai para o plural: *Casamento ou divórcio são regulamentados por lei. O professor ou o secretário sairão depois do horário marcado.* 3. Se for retificação, o verbo concorda com o núcleo mais próximo: *Os autores ou o autor da melhor reportagem receberá o prêmio. O autor ou os autores da melhor reportagem receberão o prêmio. Ele ou nós redigiremos o requerimento.*

outra alternativa – É redundante. Basta alternativa.

POESIA

Definições da web:

http://www.significados.com.br/poesia – Significado de Poesia – O que é, Conceito e Definição – Significados. Poesia é um gênero literário caracterizado pela composição em versos estruturados de...

www.significados.com.br/poema/ – O que é Poema. Conceito e Significado de Poema: Poema é uma obra literária que pertence ao gênero da poesia e cuja apresentação pode...

pt.wikipedia.org/wiki/Poesia – A poesia, ou gênero lírico, é uma das sete artes tradicionais, pela qual a linguagem humana é utilizada com fins estéticos, ou seja, ela retrata algo em que tudo...

www.pucrs.br/gpt/poesia.php – Poesia é um texto literário, em prosa ou em verso, que se caracteriza pela linguagem sugestiva, conotativa, metafórica, figurada, criativa, inusitada – a chamada...

conceito.de/poesia – A palavra poesia vem do termo latim *poēsis*, que, por sua vez, deriva de um conceito grego. Trata-se da manifestação da beleza ou do sentimento estético...

(Pode esquecer o Google, a Wikipedia, a Web, tudo. Quem está escrevendo agora sou eu, e vou resolver essa parada. Olha, gente, definir poesia é muuuuito simples. Todo mundo sabe que poesia é simplesmente... poesia é apenas... poesia, claro, é tão somente... é assim, ó..., é uma forma de..., como é que eu vou explicar, é... Pra resumir: poesia é uma coisa tão simples, mas tão simples que qualquer criança de 3 anos consegue definir! Ainda não entendeu? Alguém aí me faz um favor: vê se encontra uma criança de 3 anos e traz ela aqui.)

Curiosidades

O fingidor
"O poeta é um fingidor / Finge tão completamente / Que chega a fingir que é dor / A dor que deveras sente." (Fernando Pessoa)

p – Letra do alfabeto. Plural: pp e pês.

padre-nosso (pai-nosso) – Plural: padre-nossos ou padres-nossos; pai-nossos, pais-nossos.

Curiosidades

O mesmo pai
Pai, *padre* e *papa* nasceram do latim *patre*. As três palavras querem dizer pai. Mas o emprego se especializou. Pai é o genitor. Padre, o sacerdote. Papa, o bispo de Roma – o Sumo Pontífice.

pãezinhos – Plural de pãozinho.

paisinho / paizinho – **Paisinho** = diminutivo de país. Conserva o *s* da palavra primitiva. **Paizinho** = diminutivo de pai. Sem *s* no radical, pede ajuda à consoante de ligação (z) para colar o sufixo -inho.

palavras derivadas de nomes estrangeiros – Veja *estrangeirismos*.

palavras estrangeiras — ad aeternum, ad hoc, ad infinitum, affair, after hours, à la carte, alma mater, apartheid, a priori, a posteriori, approach, apud, avant-première, baby-beef, baby-sitter, baby-doll, background, backup, best-seller, bit, black-tie, blazer, blitz, bon vivant, booking, boom, brandy, briefing, bug, button, byte, causa mortis, check-in, check-up, ciber, clipping, coffee break, commodity, Copy, CPU, crack, crash, crayon, crème de la creme, curriculum vitae, dancing, data venia, deadline, delivery, démodé, design, détente, disc-jóquei, display, doping, download, drag queen, drive, drive-in, dumping, ecstasy, e-mail, en passant, en petit comité, establishment, expert, expertise, ex libris, fair play, fast food, feedback, feeling, ferryboat, fiat lux, flash, flashback, fog, footing, free-lance, free-lancer, freezer, frisson, full-time, game, garçonnière, gay, gentleman, glamour, glasnost, globe-trotter, gourmand, gourmet, ghost-writer, girl, good bye, gruyère (queijo), habeas corpus, habeas data, habitat, hacker, hall, Halloween, handicap, happening, happy end, happy hour, hard news, hardware, high fidelity, high tech, hippie, hit, hit parade, hobby, holding, home page, *Homo sapiens*, honoris causa, hors-concours, hors d'oeuvre, hostess, hot dog, hot money, iceberg, impeachment, imprimatur, in extremis, influenza, in limine, in loco, in memoriam, in natura, input, inside information, insight, intelligentsia, internet, interview, in vitro, ipsis litteris, ipsis verbis, jazz, jazz-band, jeans, jet ski, jet set, jingle, jogging, joint venture, kart, ketchup, kibutz, kitsch, know-how, kung fu, lady, laissez-faire, laser, lato sensu, layout, leasing, leitmotiv, link, living, lobby, long-play, look, lycra, mademoiselle, maître, make-up, manager, marchand, marketing, marine, mass media, match, mea culpa, media criticism, meeting, megahertz, megawatt, ménage, ménage à trois, merchandising, mignon, mise-en-scène, miss, mix, modus operandi, modus vivendi, mouse, music hall, mutatis mutandis, nécessaire, neon, network, new age, new look, New Deal, new wave, nihil obstat, no break, notebook, noveau-riche, nouvelle vague, off, office-boy, off-line, off the record, offset, offshore, ombudsman, on, on-line, open market, opus, outdoor, output, outsider, overnight, paella, page maker, paintball, paparazzo (plural: papparazzi), pari passu, pas-de-deux, pâté de foie gras, patisserie, patronesse, pedigree, pendant, per capita, perestroika, performance, per saecula saeculorum, persona grata, persona non grata, petit-pois, pif-paf, pizza, play-back, playboy, playground, plush, pogrom, pole position, poodle, pool, pop, portrait, post-mortem, post-scriptum, pot-pourri, prêt-à-porter, preview, print, pro forma, promoter, pub, publisher, punk, quiche, quilohertz, quilovolt, quilowatt, quilowatt-hora, ragtime, rail, railway, ranking, rave, ray-ban, réchaud, reggae, relax, release, rentrée, replay, resort, réveillon, rock and roll, rock-n'-roll, Roquefort, rottweiler, round, royalty, rush, sacré-coeur, sale, saquê, sashimi, savoir-faire, savoir-vivre, sax, scholar, scotch, script, Seicho-no-ie, self-made man, self-service, set, sex appeal, sexy, shopping center, short, show, show biz, show business, showman, showroom, sic, sine die, sine qua non, Sioux, sir, site, skate, slide, slogan, smart money, smoking, soccer, socialite, soft news, software, soirée, sommelier, spalla, sportswear, spot, spread, squash, staff, standard, stand by, status, status quo, stricto sensu, striptease, sui generis, superstar, surf, talk show, teen, teenager, tertius, tête-à-tête, thrash, thriller, topless, top model, trailer, traveling, training, trash, traveller check, t-shirt, turn over, tweed, twist, underground, up-to-date, vade mecum, vaudeville, vernissage, versus, Viking, vis-à-vis, voile, volt, voucher, vox populi, voyeur, waiver, walkie-talkie, web, webdesign, webmaster, weekend, welfare state, western, winchester, windsurf, workaholic, workshop, yin-yang, yuppie, zen, zoom.

palavras politicamente incorretas – Há palavras e palavras. Algumas informam. Outras emocionam. Há as que mobilizam para a ação. Todas têm hora e vez. Cuidado especial merecem as que ofendem ou reforçam preconceitos. Grupos organizados – movimento negro, movimento gay, movimento feminista – estão atentos aos vocábulos politicamente incorretos. Recomenda-se cuidado para não ofender nem agredir o leitor. Mas não exagere. Cabeleireiro é cabeleireiro, não *hair stylist*. Costureira é costureira, não estilista de moda (outra especialidade). Manicure é manicure, não esteticista de unhas. Empregada doméstica é empregada doméstica, não secretária do lar. Dona de casa é dona de casa, não do lar ou especialista em prendas domésticas. Cego é cego, mudo é mudo, surdo é surdo, surdo-mudo é surdo-mudo. *Pessoa com deficiência* nem sempre tem a precisão desses termos. Quando necessário, use-os sem constrangimento.

Curiosidades

Sou cega

O radialista Airton Medeiros entrevistava ao vivo na Rádio Nacional a presidente de uma associação de cegos. Dizia que ela era cega. Lá pelo meio do programa, recebeu um papelzinho com a recomendação de que a tratasse como "deficiente visual". Antes de obedecer à ordem, perguntou se deveria continuar tratando-a de cega ou de deficiente visual. Ela aproximou as mãos do rosto dele até tocar os óculos. Então afirmou: "Deficiente visual é você, que usa óculos. Eu sou cega".

- Alto, baixo, gordo, magro, grande, pequeno são relativos. Alguém pode ser alto pra uns e baixo pra outros. Diga a altura, o peso, o tamanho: *1,95m, 50kg, 300km.*
- Negro é etnia. Nessa acepção, use-o sem pensar duas vezes. Pelé é negro. Não é escurinho, crioulo, negrinho, moreno, negrão ou de cor.
- Evite o adjetivo em expressões de conotação negativa. Em vez de *nuvens negras*, prefira *nuvens pretas* ou *escuras.* Em lugar de *lista negra,* fique com *lista dos maus pagadores.*
- Apague *denegrir* de seu dicionário. Prefira *comprometer.* Elimine também *judiar.* Substitua-o por *maltratar.*
- Quer indicar cor? O preto está às ordens. Gordão? Nem pensar. Diga o peso. Paraíba e cabeça-chata? É preconceito. Identifique o estado de origem com precisão (paraibano, pernambucano, cearense). Bicha, veado, sapatão? Xô! Fique com homossexual, gay, lésbica.
- Diga chinês, coreano, japonês (não: japa, china, amarelo); idoso (não: velho, decrépito, gagá, pé na cova); lésbica (não: sapatão, pé 44); pobre, pessoa de baixa renda (não: pobretão, pé de chinelo, ralé, mulambento, raia miúda, povão); pessoa com deficiência (não: portador de deficiência, deficiente físico, deficiente mental); religioso (não: papa-hóstia, igrejeiro, carola); travesti (não: traveco, boneca, bicha).

palavrões – Os leitores são sensíveis. Indignam-se com palavrões, obscenidades e expressões chulas. Acolha-as só em situações excepcionais. É o caso da manifestação de alguém quando a palavra tiver indiscutível valor informativo ou reflita a personalidade de quem a profere. Evite escrevê-la por extenso. A envergonhada terá só a primeira letra grafada seguida de reticências: filho da puta (filho da p…).

pan – Pede hífen quando seguido de *vogal, h, m* e *n.* No mais, escreve-se tudo junto: *pan-americano, pan-ortodoxo, pan-helênico, pan-mágico, pan-negritute, pandemia, pancristão, pansexual.*

pão-duro – Não tem feminino. Mas tem plural: *Ele é pão-duro. Ela é pão-duro. Eles são pães-duros. Elas são pães-duros.*

Pão-duro

Era uma vez um mendigo que todos os dias passava na padaria e sentia o cheiro bom do pão quente. Imaginava quão gostoso seria passar a manteiga na iguaria. Salivava. Mas, não comprava. Pedia sempre um pão duro. Anos se passaram. Um dia, o homem não apareceu. Correu a informação de que tinha morrido. Surpresa! Os vizinhos descobriram que ele guardava verdadeira fortuna em casa. A notícia se espalhou. Virou lenda. E pão-duro virou sinônimo de avarento.

Papai Noel / papai-noel – **Papai Noel** = nome próprio, é o bom velhinho. Plural: Papais Noéis. A palavra **papai-noel** com hífen e letra minúscula, quer dizer presente de Natal. Plural: papais-noéis: *As crianças esperam com ansiedade a visita do Papai Noel. Ainda não comprei todos os papais-noéis.*

Pai Natal

O nome Papai Noel vem do francês Père Noel. Quer dizer Pai Natal. Generoso, o gordinho de barbas brancas e roupas vermelhas distribui brinquedos pra garotada e presentes pra todos.

paparazzo – Plural: paparazzi: *O paparazzo surpreendeu o ator. Os paparazzi perseguiam Diana quando ela sofreu o acidente em Paris.*

papel-moeda – Plural: papéis-moeda, papéis-moedas.

paquerar – Transitivo direto, dispensa preposição: *João paquera Maria. João a paquera. Maria o paquera. Antigamente, o rapaz paquerava a moça antes de namorar.*

Manhas da Língua

Que tal viver um grande amor? Pra chegar lá, lembre-se. O amor é cego, mas não é surdo. Cuidado com o vocabulário amoroso. Paquerar, namorar, amar, abraçar, beijar dispensam intermediários. Xô, preposição! Assim: *Rafael paquera Maria, mas ama Marta. João namora Carla, mas abraça e beija Beatriz. Carla o namora, mas não o beija nem o abraça.*

para (verbo) / para – **Para (verbo)** = forma do verbo parar (eu paro, ele para – sem acento). Na composição, pede hífen: *para-brisa, para-choque, para-lama, para-estilhaços.* Exceção: *paraquedas, paraquedista, paraquedismo.* **Para** = pede hífen quando seguido de *a* e *h.* No mais, é tudo colado: *para-axial, para-histórico, parapsicologia, paranormal.*

para eu / para mim – 1. O *eu* funciona como sujeito. É seguido de verbo no infinitivo: *Mandou o livro para eu ler. Fez o almoço para eu comer. Correram para eu lhes apreciar o preparo físico.* 2. *Mim* tem a função de complemento: *Deu o livro para mim. Trabalha para mim. Telefonou para mim antes de viajar.* 3. Há frases construídas em ordem inversa que parecem erradas, mas não são. Compare: *Trabalhar à noite é difícil para mim. Para mim trabalhar à noite é difícil.*

paralelismo – Trata-se do lé com lé, cré com cré. Termos e orações com funções iguais devem ter estruturas iguais. É o caso das enumerações. Se um item se inicia com verbo, os demais não têm saída. Vão atrás. Se por nome, idem. Veja:

> *São funções do Banco Central:*
>
> *a. emitir moedas;*
> *b. fiscalizar o sistema financeiro nacional; e*
> *c. controlar a moeda e o crédito.*
>
> *São funções do Banco Central:*
>
> *a. a emissão de moedas;*
> *b. a fiscalização do sistema financeiro; e*
> *c. o controle da moeda.*

Misturar estruturas? Valha-nos, Deus! É cruzar girafa com elefante. O resultado é este mostrengo:

> *São funções do Banco Central:*
>
> *a. emitir moedas;*
> *b. a fiscalização do sistema financeiro; e*
> *c. controlar a moeda.*

Xô!

Paralelismo não se observa só em enumerações. Ele pede passagem também em termos da oração. Se, por exemplo, um verbo exige dois objetos diretos, eles devem ter a mesma construção sintática. Misturar estruturas é pisar o paralelismo. Assim: *Ele negou interesse no projeto e que o telefonema do deputado tivesse relação com as propostas nele apresentadas.*

Ele negou dois fatos: a) interesse no projeto e b) que o telefonema do deputado tivesse relação com as propostas nele apresentadas. Os dois fatos, por serem objetos diretos do mesmo verbo (negou), deveriam ter a mesma estrutura: ou os dois nominais ou os dois verbais: *Ele negou interesse no projeto e a relação do telefonema do deputado com as propostas nele apresentadas.* Ou: *Ele negou que tivesse interesse no projeto e que o telefonema do deputado tivesse relação com as propostas nele apresentadas.*

Cuidado com o *e que*. Só se pode empregá-lo quando houver o primeiro quê, claro ou subentendido. Na falta dele, o paralelismo chora de dor: *As pesquisas revelam grande número de indecisos e que pode haver segundo turno no Distrito Federal* (corrigindo: *as pesquisas revelam grande número de indecisos e a possibilidade de segundo turno no Distrito Federal*). *Os trabalhadores precisam assegurar o poder de compra dos salários e que seja mantida a garantia de emprego* (corrigindo: *os trabalhadores precisam garantir o poder de compra dos salários e manter a garantia do emprego*).

MANHAS DA Língua — A língua aprende a lição do corpo. No corpo, tudo o que existe aos pares tem harmonia. Temos duas orelhas, dois olhos, duas narinas, dois braços e duas pernas. Uma orelha é igual à outra, um olho igual ao outro, uma perna igual à outra. Eles são iguais porque têm funções iguais. A dos olhos é enxergar; a dos ouvidos, ouvir; a das narinas, cheirar; a das pernas, andar; a dos braços, abraçar. Na língua vigora a mesma ordem. Os termos e orações com funções iguais devem ter estruturas iguais. O que acontece quando as embaralhamos? O mesmo que com o corpo. Imagine um rosto com um olho grande e outro pequeno. Ou uma pessoa com a perna de um lado e o braço de outro. Ou um tronco com um peito no lugar dele e o outro no lugar do umbigo. A harmonia se vai.

paraquedas – Por descuido da reforma ortográfica, paraquedas foge à regra das irmãzinhas (para-choque, para-brisa, para-raios). Escreve-se sem hífen: *paraquedismo, paraquedista, paraquedismo*.

parar – A 3ª pessoa do singular do presente do indicativo perdeu o acento: *eu paro, ele para, nós paramos, eles param*.

parênteses – Os parênteses são a grande vítima da escola. Errou? O professor manda esconder a falha entre parênteses. Bobeia. A duplinha tem função nobre que exige respeito. Use-a para informar ao leitor que a informação aprisionada é secundária. Se quiser, pode dispensá-la: *Paris (capital da França) deixou de ser a capital da moda. JK (fundador de Brasília) morou em Paris quando perdeu os direitos políticos. Fernanda Montenegro (atriz) já disputou o Oscar.*

- Isole nos parênteses a palavra *sic*, cuja função é demonstrar a fidelidade a trecho transcrito por mais estranho ou errado que possa ser: *Existem menas (sic) mulheres que homens em cargos de direção.*

- Esconda nas gradezinhas passagens que se desviam da sequência lógica do enunciado para, por exemplo, circunscrever uma reflexão, incluir um comentário paralelo ou encaixar uma explicação: *Se eu fosse presidente (o que seria interessante para mim), teria feito verdadeira revolução no ensino. "Suplico-vos, pelas entranhas de Cristo, que admitais a possibilidade de estardes errados"* (Cromwell, falando aos escoceses antes da batalha de Dunbar).
- Os termos incluídos dentro dos parênteses se escrevem com letra inicial minúscula, salvo se forem nomes próprios ou siglas: *Brasília (a capital do Brasil) fica no Planalto Central.*
- Escreva com a letra inicial maiúscula o enunciado que constitui uma oração à parte, independente, precedida, em geral, de ponto final. No caso, a oração que está dentro dos parênteses tem o ponto final dentro, antes de fechar os parênteses: *As salas de aula estavam em absoluto silêncio. (Era ponto facultativo.)*

parênteses (pontuação) – Os parênteses não interferem na pontuação. Quando necessário, o sinal vem depois deles: *Segundo o Manuel Bandeira (poeta pernambucano), é pra lá de bom ser amigo do rei. Melhor, talvez, que ser o próprio rei.*

A oração intercalada nos parênteses conservará o próprio sinal de pontuação, sem interferir na pontuação da oração principal: *Gustavo (quem diria?) chegou à presidência do clube. A sesta de todos os dias (como era bom!) me deixava bem disposto.*

parir – Parir tem todas as pessoas gramaticais. Mas só se usa nas formas em que o *r* é seguido de *i*: parimos, paris, pari, pariu, paria, paríamos, parirei, pariria, parisse, parirmos, etc. e tal.

O voo da grávida
"Parirás com dor", disse o Todo-Poderoso. Antes de falar, pensou duas vezes. Sabia que o verbo parir tinha manhas. Queria respeitá-las. Puxou da memória. *Fiat lux*! Tudo ficou claro. *Parir*, embora não pareça, tem todas as formas. Mas algumas são bem esquisitas. O xis da questão é o presente do indicativo. A primeira pessoa é "eu pairo". Já imaginou? Confunde-se com o verbo pairar. Uma grávida voando? Valha-nos, Deus!

Parkinson – Parkinson, nome próprio, escreve-se com a inicial maiúscula. *Mal* ou *doença* não têm nada com isso. Nomes comuns grafam-se com letra pequenina: *Descobriu, há dois anos, que sofria do mal de Parkinson.*

particípio – O particípio concorda com o substantivo a que se refere: *dada a relação, dadas as relações, dado o conhecimento, dados os conhecimentos, vista a autoria, vistos os processos.*

passar – Na contagem de tempo, passar se flexiona normalmente: *Passaram 10 anos desde que cheguei aqui. Passaram muitas semanas até receber a resposta. Meses se passaram até regularizar a situação.*

passear – Como os demais verbos terminados em -ear (cear, frear, atear), passear apresenta irregularidade nos presentes do indicativo e do subjuntivo. Ele exige *i* em todas as pessoas, exceto nós e vós. Assim: *eu passeio, tu passeias, ele passeia, nós passeamos, vós passeais, eles passeiam; que eu passeie, tu passeies, ele passeie, nós passeemos, vós passeeis, eles passeiem.* (Os demais tempos são regulares, sem *i*.)

pé-de-meia – Por capricho da reforma ortográfica, mantém o hífen. Plural: pés-de-meia.

pé-frio – Só varia no plural: *Ele é pé-frio. Ela é pé-frio. Eles são pés-frios. Elas são pés-frios.*

pedir – Constrói-se com objeto direto de coisa pedida e indireto de pessoa: *Pediu o livro* (obj. direto) *ao professor* (obj. indireto). *O diretor pediu-lhe* (obj. indireto) *que saísse* (obj. direto).

O filho pede aumento de mesada. O empregado pede promoção. O aluno pede nota. O amado pede a mão da amada (e outras coisinhas mais). Todos conjugam o verbo pedir. Alguns são atendidos. Outros não. O segredo? O jeitinho de pedir. A chave está no *pedir que* e *pedir para*. As duas construções parecem irmãzinhas. Mas não são. Quilômetros de distância as separam. *Pedir para* esconde a palavra *licença*: *O filho pediu ao pai (licença) para pegar o carro. O aluno pediu (licença) para sair mais cedo.* Não é *pedir licença*? Fique com *pedir que*: *O chefe pede aos empregados que aguentem o arrocho salarial. O empregado pediu ao chefe que não lhe desse só aumento de trabalho. Mas um aumentinho de salário.*

pegado / pego – O verbo pegar tem dois particípios – pego e pegado. Com os auxiliares *ter* e *haver*, use **pegado**. Com *ser* e *estar*, **pego** (*havia pegado, tinha pegado, foi pego, está pego*). Modernamente, o particípio *pego* se emprega com todos os auxiliares: *foi pego, está pego, havia pego, tinha pego*. O mesmo vale para *pagado / pago*. (Veja *aceitado / aceito*.)

pelar – A reforma ortográfica cassou o acento diferencial do substantivo pelo (o pelo do gato) e de todas as pessoas do verbo: *eu pelo, tu pelas, ele pela*.

pele-vermelha – Atenção, moçada. Pele-vermelha (índio americano) não é sinônimo de índio: *Os índios lutam pela demarcação das terras em que habitam. Os americanos acabaram com os peles-vermelhas*.

pênalti – Plural: pênaltis.

pensão – Dinheiro do beneficiário da previdência, pública ou privada. A viúva recebe pensão do marido. O viúvo, da mulher.

penta – Pede hífen quando seguido de *h* ou *a*. No mais, é tudo junto: *penta-hexaedro, penta-atleta, pentacampeão, pentassílabo*.

per capita – Expressão latina, significa *por indivíduo*: renda *per capita*.

pera – A reforma ortográfica cassou o acento diferencial da palavra. Agora *pera* se escreve assim, sem lenço e sem documento.

perca / perda – **Perda** = ato de perder. **Perca** = presente do subjuntivo do verbo perder: *A perda de peso constitui desafio para os obesos. É importante que eu perca peso*.

percentagem – As percentagens (ou porcentagens) são indicadas pelo número e o sinal correspondente (*5%, 130%*). Na ocorrência de mais de um número na frase, ponha o sinal % em todos eles: *O aumento do funcionalismo variará entre 2% e 5%* (o símbolo % deve ser escrito junto do algarismo, sem espaço).

Dica: pra evitar a monotonia em textos em que aparecem muitos números indicadores de porcentagem, lembre-se de que se pode variar a forma: 50% é metade; 25%, um quarto; 40%, dois quintos.

perder / ganhar – 1. **Perder** rege a preposição *para*: *O Brasil perdeu para o Uruguai*. 2. **Ganhar** pede a preposição *de*: *O São Paulo ganhou do Palmeiras*.

personagem – Feminino ou masculino, tanto faz: *Emília é a personagem mais popular de Monteiro Lobato. Brás Cubas é o personagem principal de* Memórias póstumas de Brás Cubas. *Brás Cubas é uma das (um dos) personagens mais importantes da literatura brasileira*.

perto de – No sentido de *cerca de, aproximadamente*, indica arredondamento. Por isso deve ser usado com números redondos: *Retiraram-se da sala perto de (cerca de) 20 estudantes. Trabalho perto de 12 horas por dia. Recolheu perto de 30 conchinhas na areia da praia*.

pesos e medidas – No emprego das abreviaturas dos pesos e medidas, adote o mesmo procedimento da indicação de horas – sem-sem-sem (sem ponto depois da abreviatura, sem o signo de plural e sem espaço depois do número): *324km, 12cm, 136t*.

Petrobras – A palavra deveria ter acento. Oxítona terminada em *a* (seguida de *s*), pede grampinho como sofá (sofás), está (estás), cajá (cajás). Mas, quando se internacionalizou, a empresa tirou o agudo para ficar mais próxima do inglês.

Ph.D. – Abreviatura do latim *philosophiae Doctor*, doutor em filosofia.

pior / a pior / o pior – Veja *melhor / a melhor / o melhor*.

pior / mais mal – **Mais mal** se usa em duas oportunidades. 1. Na comparação de características: *Alimentos gordurosos fazem mais mal à saúde do que bem. Em certos casos, correr faz mais bem do que andar devagar. Terroristas fazem mais mal à causa do que bem*. 2. Antes de particípio: *Joana foi mais mal classificada no concurso do que Carlos. Não há discurso mais mal redigido do que o apresentado ontem. Este é o comentário mais bem aceito por todos. As francesas são as mulheres mais bem vestidas da Europa*. **Pior** tem a vez nos demais casos: *É o pior aluno da classe. Saiu-se pior que os concorrentes. Amargou o pior resultado do torneio*. Veja *mais bem / mais mal*.

pirata – Na função de adjetivo, escreve-se sem hífen. Flexiona-se no plural: *rádio pirata, navios piratas*.

- **Pirataria**
- Quem primeiro usou o termo *pirata* para descrever os que pilha-
- vam navios e cidades costeiras foi Homero, na *Odisseia*. A pirata-
- ria marítima começou com os gregos que roubavam mercadorias
- dos fenícios e assírios, isso em 753 a.C. Uma série de caracterís-
- ticas marcou os ladrões dos mares: a bandeira com a caveira e dois ossos
- ou duas espadas cruzadas, o tapa-olho, o chapéu tricórnio, os ganchos nas
- mãos, as pernas de pau e os papagaios, que eles capturavam pra vender.

Plano Real – Nome próprio, escreve-se com as iniciais maiúsculas: *O Plano Real domou a inflação no Brasil.*

pleito / preito – **Pleito** = eleição, litígio, pedido: *o pleito dos trabalhadores, o pleito presidencial.* **Preito** = homenagem: *preito pelos serviços prestados.*

pleonasmo – *Pleonasmo* é palavra grega. Lá como cá, mantém o significado. É a redundância de termos, a superabundância. Como sobremesa em excesso, enjoa. É o caso de *subir pra cima, descer pra baixo, entrar pra dentro, sair pra fora.* Só se entra pra dentro, só se sai pra fora, só se sobe pra cima, só se desce pra baixo. Entrar, sair, subir e descer são suficientes. Dão o recado. Exemplos de abusos não faltam. São tantos que os apresentamos em ordem alfabética.

- Livre-se dos pleonasmos. Basta tirar a palavra entre parênteses: abertura (inaugural), abusar (demais), acabamento (final), acrescentar (mais), almirante (da Marinha), alvo (certo), amanhecer (o dia), assessor direto (não existe indireto), a seu critério (pessoal), avançar (pra frente), razão (porque).

  MANHAS DA Língua

- Olho no *ainda*. Com verbos que indicam continuidade, a companhia dele sobra. É o caso de (ainda) continua e (ainda) mantém. Xô!
- Habitat natural? Goteira no teto? Erário público? Pequenos detalhes? Labaredas de fogo? Estrelas do céu? Monopólio exclusivo? Países do mundo? Nãoooooooooo! O adjetivo sobra. Basta habitat, goteira, erário, detalhes, labaredas, estrelas, monopólio e países.
- Olho vivo! Não encare de frente, nem exulte de alegria, nem cale a boca, nem crie novos problemas. Encare, exulte, cale-se, não crie problemas.
- Lembre-se: todo elo é de ligação, duas metades são sempre iguais, só se estreia o novo, toda experiência é anterior, todo fato é real, o que se ganha é grátis, grita-se sempre alto, minha opinião é sempre pessoal, o sorriso está nos lábios, a surpresa é sempre inesperada.

MANHAS DA Língua

- *Há* indica passado. *Atrás* também. Juntá-los é desperdício (há anos atrás). Deixe um lá e outro cá: *Cheguei a Brasília há dois anos. Cheguei a Brasília dois anos atrás.*

- Você faz *planos para o futuro*? Valha-nos, Deus! Ganha um bombom Godiva se fizer planos para o passado.

- *Todos foram unânimes*? Nãooooooooooooo! Todos indica unanimidade. Melhor: *Todos concordaram. A decisão foi unânime.*

- Tenha piedade do leitor. Não diga *manter a mesma* nem *outra alternativa.* Só se mantém a mesma. A alternativa é sempre outra: *O técnico manteve a equipe. Não há alternativa.*

- Mais pleonasmos? Ei-los: brigadeiro (da Aeronáutica), certeza (absoluta), colaborar (com uma ajuda), comparecer (pessoalmente), com (absoluta) correção, como (por exemplo), compartilhar (conosco), (completamente) vazio, comprovadamente (certo), consenso (geral), conviver (junto) com, destaque (excepcional), de sua (livre) escolha, detalhes (minuciosos), empréstimo (temporário), epílogo (final), escolha (opcional), exceder (em muito), frequentar (constantemente), jantar de noite.

- Não caia na esparrela de dizer *seu próprio (sua própria)*. A duplinha rouba promoção, fecha vagas, mata amores: *Disse o próprio nome. Disse seu nome.*

- "Além de anunciar o aumento dos servidores, o ministro também falou em promoções." Certo? Não. O desperdício rola solto. *Além de* e *também* dão o mesmo recado. Melhor poupar: *Além de anunciar o aumento dos servidores, o ministro falou em promoções. O ministro anunciou o aumento dos servidores e também falou em promoções.*

- Mais? Você manda: (juntamente) com, lançar (novo), luzes (acesas) – as lâmpadas é que estão acesas ou apagadas –, multidão (de pessoas), número (exato), obra-prima (principal), panorama (geral, amplo), particularmente (do meu ponto de vista), passatempo (passageiro), planejar (antecipadamente), pode (possivelmente) ocorrer, pôr algo em seu (próprio) lugar, prevenir (antes que aconteça), propriedade (característica), relações bilaterais (entre dois países), retroceder (pra trás), retornar (de novo), sintomas (indicativos), superavit (positivo), (terminantemente) proibido, (totalmente) lotado, última versão (definitiva), vandalismo (criminoso), vereador (da cidade).

plural (diminutivos) – Veja *diminutivo*.

plural (falso plural) – Eta pegadinha! Deixe no singular o substantivo abs-trato que, depois de verbo de ligação (ser, estar, tornar-se, virar, constituir), carac-terize genericamente o sujeito plural: *Os homossexuais são o alvo dos homofóbicos. Filmes nacionais são o destaque do festival de Brasília. Os voluntários da Cruz Ver-melha tornaram-se exemplo de eficiência. O sujeito e o predicado são parte da oração. Animais em extinção viraram objeto de desejo de colecionadores. Substantivos e verbos são o essencial na oração.*

plural (substantivos compostos) – A língua é diversificada como os falantes. Pra satisfazer a gregos, troianos e baianos, criou três formas de nomes compostos. O plural depende da formação de cada uma delas.

1. Não varia o substantivo formado por palavras invariáveis ou o que tiver o últi-mo elemento já no plural: *os leva e traz, os diz que diz, os faz de conta, os bota-fora, os topa-tudo, os ganha-perde, os pisa-mansinho, os saca-rolhas, os salva-vidas.*

2. Só o primeiro elemento vai para o plural se uma preposição ligar as palavras: *pés de moleque, pernas de pau, joões-de-barro, mulas sem cabeça, câmaras de ar, pães de ló, fogões a gás, estrelas-do-mar.*

3. Quando o segundo elemento estiver no plural, mantém-se o plural dele e flexiona-se o primeiro se for flexionável: *mestres de obras.*

4. Ambos os elementos vão para o plural se os dois forem variáveis: *cirurgiões-dentistas, tenentes-coronéis, águas-fortes, cabeças-chatas, barrigas-verdes, cartões-postais, altos-relevos, más-línguas, baixos-relevos, redatores-chefes, segundas-fei-ras, primeiros-ministros, pesos-penas, meios-termos, os surdos-mudos.*

5. Se, havendo dois substantivos, o segundo der ideia de finalidade, semelhança ou limitar o primeiro, impera a dose dupla – flexiona-se o primeiro ou os dois: vale-transporte (*vales-transporte, vales-transportes*), *vale-refeição (vales-refeição, vales-refeições), pombos-correio (pombos-correio, pombos-correios), salário-família (salários-família, salários-famílias), caneta-tinteiro (canetas-tinteiro, canetas-tinteiros), café-concerto (cafés-concerto, cafés-concertos), papel-moeda (papéis-moeda, papéis-moedas), peixe-espada (peixes-espada, peixes-espadas), carro-bomba (carros-bomba, carros-bombas), postos-chave (postos-chave, postos-chaves), elemento-surpresa (elementos-surpresa, elementos-surpresas), país-símbolo (países-símbolo, países-símbolos), decreto-lei (decretos-lei, decretos-leis), homem-rã (homens-rã, homens-rãs).*

 Na substantivação do adjetivo composto, observa-se a regra do adjetivo composto – só o segundo se flexiona: *os ibero-americanos, os líbano-brasileiros, os social-democratas, os liberal-socialistas, os maníaco-depressivos.*

6. Só o último elemento vai para o plural em três casos: 1. se apenas o primeiro for invariável: *arranha-céus, guarda-roupas, beija-flores, vice-governadores, sempre-vivas, vira-latas, abaixo-assinados, caça-níqueis, ave-marias, salve-rainhas, alto-falantes, mal-humorados, recém-nascidos.* 2. se o substantivo for formado por elementos onomatopaicos ou palavra repetida: *bem-te-vis, tico-ticos, reco-recos, quero-queros, quebra-quebras, tique-taques.* 3. se o primeiro elemento for redução de um adjetivo (bel, de belo): *bel-prazer (bel-prazeres), bel-jardinense (bel-jardinenses).*

MANHAS DA Língua Cuidados com os rebeldes. *Os arco-íris, os bem-te-vis, os mapas-múndi* não se enquadram em nenhuma regra.

pode / pôde – **Pode** é presente; **pôde**, passado: *Todos os dias ele pode assistir aos programas informativos na tevê. Ontem ele pôde acompanhar com atenção o jogador ameaçado de corte.*

poderes – Nomes próprios: Poder Legislativo, Poder Executivo, Poder Judiciário, o Legislativo, o Executivo, o Judiciário.

poli – Pede hífen quando seguido de *h* e *i*. Nos demais casos, é tudo junto: *poli-híbrido, poli-insaturado, polivalente, polissílabo.*

polir – Apresenta irregularidades no presente do indicativo e no presente do subjuntivo. Nas demais formas, é regular: pulo, pules, pule, polimos, polis, pulem; que eu pula, pulas, pula, pulamos, pulis, pulam; poli, poliu, polia, polisse, polirá, poliria, polindo, polido.

polo(s) – A reforma ortográfica passou a tesoura no acento diferencial: *Polo Norte, Polo Sul, polos de exportação.*

ponto de vista – Pede a preposição *de*: *do ponto de vista do contribuinte.*

ponto e vírgula – É o sinal mais sofisticado da língua. Pode-se viver sem ele, mas, com ele, vive-se com mais requinte. Use a duplinha em duas ocasiões:

1. para separar termos de uma enumeração. Vale o exemplo dos 10 mandamentos: a) *Amar a Deus sobre todas as coisas; b) Não tomar seu santo nome em vão; c) Honrar pai e mãe; d) Não matar; e) Não roubar.*

2. para separar orações coordenadas quando, no mesmo período, ocorrem outros empregos da vírgula. Compare: *João trabalha no Banco do Brasil, Paulo trabalha no comércio, Carlos trabalha no Senado, Lucas trabalha no tribunal.* Monótono, não? O português tem alergia à repetição. Pra manter o período saudável, oferece saídas. Uma delas: conservar o verbo na primeira oração. Nas demais, substituí-lo por vírgula: *João trabalha no Banco do Brasil, Paulo, no comércio, Carlos, no Senado, Lucas, no tribunal.* Ops! Quem bate o olho no enunciado pela primeira vez fica pra lá de confuso. Por respeito ao leitor, impõem-se mudanças. Quais? A vírgula separa o verbo. O ponto e vírgula, oração. Simples assim: *João trabalha no Banco do Brasil; Paulo, no comércio; Carlos, no Senado; Lucas, no tribunal.* Outro exemplo: *Maria e Paula estudam na UnB. Esta cursa direito; aquela, economia.*

- **Sabida**
- "A Maria Eugênia é uma moça muito inteligente. Ela sabe usar
- ponto e vírgula." (Mário Quintana)

ponto percentual – Não confunda *porcentagem* com *ponto percentual*. Ponto percentual é a diferença, em números absolutos, entre duas porcentagens. Observe o exemplo: *Os juros passaram de 19% para 20%. Subiram um ponto percentual. A cifra equivale a 5,26%. Se tivessem passado de 10% para 11%, teriam tido acréscimo de um ponto percentual. Mas a porcentagem seria 10%.*

pontos cardeais – 1. Escrevem-se com a inicial maiúscula: Norte, Sul, Leste, Oeste. 2. Se o nome define direção ou limite geográfico, usa-se a inicial minúscula: *O leste dos Estados Unidos tem grande influência latina. O carro avançava na direção sul. Cruzou o Brasil de norte a sul, de leste a oeste.*

pôr / por – *Pôr* e *pôde* são as únicas palavras com acento diferencial: *Vou pôr os livros na estante. É bom seguir por este caminho. Hoje ele pode sair, mas ontem não pôde.*

por causa que – É cruzamento. Filhote de elefante (por causa de) com girafa (porque). Não use o mostrengo: *Fechou a janela por causa do frio. Fechou a janela porque fazia frio.*

pôr do sol – Sem hífen. Plural: pores do sol.

E as estrelas?
De Antoine de Saint Exupéry, autor de *O pequeno príncipe*: "Não chores por ter perdido o pôr do sol, pois as lágrimas te impedirão de contemplar as estrelas".

pôr (e derivados) – Os filhotes de pôr conjugam-se como o paizão: ponho (componho, deponho, reponho), põe (compõe, depõe, repõe), pomos (compomos, depomos, repomos), põem (compõem, depõem, repõem); pus (compus, depus, repus), pôs (compôs, depôs, repôs), pusemos (compusemos, depusemos, repusemos), puseram (compuseram, depuseram, repuseram); punha (compunha, depunha, repunha), punha (compunha, depunha, repunha), púnhamos (compúnhamos, depúnhamos, repúnhamos), punham (compunham, depunham, repunham); porei (comporei, deporei, reporei), porá (comporá, deporá, reporá) etc.; poria (comporia, deporia, reporia) etc.; ponha (componha, deponha, reponha), ponha (componha, deponha, reponha), ponhamos (componhamos, deponhamos, reponhamos), ponham (componham, deponham, reponham); se eu puser (compuser, depuser, repuser), puser (compuser, depuser, repuser), pusermos (compusermos, depusermos, repusermos), puserem (compuserem, depuserem, repuserem); pusesse (compusesse, depusesse, repusesse), pusesse (compusesse, depusesse, repusesse), puséssemos (compuséssemos, depuséssemos, repuséssemos), pusessem (compusessem, depusessem, repusessem); pondo (compondo, depondo, repondo); posto (composto, reposto, deposto).

por que / por quê / porque / porquê – O quarteto dá nó nos miolos. Que tal desatá-lo? É fácil como andar pra frente, tirar chupeta de bebê ou gostar de neto.

Use **por que**:

1. Nas perguntas diretas: *Por que você se atrasou?*
2. Quando puder ser substituído por *pelo qual, a razão pela qual*: *Essa é a razão por que (pela qual) cheguei atrasado. Sei o motivo por que (pelo qual) Maria passou no concurso. As causas por que (pelas quais) a geração de 60 lutou foram postas em xeque. Gostaria de saber por que (a razão pela qual) o preço das passagens aéreas é tão alto no Brasil. Por que (a razão pela qual) se deve usar roupa leve no verão. Não sei por que (o motivo pelo qual) Maria passou no concurso.*

Dê passagem ao **por quê** quando ele estiver no fim da frase: *Você chegou atrasado por quê? Saiu por quê? O preço da passagem aérea é alto por quê?*

Use **porque**:
Nas respostas a perguntas ou em situações não especificadas anteriormente: *O partido ganhou as eleições porque as propostas que apresentou corresponderam às expectativas do eleitor. Cheguei atrasado porque perdi o voo. "Eu canto porque o instante existe", escreveu Cecília Meireles.*

Porquê ganha chapeuzinho quando for substantivo (em geral estará acompanhado de artigo, numeral ou pronome). Flexiona-se em número: *Eis o porquê da vitória do partido nas eleições. Nunca responde aos meus porquês. Finalmente entendi o porquê dos porquês.*

porcentagem (concordância) – 1. Com o número anteposto ao verbo, prefere-se a concordância com o termo posposto, embora se possa concordar com o numeral: *Quinze por cento da população absteve-se de votar. Cerca de 1% dos votantes tumultuaram o processo eleitoral.* 2. Com o número percentual determinado por artigo, pronome ou adjetivo, não há alternativa. A concordância se fará só com o numeral: *Os 10% restantes deixaram para votar nas primeiras horas da tarde. Uns 8% da população economicamente ativa ganham acima de 10 mil dólares. Este 1% de indecisos decidirá o resultado. Bons 30% dos candidatos faltaram à convocação.* 3. Com o número percentual posposto ao verbo, a concordância se faz obrigatoriamente com o numeral: *Abstiveram-se de votar 30% da população. Tumultuou o processo 1% dos candidatos inconformados com a flagrante discriminação.*

porta – Pede hífen na formação de substantivos compostos: *porta-luvas, porta-mala, porta-retrato.*

pós – Com acento, sempre se escreve com hífen: *pós-homérico, pós-moderno, pós-graduação.*

posar / pousar – *A modelo posa para a foto. O avião pousa na pista. A ave pousou no galho da árvore.*

possível – A concordância do adjetivo *possível* em construções do tipo *o mais ... possível, o melhor possível, o pior possível, os melhores possíveis* se faz com o artigo. Se ele estiver no singular, o verbo irá para o singular; se no plural, irá para o plural: *preço o mais tentador possível; preços os mais tentadores possíveis; o melhor apartamento possível; os melhores apartamentos possíveis.*

possuir – 1. A 3ª pessoa do singular do presente do indicativo é *possui*, com *i*. 2. Não use o verbo para objetos. A casa não possui dois quartos, tem dois quartos. O carro não possui duas rodas, tem duas rodas. Mas: Bill Gates possui uma das maiores fortunas do mundo.

post – Nome dado ao texto escrito nas redes sociais: blogues, Twitter, Facebook.

postar-se / prostrar-se – **Postar-se** = se colocar: *A tropa postou-se diante do visitante.* **Prostrar-se** = abater-se, ficar sem ação: *O soldado se prostrou diante do invasor.*

pôster – Plural: pôsteres.

pot-pourri – Escreve-se assim.

pra – Forma reduzida da preposição *para*. Monossílabo átono, não tem acento: *Pra frente, Brasil. Este é um país que vai pra frente.*

praça – No jargão militar, designa hierarquia – abaixo de segundo-tenente. Use *o praça* para homem e *a praça* para mulher.

prazerosamente / prazeroso – Escrevem-se assim. Muitos brindam a palavra com *i* (*prazeirosamente, prazeiroso*). Bobeiam. Xô, intrusa!

prazo – O adjetivo *curto* e *longo* não altera a preposição: *a prazo, a curto prazo, a longo prazo: Comprou o carro a prazo. A curto prazo, a política de juros não deverá mudar. Vai pagar a conta a longo, muito longo prazo.*

pré – Usa-se com hífen: *pré-escola, pré-vestibular, pré-estreia* (mas há muitas exceções: *preanunciação, preaquecer, precogitar, precondição, predefinido, predelineado, predeterminado, predisposto, preestabelecido, preexistente, prefigurado, prefixado, pregustado*). Na dúvida, consulte o dicionário.

precaver-se – Defectivo, faltam-lhe pessoas e tempos verbais. No presente do indicativo, só tem as formas *precavemos* e *precaveis*. É regular no imperfeito (*precavia, precavias, precavia, precavíamos, precavíeis, precaviam*) e no pretérito perfeito do indicativo (*precavi, precaveste, precaveu, precavemos, precavestes, precaveram*). Do subjuntivo, só se conjuga no imperfeito (*precavesse, precavesses* etc.) e no futuro (*precaver, precaveres, precaver* etc.). Do imperativo tem uma única pessoa (*precavei*). O particípio é *precavido*; o gerúndio, *precavendo*. Possíveis substitutos: prevenir, acautelar-se, tomar cuidado.

precisa-se de – O verbo fica no singular: *Precisa-se de trabalhadores. Não se precisa de mais servidores se os que temos forem produtivos. Precisa-se de incentivos ao setor produtivo.*

preço – Atenção, muita atenção. *Barato* e *caro* estão incluídos na palavra preço. É redundância, pois, dizer *preço barato* ou *preço caro*. O preço pode ser alto, baixo, módico, razoável, convidativo, exorbitante etc. e tal.

preferir – Atenção, muita atenção à regência malandra. A gente prefere alguma coisa ou alguém *a* outra coisa ou alguém: *Prefiro cinema a teatro. Prefiro Machado de Assis a José de Alencar. Prefiro morar em Brasília a morar em Goiânia.* Atenção: não use, em hipótese alguma, *preferir mais*.

preito / pleito – Veja *pleito / preito*.

prender / apreender – É lei. O Estatuto da Criança e do Adolescente (ECA) dita a regra: menor não é preso. É apreendido.

presidenta / presidente – As duas formas indicam o feminino. No Brasil, há preferência por *presidente*.

prêt-à-porter – A francesinha escreve-se desse jeitinho. Quer dizer *pronto para usar*.

primeira-dama – Plural: primeiras-damas.

primeiro de abril – Trote que se costuma passar no dia primeiro de abril. Plural: primeiros de abril.

primeiro dia do mês – É 1º, não 1: *1º de janeiro, 1º de março*.

Primeiro Mundo – Nome próprio, escreve-se com as iniciais maiúsculas.

primeiro-ministro – Com hífen. Plural: primeiros-ministros. Feminino: primeira-ministra, primeiras-ministras.

pró – Usa-se sempre com hífen: *pró-reitor, pró-Estados Unidos, pró-diretas*.

proativo / pró-ativo – Existem as duas formas. Você escolhe. A alternativa é acertar ou acertar.

proceder – Transitivo indireto, exige a preposição *a*: *A editora procedeu à tradução da obra. Os atores procederam à leitura da peça. O presidente procedeu à abertura da sessão*.

 Por ser transitivo indireto, *proceder* não tem voz passiva. Diga: *A assessoria do presidente procedeu à análise do projeto* (não: a análise do projeto foi procedida pela assessoria do presidente).

proliferar – É intransitivo: *Os ratos proliferam* (não: se proliferam) *nos terrenos baldios.*

pronomes átonos (colocação) – Os bons gramáticos concordam que a colocação dos pronomes átonos no Brasil tomou rumos próprios. Reduzem-se a duas regras. 1. Não inicie o período com os pequeninos me, te, se, lhe, o, a, nos, vos, lhes, os, as. 2. Ponha o pronome sempre na frente do verbo: *Dize-me com quem andas e te direi quem és. O visitante se tinha retirado antes da sobremesa. Continuamos a nos exercitar em línguas estrangeiras.* A primeira ordem – não iniciar o período com pronome átono – abrange duas situações:

1. A primeira palavra da frase não pode ser o pronome átono: *Comunicou-se comigo ontem.* (Não: *Se comunicou comigo ontem.*) *Dei-lhe o recado cedo.* (Não: *Lhe dei o recado cedo.*) *Revelaram-me o segredo.* (Não: *Me revelaram o segredo.*) Eis a razão: o pronome átono se chama átono porque é fraquinho. Sem força pra manter-se de pé sozinho, precisa de apoio pra sustentar a oração. Outras palavras lhe servem de encosto – substantivo, pronome, numeral, advérbio. Com elas, podemos fugir da próclise. Basta usá-las como sujeito: *Paulo se comunicou comigo ontem. Eu lhe dei o recado cedo. Ambos me revelaram o segredo.*
2. Quando ocorre pausa que desampara o pronome, ele vai para trás do verbo. Que pausa? Vírgula ou ponto e vírgula. Compare: *Aqui se fala português.* (*Aqui, fala-se português.*) *O servidor brigou com o chefe? Não; deu-lhe sugestões.* Olho vivo! Às vezes, a vírgula separa termo intercalado. Viva! Cessa tudo o que a musa antiga canta. O apoio permanece. Está longe, mas sustenta o pequenino como se estivesse juntinho: *Maria me telefonou.* (*Maria, antes de sair de casa, me telefonou.*) *O pai lhe disse que viajaria no fim do ano.* (*O pai, sem mais nem menos, lhe disse que viajaria no fim do ano.*) *Talvez se disponha a escrever o artigo.* (*Talvez, motivada, se disponha a escrever o artigo.*) *Ele nos comunicou o fato por e-mail logo que recebeu a informação.* (*Ele, logo que recebeu a informação, nos comunicou o fato por e-mail.*)
   Atenção, marinheiros de poucas viagens. Falamos da norma culta – a exigida em concursos, na escola e no exercício profissional. Na língua descontraída, que veste camiseta e bermuda, vale a norma cantada por Oswald de Andrade no poema Pronominais: "Dê-me um cigarro / Diz a gramática / Do professor e do aluno / E o mulato sabido / Mas o bom negro e o bom branco / da nação brasileira / Dizem todos os dias / Deixa disso, camarada, / Me dá um cigarro". (Veja *colocação dos pronomes átonos*.)

pronto-socorro – Plural: prontos-socorros.

prosecco – Escreve-se assim.

prostrar-se / postar-se – Veja *postar-se / prostrar-se*.

prótese – Termo médico para designar substituto artificial de qualquer parte do corpo.

protestar – Cuidado, muito cuidado com a preposição. Poderosa, ela muda o sentido do verbo. **Protestar contra** = insurgir-se. **Protestar por** = clamar, bradar: *Os contribuintes protestaram contra o aumento da alíquota do imposto. Os estudantes protestaram por justiça. Os prisioneiros protestam por melhores condições de vida.*

protesto – **Protesto contra** = oposição. **Protesto por** = clamor. **Protesto de** = reafirmação: *Protestos contra a carga tributária ouviam-se aqui e ali no plenário. O protesto por melhor qualidade do ensino ocupou as ruas da cidade. Reafirmamos nossos protestos de estima e apreço.*

proto – Pede hífen quando seguido de *h* e *o*. Nos demais casos, é tudo junto: *proto-história, proto-organismo, protorrevolução, protossistema, protozoário.*

pseudo – Pede hífen quando seguido de *h* e *o*. Nos demais casos, é tudo junto: *pseudo-história, pseudo-osteose, pseudoanimal, pseudossistema, pseudorregional.*

psico – Pede hífen quando seguido de *h* e *o*. No mais, é tudo junto: *psico-histórico, psico-observador, psicopatologia, psicopedagogia, psicossomático.*

psique – Paroxítona, a sílaba tônica é *psi*: *A psique humana desafia os psicólogos desde que o mundo é mundo.*

- **Cupido e Psiquê**
- Cupido e Psiquê se casaram. Antes, combinaram que ela nunca
- veria o rosto do deus do amor. Uma noite, a mulher não resistiu.
- Enquanto ele dormia, acendeu uma vela. Ficou tão encantada
- com a linda figura que deixou cair cera quente no corpo do amado.
- Ele acordou. E se foi. Até hoje Psiquê chora. Sofre de tristeza, ar-
- rependimento, saudade. O jeito é procurar o profissional que cura
- as dores da alma. É o psicólogo, cujo nome nasceu de Psiquê.

Curio
sida
des

QUADRINHAS

A quadra é conhecida desde a Idade Média. Provavelmente é a primeira forma poética rimada. Consiste num quarteto, estrofe de quatro versos. A quadra obriga o praticante a exercitar simultaneamente uma série de virtudes da arte de escrever: a simplicidade, a objetividade, a organização das ideias, a clareza, a criatividade, a concisão, a surpresa e, de quebra, a desenvolver um raciocínio completo – com início, meio e fim – dentro dos quatro versinhos metrificados e rimados. Vamos convir: não é pouca coisa.

Ainda assim, a quadrinha é vista com desconfiança porque parece fácil e pueril. Nada mais falso. Trata-se de um tipo de composição poética que atrai a atenção de poetas cultos.

Existem obras deliciosas como esta: "Os decotes vão descendo/ as saias subindo vão/ aguardo o dia estupendo/ em que eles se encontrarão!" Mas a aparente simplicidade engana. E aí aparecem desastres como este: "Hoje criança./Amanhã uma bela adolescente./ Pra se ter esperança / Tem que demonstrar o que sente". Em compensação, olha só que achado: "Com um corpo de violino/ com escrúpulos precários/ Dadá, a mulher do Lino,/ se tornou extra de vários".

Quer entrar no mundo da produção poética? Pois comece pelas quadras. Rapidamente vai adquirir fluência rítmica. E um dia produzirá delícias como esta: "'Fui ao salão de beleza'/ diz a esposa embevecida./ E o marido, com surpresa: / 'Por que não foste atendida?'" Ou será capaz de subverter a língua portuguesa pelo prazer de produzir um diamante assim: "Na vida tudo se acaba/ na vida tudo tem fim:/ morre o cabo, morre a 'caba'/ só quem não morre sou mim!"

1. Vaso de flores

Segundo Fernando Pessoa, "a quadra é vaso de flores que o povo põe à janela da sua alma". Ele escreveu um livro inteiro só de quartetos, que recebeu o título de *Quadras ao gosto popular*, publicado postumamente. Ali, ao lado de peças geniais, Pessoa não se envergonha de versos que poderiam ilustrar cadernos de adolescentes românticas: "Tenho um livrinho onde escrevo / quando me esqueço de ti / é um livro de capa negra / onde inda nada escrevi".

2. As quadras nas cantigas

Pela simplicidade, a quadra tem lugar cativo nas cantigas de roda: "O cravo brigou com a rosa / debaixo de uma sacada / o cravo saiu ferido / e a rosa, despetalada".

q – Letra do alfabeto. Plural: quês, qq.

Realeza

Você sabe por que a dama do baralho é a letra Q? As três cartas reais têm iniciais em inglês: K (de *king*, rei), Q (de *queen*, dama ou rainha) e J (de *jack*, valete).

quadri – Pede hífen quando seguido de *h* e *i*. No mais, é tudo colado: *quadri-hexagonal, quadrimensal, quadrilátero, quadrigêmeos.*

quadril / quadris – Singular e plural escrevem-se assim.

- **1.** Movimento feminino
- "O melhor movimento feminino ainda é o dos quadris."
- (Millôr Fernandes)

- **2.** Tufão
- "Dancei com uma dama infeliz / que tem um tufão nos quadris."
- (Chico Buarque em "*Bye, bye Brasil*").

qualquer / nenhum – Veja *nenhum / qualquer.*

quantia / quantidade – **Quantia** refere-se a dinheiro; **quantidade**, aos demais contextos: *Não revelou a quantia depositada no banco. Perdeu grande quantidade de frutas.*

O povo sabido diz que um é pouco, dois é bom, três é demais. Com a língua, a história muda de enredo. Um é suficiente. Por isso, não diga *quantia de dinheiro*. É redundância. Mas quantia *em* dinheiro pode!

quantos são – Quantos são dois mais dois? (Não: quanto é dois mais dois?)

quê – Recebe acento quando for substantivo ou pronome tônico. Substantivo: tem plural e vem acompanhado de artigo, numeral ou pronome: *Ela tem um quê intrigante. Corte os quês do texto. Alguns quês a fazem diferente das outras concorrentes.* Pronome tônico: tem lugar cativo no fim da frase: *Ele disse o quê? O governador irritou-se com o quê? Saiu por quê?*

que (concordância) – Em orações que têm por sujeito o pronome relativo *que,* o verbo concorda com o antecedente do *quê: Fui eu que te dei o vestido. Não fomos nós que fizemos isso. Foi ele que me orientou.*

que / do que – Nas comparações, o *do* é facultativo: *O trabalhador coreano produz mais (do) que o brasileiro. Maria é mais estudiosa (do) que os irmãos. O discurso do diretor foi menos aplaudido (do) que o do presidente.*

que / o qual – Veja *o qual / que.*

queixar-se – É sempre pronominal: *Queixou-se das dores que sentia. Queixo-me dos falsos aliados. Vá se queixar ao bispo.*

241

quem (concordância) – O verbo, em orações que têm por sujeito o pronome quem, pode ir para a terceira pessoa do singular ou concordar com o antecedente: *Fui eu quem fez o trabalho (fiz). Fomos nós quem conseguiu (conseguimos) o desconto. São eles quem fará (farão) a tarefa doméstica.* Veja *fui eu quem.*

Qüem, qüem

Quem e qüem? Tudo bem: o trema acabou. Mas sem ele é impos-sí-vel registrar a pronúncia correta de algumas palavras. Como é que Jaime Silva e Neusa Teixeira, autores de "O pato", celebrizado por João Gilberto, escreveriam os versos famosos de forma que o leitor soubesse a pronúncia correta? Confira: "O pato vinha cantando alegremente/ qüem, qüem/ para entrar também no samba, no samba/ O ganso gostou da dupla e fez também / qüem, qüem." Pois é. A reforma ortográfica é... ortográfica. Só alterou a grafia das palavras. A pronúncia se mantém. Cá entre nós: só pra quem sabe, né?

quente – Veja *frio / quente.*

Quentes e frios

O canadense Marshall McLuhan, na obra *Understanding media: the extensions of man* (*Os meios de comunicação como extensões do homem*), de 1964, distinguiu as mídias em quentes e frias, um conceito extraído do jazz: hot and cool. Meios quentes são os que não exigem grande grau de participação da audiência. A televisão, por exemplo, graças ao conjunto som/imagem, quase não abre espaço para a imaginação do telespectador. Já o telefone é meio frio. Pela pequena quantidade de informação que transmite, o ouvinte tem de fazer sucessivas imagens mentais do que está escutando para "completar" a mensagem recebida.

querer – Conjugação: quero, quer, queremos, querem; quis, quis, quisemos, quiseram; queria, queria, queríamos, queriam; quererei, quererá, quereremos, quererão; quereria, quereria, quereríamos, quereriam; que eu queira, ele queira, nós queiramos, eles queiram; se eu quiser, ele quiser, nós quisermos, eles quiserem; quisesse, quisesse, quiséssemos, quisessem; querendo, querido.

quilômetro – No sentido de distância, escreve-se por extenso: *O acidente ocorreu a 40 quilômetros de Salvador* (não: 40km).

quite – Adjetivo, flexiona-se em número: *Eu estou quite com o serviço militar. Nós estamos quites com os colegas. Eles estão quites com o banco.*

quórum – Escreve-se assim, com acento.

REGIONALISMO

– Égua, maninhozinho! Só gringo aruá como aquele pra não entender a gente. Eu fico até o tucupi com esses pomba lesas!

– Mas bah, tchê! Essa raça não se fresqueia, como se o Brasil de uma banda não entendesse o Brasil da outra.

– Eu tombém entendo tudim, e óia que vosmicês moram mais longe do que a necessidade.

– Liga não, mano. Na minha Amazônia é assim: sua alma, sua palma, seu coração, sua pindoba. Como se diz lá na tua terra, o Piauí de açúcar: arrepare não. Se lá nas europas eles não se entendem dum quarteirão pro outro, nós aqui se entende duma ponta do mapa até a outra.

– Por mim, deu pra ti, como dizem o Kleiton e o Kledir. Fica flai, don't scabelai. Vou é pra Porto Alegre pegar umas chinas, que é bueno uma barbaridade!

– Se fosse lá em Parintins, o povo pegava um curumim desses e botava pra dançar debaixo do boi. Eu só queria ver era o rebojo!

– Eita, nós! Que belezura esse nosso falar brasileiro!

– Amazonense, piauiense, gaúcho – tudo aqui é puro luxo!

– Pra celebrar, mate quente, um chimarrão que é da gente!

– Mas só se for bem na hura! Depois, uma rapadura...

– De sobremesa, hurru!, bombom de cupuaçu!

– E abaixo a raça pura! Bom mesmo é nossa mistura!

Curiosidades

Pernambuquês

Versinho com amostra do melhor pernambuquês: *Vagabundo é maloqueiro / Meu camarada é meu peixe / Não tô pra biu é me deixe / Agitador, presepeiro / avia, anda ligeiro / Lambedor é garrafada / Muito barulho, zuada / a perna fina é cambito / Pessoa magra é sibito / E batida é barruada.*

r – Letra do alfabeto. Plural: erres e rr.

rádio – O aparelho é masculino; a emissora, feminino: *Meu rádio não sintoniza a Rádio Tupi.*

Curiosidades

A primeira rádio

A primeira emissora de rádio do Brasil foi a Rádio Clube de Pernambuco, que fez a transmissão (civil) inaugural em 6 de abril de 1919. Na época, o hoje extinto *Jornal do Recife* noticiou: "Consoante convocação anterior, realizou-se ontem, na Escola Superior de Electricidade, a fundação do Rádio Clube sob os auspícios de uma plêiade de moços que se dedicam ao estudo da electricidade". Mas o fato quase passa em branco porque... não existiam receptores na cidade. Antes dessa transmissão, só os militares podiam usar o rádio.

radio – Pede hífen quando seguido de *h* e *o*. No mais, é tudo junto, como unha e carne: *rádio-historiografia, rádio-onda, rádio-operador, radioterapia, radiorreceptor, radiossonda, radioatividade, radioemissora, radiopatrulha.*

raios X – Escreve-se assim.

ratificar / retificar – **Ratificar** = confirmar. **Retificar** = modificar: *O governo ratifica o acordo. A locadora retificou o contrato.*

re – Nunca aceita hífen: *reaver, reeleger, reler.*

real – O nome da moeda escreve-se com a inicial minúscula: *O real é a moeda brasileira; o dólar, a americana.* O Plano Real, nome próprio, grafa-se assim.

realizar – Virou modismo. Não o use no lugar de *fazer, promover, celebrar.* Use-o só no sentido de tornar real. Em vez de "realizar missa, batizado e casamento", é melhor celebrar. Em vez de "realizar curso ou oficina", promover (quando é instituição) e ministrar (quando é professor). Em vez de "realizar show", estrear ou apresentar o show. Em vez de "realizar exposição", abrir exposição, inaugurar, apresentar. Ou, simplesmente, expor.

reaver – Conjuga-se como *haver*, mas só nas formas em que o *v* do paizão se mantiver: reavemos, reavei; reouve, reouveste, reouvemos, reouveram; reavia, reavias, reavíamos, reaviam; reaverei, reavereis, reaverá, reaveremos, reavereis, reaverão; reaveria, reaverias, reaveríamos, reaveriam; reouver, reouveres, reouver, reouvermos, reouverem; reouvesse, reouvéssemos, reouvessem; reavendo, reavido.

- Quem vê cara não vê formação. *Reaver* que o diga. À primeira vista, o verbinho tem pinta de derivado de ver. Mas é só à primeira vista. Os dois nunca se viram nem no elevador. *Reaver* é filhote de haver. Significa haver de novo, recobrar, recuperar: *Ladrões assaltaram a casa de Gilda. Levaram joias e dinheiro. A polícia os prendeu, mas não conseguiu reaver os bens.*
- Não caia na tentação. *Reavê, reaviu, reaveja* seriam derivados de *ver*. Não existem. Nem fazem falta. *Recuperar* ou *recobrar* estão aí pra quebrar o galho. Lembre-se: o inferno está cheinho de insubstituíveis.

recém – Sempre se usa com hífen: recém-casados, recém-nascido, recém-eleito. Oxítona, pronuncia-se como *também, ninguém, alguém.*

recorde – Paroxítona, a sílaba tônica é *cor.* Pronuncia-se re**cor**de, como con**cor**de e a**cor**de.

reforma ortográfica – As novas regras ortográficas da língua portuguesa entraram em vigor em 1º de janeiro de 2009.

- A reforma é ortográfica. Refere-se só à grafia das palavras. Pronúncia, concordância, regência, crase continuam do mesmo jeitinho, sem alteração.
- A mudança nos acentos atingiu apenas as paroxítonas. Proparoxítonas, oxítonas e monossílabos tônicos não foram nem arranhados. Mantêm-se como sempre foram.

  O que mudou?

  1. Alfabeto – O abecedário ganhou três letras: *k, w* e *y* tornaram-se gente de casa. O que era fato agora é direito. Nada mais. O emprego do trio continua como antes. Abreviaturas e nomes que se escreviam com as ex-intrusas mantêm a grafia. É o caso de km, Wilson, Yara. Atenção, não se precipite. Grafar *wísque* e *kilo*? Nem pensar. Fique com *uísque* e *quilo*.

  2. Trema – O trema se foi, mas a pronúncia ficou. Frequente, tranquilo, lingueta, linguiça & cia. agora se grafam assim, leves e soltos.

- Olho vivo! Trema não é acento. Por isso não discrimina oxítonas, paroxítonas ou proparoxítonas. Para ele, tudo o que cai na rede é peixe. Nenhuma palavra portuguesa tem trema, mas lembre que nomes próprios estrangeiros e seus derivados mantêm o sinalzinho.

  3. oo – O chapéu do hiato *oo* se despediu: *voo, abençoo, perdoo, coroo* & demais *oos*.

  4. eem – O circunflexo do hiato *eem* disse adeus. *Veem, creem, deem, leem* ganharam forma mais leve e descontraída.

- Não vacile. Caiu o acento da duplinha *eem*. O  solitário *êm* não tem nada com a história. Está firme como sempre esteve na 3ª pessoa do plural de vir, ter e derivados: *eles vêm, têm, convêm, detêm, contêm.*

  5. O agudo do *u* tônico dos verbos apaziguar, averiguar, arguir & cia. some: *apazigue, averigue e argue.*

  6. O *i* e *u* antecedidos de ditongo perdem o grampo: *feiura, baiuca, Sauipe.*

- Atenção: não confunda *Germano* com *gênero humano*. Caiu o acento do *i* e *u* antecedidos de ditongo. Pouquíssimas palavras – talvez meia dúzia – se enquadram na regra. A norma que acentua o *i* e o *u* antecedidos de vogal continua firme e forte. É o caso de *saída, saúde, caí, baú.*

  7. O acento dos ditongos abertos *ei* e *oi* se despediram nas paroxítonas: *ideia, joia, jiboia, heroico.*

- Lembra-se? A reforma só atingiu as paroxítonas. O grampinho permanece inalterável nas oxítonas e monossílabos tônicos: *papéis, herói, dói.*

  8. Acentos diferenciais – Foram-se os das paroxítonas. *Pêlo, pélo, pára, pólo, pêra* ficaram mais leves. Assim: *pelo, para, polo, pera.* Exceção? Só duas. Mantém-se o chapéu de *pôde*, passado do verbo poder. E o verbo *pôr* fica com o chapéu à mostra. (Ele é monossílabo tônico. Escapou da facada, que só cortou o acessório das paroxítonas.)

região – Com letra maiúscula quando se referir às regiões do Brasil: Região Norte, Região Sul, Região Centro-Oeste.

reivindicação / reivindicar – Atenção à grafia – rei-vin-di-ca-ção, rei-vin-di-car.

rejeição – Rege as preposições *de* e *por*: *Rejeição da proposta. Rejeição pelo Congresso.*

rejeitar – Transitivo direto, não pede preposição: *O Congresso rejeitou a medida provisória.*

relâmpago – Como adjetivo, usa-se sem hífen e concorda em número com o substantivo: *sequestro relâmpago, sequestros relâmpagos, paralisação relâmpago, paralisações relâmpagos.*

remediar – Conjuga-se como *odiar*.

remédio – Atenção à regência. Remédio *para* ajuda o funcionamento de um órgão (*remédio para o fígado, o coração, os pulmões*). Remédio *contra* combate uma doença: *remédio contra a gripe, contra a bronquite, contra a dor de cabeça.* Olho vivo! Trocar as preposições pode custar caro. Dizer *preciso tomar um remédio pra gripe*? Valha-nos, Senhor. A gripe ganha forças.

Farmácia do Ambrósio

Remédio se vende no bar ou na farmácia? Errou: em Imperatriz, no Maranhão, a Farmácia do Ambrósio é famosa por vender como remédios cachacinhas temperadas com ervas. Os "clientes" diziam que estavam indo à "farmácia", tomar um "remédio" contra a "falta de apetite", para "acalmar o estômago", a fim de "melhorar a circulação" e vai por aí. O Ambrósio se animou. Comprou mesas e cadeiras bonitas para o bar... oooops!, para a "farmácia". Hoje é um dos principais pontos turísticos da cidade.

remir – Conjuga-se como *falir*. Defectivo, só se flexiona nas formas em que não se confunde com *remar*. Quais? Aquelas em que aparece o *i*: remimos, remis; remi, remiu, remimos, remiram; remia, remia, remíamos, remiam; remirei, remirá, remiremos, remirão; remiria, remiria, remiríamos remiriam; se eu remir, remir, remirmos, remirem; remisse, remisse, remíssemos, remissem; remindo, remido.

renúncia – Rege as preposições *a* e *de*: *Renúncia ao cargo. Renúncia de um direito.*

renunciar – Rege a preposição *a*: *Preferiu renunciar ao cargo a ceder às pressões.*

repetir de novo – Pode ou não ser pleonasmo. Repetir é dizer outra vez. Você repetiu só uma vez? Não use *de novo*. Mais de uma vez? Ufa! É de novo.

repetição – O português tem alergia à repetição. Para evitar a monotonia do mais do mesmo, criou termos vicários. Eles ocupam o lugar de outros citados. É o caso do pronome pessoal da 3ª pessoa (ele, ela, lhe, o, a) e do verbo fazer: *Maria tem triplo expediente. Ela trabalha das 8h às 18h. Depois, estuda. Telefonei pra Paulo. Na ocasião, dei-lhe instruções para a prova. Viu Luís de longe. Mesmo assim, cumprimentou-o. Os sem-terra ameaçaram invadir a fazenda. Num piscar de olhos, fizeram-no (= invadiram a fazenda).*

Porque qui-lo

A frase jocosa atribuída a Jânio Quadros entrou no folclore político. Nela, o bigodudo abusou do vicário:

– Por que o senhor renunciou? – perguntaram os repórteres.

– Fi-lo (renunciei) porque qui-lo (quis renunciar) – respondeu o homem da vassourinha.

República – Inicial maiúscula no sentido de Brasil ou na data comemorativa: *o presidente da República, Dia da República, Proclamação da República.*

- **Res publica**
- A palavra *república* vem do latim *res publica* (coisa pública). É sistema
- de governo cujo poder emana do povo, em vez de outra origem como
- a hereditariedade, os golpes de Estado ou o direito divino, próprios
- da monarquia, da ditadura e das teocracias. Modernamente, segundo Roque
- Antônio Carrazza, entende-se *república* como "o tipo de governo, fundamenta-
- do na igualdade formal das pessoas, em que os detentores do poder político o
- exercem em caráter eletivo, representativo, transitório, com responsabilidade".

réquiem – Prece para os mortos. Substantivo masculino, escreve-se desse jeitinho.

- **Réquiem de Mozart**
- *Réquiem* vem do latim *requiem*, descanso. É também o nome de
- uma missa de Mozart. A história é curiosa. Um dia um desconheci-
- do, que não quis se identificar, lhe encomendou um réquiem para
- a esposa moribunda. Deu-lhe adiantamento, avisou que voltaria
- em um mês, recomendou-lhe discrição porque queria fazer crer que fora ele
- o compositor da peça e... sumiu. Um dia apareceu para cobrar a encomenda
- e sumiu novamente. Mozart, obsessivo com ideias de morte, acreditou que o
- desconhecido fosse mensageiro do destino. A obra se destinaria ao próprio
- enterro. Escreveu grande parte do "Réquiem em ré menor", mas nunca o
- concluiu. Morreu em 1791. Completado por outros compositores, estreou em
- Viena dois anos depois. Passou a ser considerado, desde então, uma das
- maiores peças da música clássica universal. (Até hoje não se descobriu a
- identidade do estranho personagem que o encomendou.)

residente / sito / situado – Regem a preposição em: *Residente (situado, sito) em Porto Alegre, na Rua da Praia.*

responder – No sentido de dar resposta a alguém ou a alguma coisa, use a preposição *a* (responder à carta, responder ao ofício, responder às acusações, responder ao desafio, responder ao professor). Na acepção de dizer em resposta, dispense a preposição: *O diretor respondeu que não aceitaria as acusações. O premiado responderá o que quiser.*

restaurateur – Atenção, sem *n*. Dono de restaurante. Feminino: *restauratrice.*

reter – Conjuga-se como *ter*, do qual deriva.

retro – Pede hífen quando seguido de *h* e *o*. Nos demais casos, é tudo junto: *retro-história, retro-ocular, retrovisor, retroceder, retrotransmissor.*

réveillon – A palavra mantém a nacionalidade e a grafia francesas. Nome comum, escreve-se com letra minúscula.

Acorda
Réveiller, em francês, quer dizer acordar.

reverter – Transitivo indireto, não admite voz passiva: *Os bens reverteram em benefício dos irmãos* (não: *foram revertidos*).

revezamento / revezar – Derivados de *vez*, escrevem-se com *z*.

rino – Pede hífen quando seguido de *h* e *o*. No mais, é tudo junto: rinoplastia, rinocirurgia.

Chifre não é nariz!
Sabia que a palavra rinoceronte vem de rino (nariz)? É que os caçadores lá de muito antigamente pensavam que o chifre era o nariz do bicho.

rir – Verbo irregular. Conjuga-se em todas as pessoas, tempos e modos: rio, ris, ri, rimos, rides, riem; ri, riu, rimos, riram; ria, ria, ríamos, riam; rirei, rirá, riremos, rirão; riria, riria, riríamos, ririam; que eu ria, ria, ríamos, riam; se eu rir, rir, rirmos, rirem; risse, risse, ríssemos, rissem; rindo; rido.

Rockefeller – Grafa-se assim.

Ricões
Documento do serviço secreto russo (divulgado e nunca desmentido pela CIA) garante que, em 1957, a oligarquia Rockefeller controlava capital de 61,4 bilhões de dólares. É considerada a maior fortuna familiar do mundo, em todos os tempos, superior à de vários emirados árabes. Até hoje o tamanho real dessa dinheirama é tratada como segredo de Estado pelo governo americano. O aço e o petróleo foram e ainda são a base do império financeiro dos Rockefellers.

roer – roo, róis, rói, roemos, roeis, roem; roí, roeste, roeu; roía, roías, roía, roíamos, roíam; roa, roas, roa, roamos, roam; roesse, roesses, roesse. E por aí vai.

rompido / roto – Use **rompido** com os auxiliares *ter* e *haver* (tinha, havia rompido). **Roto** e **rompido**, com *ser* e *estar* (é, está roto ou rompido). (Veja *aceitado / aceito*).

RSVP – As quatro letrinhas aparecem em convites. Em bom francês, querem dizer *répondez s'il vous plaît* (favor confirmar a presença).

rubrica – Paroxítona, a sílaba tônica é *bri* como a de *fabrica* – *ele fabrica*.

- **Rubriiiiiica!**
- O ministro dava entrevista à CBN. Explicava os cortes no Orça-
- mento e a tesourada na esperança de aumento do barnabé. Aí o
- homem disse: "Às vezes se pode passar de uma 'rúbrica' para ou-
- tra". Assim mesmo. Acentuou o ru. Tornou proparoxítona a pobre e
- desamparada paroxítona. É uma silabada – pontapé na pronúncia
- da palavra. Sua Excelência joga no time do troca-troca. Mira um
- alvo e acerta outro. As vítimas são velhas conhecidas: pudico, avaro, ibero,
- misantropo, estratégia, recorde. Todas são paroxítonas e não abrem.

Curiosidades

ruço / russo – **Ruço** = pardacento ou complicado. **Russo** = natural ou originário da Rússia: *A coisa está ruça. O conflito ficou ruço. Os russos adoram vodca.*

- **A Legião do Russo**
- Renato Manfredini Júnior, um dos mais famosos compositores
- brasileiros (Legião Urbana), adotou o nome artístico de Renato
- Russo em homenagem aos filósofos Jean-Jacques Rousseau e
- Bertrand Russel, e ao pintor Henri Rousseau.

Curiosidades

russo – Nos adjetivos pátrios, escreve-se com hífen. No mais, é tudo coladinho: *russo-americano, russo-brasileiro, russomania, russofobia.*

ruim – *Ruim* tem duas sílabas (ru-im). Orgulhosas, elas gostam de ser bem pronunciadas. O acento tônico cai na última (im). É como Joaquim, arlequim, gergelim. Não diga *rúim*.

ruir – Na conjugação, só tem as formas em que o *e* ou o *i* seguem o *u*: rui, ruem, ruiu, ruía, ruiria, ruirá.

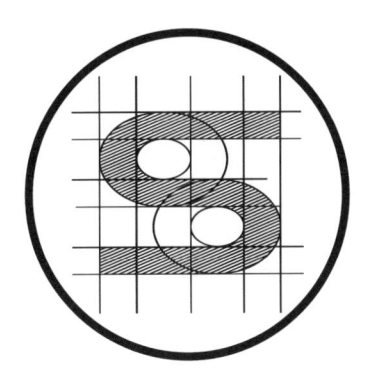

SOTAQUE

— Então eu é que falo cantando, é? Pois aprenda, visse: o nome disso é su-tá-qui.

— Não é sutaqui: é sôtáque!

— E apois? Não foi o que eu disse? Sutáqui!

— Sutáqui ou sotaque é tudo a mesma coisa.

— Por num é mermo!

— Olhaí de novo: não é por, é pois: "pois não é mesmo". E não é num, é não. E não é mermo: é messssmo!

— Aqui no Rio de Janeiro não é um nem outro: é mêixxmo.

— Troço isquisito, cabra!

— Não é isquisito: aqui no Rio é ixxquisíato, ixxquisíato!

— Foi que eu falei: isquisito! Mas vocês lá do Sul falam um arrevesado da mulesta...

– Gente, eu sou professor e tenho de esclarecer um ponto. Sabe quem está certo? Todos!

– Todos não, professor: tôdoxx!.

– Tôdoxx nada: tôdossss! Com esse sibilante no finzinho!

– Que nada. A palavra é tôduis, cês ouviram? Tôduis! Com esse "i" charmosinho ali no meio!

– Ih, começou de novo... Olha aqui, gente, atenção: todo mundo canta, em toda parte do Brasil. A diferença é que cada qual canta na sua toada – no seu sotaque, sutáqui, sôtáqui... E todo mundo se entende, seja em que toada for!

Eterno
"O sotaque do país em que se nasce permanece no espírito e no coração assim como na linguagem." (La Rochefoucauld)

s – Letra do alfabeto. Plural: esses, ss. Abreviatura de São (S. Cristóvão, S. Paulo), Santo (S. Antônio) e Santa (S. Terezinha).

Os ss das asas
"Sabe por que *pássaro* se escreve com dois *ss*? Porque é no encontro das duas consoantes que se dá o movimento das asas." (Bartolomeu Campos de Queirós)

sacro – Com ele é tudo coladinho: *sacrossanto, sacroespinhal, sacrocervical.*

safra agrícola – Ops! Baita pleonasmo. Toda safra é agrícola. Basta safra. Se quiser especificar, diga o produto: *safra de arroz, safra de feijão, safra de grãos.*

sair-se melhor / sair-se pior – Advérbio, *melhor* permanece invariável: *Ele saiu-se melhor que os colegas. As moças saíram-se melhor (não: melhores) que os rapazes. Nós nos sairemos melhor que os adversários.* A regra vale para *pior: Paulo se saiu pior que os colegas. Os senadores saíram-se pior que os deputados. Nós nos sairemos pior que os adversários.*

salário mínimo / salário-mínimo – **Salário mínimo** = a menor remuneração paga ao trabalhador. **Salário-mínimo** = a pessoa que recebe salário mínimo ou baixa remuneração. Plural: salários mínimos, salários-mínimos.

salário-base / salário-família / salário-maternidade – Plural: salá-rios-base, salários-bases; salários-família, salários-famílias; salários-maternidade.

- **Família salgada**
- Sabia? *Salário* nasceu do latim *salarium*. A palavra é filhote de
- *sal*. Antes da invenção da moeda, pagavam-se os trabalhadores
- com sal. Naqueles tempos idos e vividos, sem geladeira, o cloreto
- de sódio era indispensável para a conservação dos alimentos. O
- danadinho formou senhora família – toda salgadinha. *Salsa*, por
- exemplo, quer dizer *erva salgada*. *Salpicado*, *salada*, *saleiro*, *sal-*
- *moura* pertencem ao clã.

Curiosidades

salva-vida – Plural: salva-vidas.

samba-canção / samba-choro / samba-enredo – Plural: sambas-canção, sambas-canções; sambas-choro, sambas-choros; sambas-enredo, sambas-enredos.

- **1. De que língua?**
- O berço do ritmo que provoca alma, coração, cabeça e pés é a
- África. No continente tão grande e diversificado, existem línguas
- e dialetos pra dar e vender. Ninguém tem certeza do lugar exato
- onde a palavra *samba* nasceu. Suspeita-se que tenha vindo do
- quimbundo, língua da família banta, falada em Angola.

Curiosidades

- **2. O samba de estreia**
- No começo não havia samba-enredo. Valia o mais cantado nos ensaios de
- quadra. Em 1932, o jornal *Mundo Esportivo*, dirigido por Mário Filho, irmão
- de Nelson Rodrigues, organizou o primeiro torneio de escolas de samba. A
- Mangueira ganhou. No ano seguinte, o jornal *O Globo* assumiu a festa, e a
- Mangueira levantou o bicampeonato. Mas o destaque foi o samba da Unidos
- da Tijuca, coerente com o enredo, por isso mesmo apontado como o primeiro
- samba-enredo da história.

- **3. Gravação**
- Em 1948 se gravou pela primeira vez um samba-enredo – "*Exaltação a Tira-*
- *dentes*", de Mano Décio da Viola, Fernando Barbosa Júnior, Estanislau Silva
- e Penteado.

sanção / sancionar – Para tornar-se lei, o projeto precisa da sanção (apro-vação) do presidente. O presidente sanciona a lei. O contrário? É vetar. Se o Congresso quiser, derruba o veto.

Sansão – O personagem bíblico se escreve assim.

Sansão e Dalila
"Sansão descobriu a Dalila todo o seu coração e lhe disse: 'Nunca subiu navalha a minha cabeça porque sou nazireu de Deus desde o ventre de minha mãe. Se vier a ser rapado, ir-se-á de mim a minha força, e me enfraquecerei, e serei como qualquer outro homem'."
(Juízes, 16, 17)

Santo / São – **Santo** = em letra maiúscula, dê-lhe a vez antes de nomes iniciados por *vogal* ou *h* (Santo Antônio, Santo Agostinho, Santo Hilário). **São** = também em letra maiúscula, use-o nos demais casos (São Bento, São Carlos, São Caetano). Exceção? No duro, no duro, só uma. É São Tirso. Há dois indecisos (São Tomás ou Santo Tomás, Santo Borja ou São Borja). Abreviatura: *Santo, Santa* e *São* têm um ponto comum. É a abreviatura. Todos viram S. *S. Terezinha, S. Carlos, S. Agostinho.*

Os santos dão seus pulinhos. O nome deles ora é antecedido de *santo*, ora, de *são*. As duas palavrinhas têm o mesmo significado. Querem dizer *indivíduo que foi canonizado*. *São* é forma apocopada. Preguiçosa, deixou a última sílaba no caminho como frei (freire), bel (belo), mui (muito).

1. Cegueira
Santo de casa faz milagre? O povo sabido diz que não. Por quê? Quem vive perto de nós não enxerga nossas qualidades. É ceguinho. Mas um dia a casa cai. Outros descobrem nosso mérito. Aí, Inês é morta. Há provérbios semelhantes em outras línguas. O francês diz "ninguém é grande homem para seu criado". O inglês prefere "familiaridade gera desprezo".

2. Todo santo ajuda
No escritório do publicitário George Mendes existe uma coleção de desenhos de santos padroeiros populares: Santo de Casa (padroeiro do Milagre Brasileiro), Todo Santo (padroeiro da decadência), Santa Briculina das Perna Fina (padroeira da estética), Santo Remédio (padroeiro da saúde), Santo do Pau Oco (padroeiro da lealdade), Santa Ignorância (padroeira da cultura), Santa Paciência (padroeira da perfeição), São Nunca (padroeiro do futuro), Santo de Barro (padroeiro da prudência) e Santo Dia (padroeiro da rotina).

se – Cuidado, muito cuidado. Não abuse do monossílabo. Ele não tem vez com o infinitivo: *Para obter sucesso* (não: *para se obter*); *A forma mais exitosa de decorar a tabuada* (não: *se decorar*). *Para morar bem* (não: *se morar bem*). Com verbos pronominais, o pequenino é presença obrigatória: *Para se aposentar aos 65 anos... A melhor forma de se manter no poder é...*

se (concordância) – Veja *concordância com se*.

se não / senão – **Se não** = caso não ou quando não: *Se não chover (caso não), vamos viajar de carro. Levará falta se não (caso não) for à aula. A declaração deve dizer tudo. Se não (caso não), precisa ser revista. Se não (caso não) estudarem, terão dificuldade de passar no concurso. Pareciam amigos, se não (quando não) bons companheiros. O desafio é, se não (quando não) de solução impossível, pelo menos muito difícil. Se lhe convém, leva o trabalho a sério, se não (quando não), leva-o na brincadeira. A empresa vai demitir quatro empregados, se não (quando não) cinco.* **Senão** = emprega-se nos outros contextos: *Nada lhe restava senão (a não ser) a aposentadoria. O deputado não é senão (mais do que) um representante do povo. Não fazia nada senão (a não ser) chorar. Isto não compete à Assembleia Legislativa, senão (mas) ao governador. Não há beleza sem senão (defeito).*

seção / sessão – **Seção** = parte, divisão: *seção de cosméticos, seção de frutas e verduras, seção de audiovisual.* **Sessão** = tempo que dura uma reunião, um trabalho, um espetáculo: *sessão de cinema, sessão do Congresso, sessão de análise, sessão da tarde, sessão de pancadaria.*

- **6 x 5**
- O todo é maior que a parte. Por isso *sessão* tem seis letras. *Se-ção*, cinco.

Cessão é o substantivo derivado do verbo *ceder*. Ambos, pai e filho, começam com a mesma letra. *O cartório registra a cessão dos bens. Conseguir a cessão de direitos é complicado.*

séculos – Até o número 10, use numeral ordinal. Daí pra frente, cardinal: século 1º, século 2º, século 10º, século 11, século 12. Abreviatura: *séc., sécs.*

sela – Veja *cela / sela*.

seleções e campeonatos esportivos – Com inicial maiúscula: Seleção Brasileira, Seleção Chinesa de Vôlei Feminino, Campeonato Nacional, Copa do Mundo, Olimpíada.

sem – É acompanhado de hífen ao indicar unidade semântica, funcionando então como sufixo. Atenção, marinheiros de poucas viagens. *Sem* é sem mesmo – sem feminino, sem masculino e sem plural: *sem-cerimônia, sem-família, sem-fim, sem-justiça, sem-número, sem-nome, sem-pão, sem-par, sem-pátria, sem-pudor, sem-razão, sem-sal, sem-segundo* (único), *sem-teto, sem-termo, sem-terra, sem-trabalho, sem-ventura, sem-vergonha.*

Curiosidades

Sem-tudo

O sem virou histeria. Sindicalistas falam em sem-governo. Os jornais citam os sem-partido. Xuxa fala dos sem-brinquedo. Millôr se lembrou dos sem-vergonha. Elio Gaspari, dos sem-limite. Edir Macedo, dos sem-religião. As tarifas bancárias criaram os sem-banco. A inflação, os sem-dinheiro. Enfim, a criatividade anda solta. Quem dá mais?

semana a semana – Sem crase.

Curiosidades

Septímana

Para a Lua mudar de fase, são necessários sete dias. Roma utilizou essa divisão sob o nome de septímana, de onde vem a palavra semana. Mas foram os babilônios os primeiros a utilizá-la, dando a cada dia o nome dos planetas (os conhecidos naquele tempo), mais a Lua e o Sol.

semi – Pede hífen quando seguido de *h* e *i*. Nos demais casos, é tudo junto: *semi-humano, semi-irradiação, semicírculo, semirradiação, semissolução.*

sem-terra – É invariável. A indicação de gênero é feita pelo artigo ou outro determinante do substantivo (a sem-terra, o sem-terra) e a de número pelo artigo ou o verbo da frase (os sem-terra, sem-terra são baleados no Paraná).

- **Sem-nada**
- Volta e meia eles mudam de nome. Foram remediados. Viraram
- pobres. Passaram a miseráveis. Aí apareceram os carentes. Se-
- guiram-se os despossuídos. Depois os descamisados vieram com
- força total. Ganharam inscrição em camiseta, discursos na televisão, juras de
- boas intenções. Hoje os pobres estão em outra. É a vez do sem. O desabri-
- gado é sem-teto; o desamparado, sem-justiça; o agricultor que não tem onde
- plantar, sem-terra. Eta linguinha versátil.

senhora – Não use como sinônimo de *mulher*: *Ele foi à festa com a mulher* (não *com a senhora ou esposa*).

sênior – Plural: seniores.

senso – Veja *censo / senso*.

sensor – Veja *censor / sensor*.

sentar / sentar-se – Olho na regência, gente fina. **Sentar em (sentar-se em)** = sentar-se em cima de. **Sentar a (sentar-se a)** = junto a: *sentou (ou sentou-se) na cadeira, senta (ou senta-se) no sofá, senta (ou senta-se) à mesa para comer, senta-se (ou senta-se) ao piano, senta (ou senta-se) à máquina, senta (ou senta-se) ao computador.*

sentença – Só a Justiça – jamais o Ministério Público – é competente para proferir sentença. A Justiça não dá parecer. Condena, absolve, ordena, determina, impõe.

sentença transitada em julgado ou coisa julgada – É o nome que se dá à sentença da qual já não caiba nenhum recurso.

- **Juiz em trânsito**
- O governador Flávio Dino, do Maranhão, usou o Twitter para iro-
- nizar a conduta do juiz federal Flávio Roberto de Souza, flagrado
- dirigindo um Porsche do empresário Eike Batista: *"Acabei de re-*
- *ceber importante ensinamento jurídico. Juiz passeando com carro*
- *apreendido. Isso é que é transitar em julgado".*

sequer – Quer dizer ao menos, pelo menos. Usa-se em orações negativas: *Estava tão desinteressado que não foi sequer (pelo menos) fazer campanha no próprio estado. Não respondeu sequer (pelo menos) ao convite.* Não empregue sequer como sinônimo de *não* em sentenças como: *Ele sequer compareceu ao comício. O presidente sequer olhou para o ministro.*

sequestro relâmpago – Plural: sequestros relâmpagos.

seriíssimo – Superlativo de sério.

ser (conjugação) – sou, és, é, somos, sois, são; fui, foste, foi, fomos, fostes, foram; era, eras, era, éramos, éreis, eram; serei, serás, será, seremos, sereis, serão; seria, serias, seria, seríamos, seríeis, seriam; que eu seja, sejas, seja, sejamos, sejais, sejam; se eu for, fores, for, formos, fordes, forem; fosse, fosses, fosse, fôssemos, fôsseis, fossem; sê tu, seja você, sejamos nós, sede vós, sejam vocês; não sejas tu, não seja você, não sejamos nós, não sejais vós, não sejam vocês; sendo, sido.

A questão

"Ser ou não ser, eis a questão. Pois que é mais nobre? / Sofrer passivamente as setas e balistas / Com que a fortuna, enfurecida, nos alveja, / Ou insurgir-nos contra um mar de provações / E em luta pôr-lhes fim? / Morrer... dormir: não mais." (Shakespeare)

Olho no tropeço pra lá de comum. *Seje* e *esteje* não existem. Xô! A forma nota 10 é *seja* e *esteja*.

ser (concordância) – Quase sempre o verbo *ser* joga em dois times. Pode concordar com o sujeito ou o predicativo (complemento do verbo). Mas há preferências. Observe a precedência seguinte:

1. da pessoa sobre a coisa: *Os filhos são sua alegria*;
2. do substantivo próprio sobre o comum: *Helena era as delícias da casa*;
3. do concreto sobre o abstrato: *A sua paixão são os livros. Os livros são sua paixão*;
4. do plural sobre o singular: *Os livros eram a biblioteca*;
5. do pronome pessoal sobre o substantivo: *O professor sou eu*;
6. do substantivo sobre o pronome não pessoal: *Quem são os visitantes? Tudo são flores na infância*;

Na indicação de dia, há preferência pela concordância com o predicativo: *Hoje é 1º de março. Hoje são 26 de março.*

serrar – Veja *cerrar / serrar*.

servir – Pode ser transitivo direto (*serviu a sobremesa*), transitivo indireto (*serviu à amada, serviu ao presidente, serve à instituição;* no sentido de prestar serviço militar, exige a preposição *em: servir no Exército, servir na Aeronáutica, servir na Marinha*), transitivo direto e indireto (*serviu café à visita*), pronominal (*servir-se do cargo, servir-se do posto*).

servo – Veja *cervo / servo*.

seu próprio – Redundante. Em vez de *seu próprio filho*, basta *o próprio filho*.

shopping center – Plural: shopping centers.

- **O vovozão**
  Pode acreditar: os shoppings já existiam no século 10º a.C. O Grande Bazaar de Isfahan, no Irã, tinha 10 quilômetros de estrutura coberta. Dez quilômetros! Mas o primeiro shopping oficial foi inaugurado em novembro de 1774, na Inglaterra. O Oxford Covered Market existe até hoje. Mas é beeeem menor do que o iraniano pioneiro.

Curiosidades

si – No Brasil, **si** só tem valor reflexivo (refere-se ao sujeito): *Decidiram as folgas entre si. Dirigiu-se a si mesmo. Só falou de si. Falou de si para si.* (Nem sob tortura *isto é para si.* Diga *isto é pra você, isto é para o senhor.*)

sic – A latina quer dizer assim, desse jeitinho. Vem entre parênteses depois de palavra com grafia incorreta, desatualizada ou com sentido inadequado ao contexto. As três letrinhas dizem que a pessoa não tem nada com a barbaridade: *Ele pediu menas (sic) mordomias.*

siglas – As siglas fazem parte da linguagem moderna. Algumas são pra lá de conhecidas. Às vezes, mais familiares que o nome por extenso. É o caso de ONU, OEA, Petrobras, Embratur. Mas nem todas frequentam a intimidade dos brasileiros. Se não forem de cama e mesa, traduza-as. Diga com todas as letras o que significam. O leitor agradece.

Grafia:

- Todas as letras maiúsculas em duas ocasiões: 1. Se a sigla tiver até três letras: PM, ONU, UTI, OEA, PAC. 2. Se as letras forem pronunciadas uma a uma: INSS, BNDES.
- Só a inicial maiúscula nos demais casos: Detran, Otan, Anvisa

Sigla tem plural? Tem. Basta acrescentar um essezinho no fim da reduzida. Nada de apóstrofo, por favor: PMs, DVDs, CDs, UTIs, Detrans.

sine die – Usa-se na expressão *adiar sine die*, que significa sem fixar data para o adiamento.

sine qua non – Expressão latina, quer dizer *condição indispensável*. Só use o trio no singular: *Minimizar a pobreza é condição* sine qua non *para pôr fim ao terrorismo*. No plural, deixe a estrangeira pra lá. Use a nacional: *Minimizar a pobreza e respeitar os direitos humanos são condições indispensáveis para pôr fim ao terrorismo*.

sito / situado – Veja *residente / sito / situado*.

smoking – Escreve-se assim.

Roupa de fumar
Smoking vem de *smoking jacket*, "traje de fumar", em tradução direta. Originalmente, a hoje luxuosa vestimenta era um robe de chambre curto, com gola e punhos acolchoados, usado por fumantes de charuto e cachimbo para proteger a roupa do cheiro de tabaco.

sob / sobre – **Sob** = posição inferior, debaixo de: *Escondeu o dinheiro sob o tapete. Trabalha sob as ordens do general. Havia documentos sob os escombros.* **Sobre** = em cima de, em relação a: *Pôs os livros sobre a mesa. Sobre o assunto nada posso informar.*

sobre – Pede hífen antes de *h* e *e*. No mais, é tudo junto: *sobre-humano, sobre-escada, sobre-esforço, sobressaia, sobressair, sobreimposto, sobrealimentado.*

sobressair – O verbo não é pronominal: *O advogado sobressaiu no processo* (não: *sobressaiu-se*).

sobrevir – Conjuga-se como *vir* (Veja *vir*).

socio – Com hífen se seguido de *h* e *o*. No mais, é tudo junto: *socioeconômico*, *sociopolítico*. Atenção: o substantivo *sócio* se separa com hífen (*sócio-gerente*).

socorrer – Olho vivo, marinheiros de mares revoltos. Socorre-se alguém em algum lugar: *O acidentado foi socorrido no Hospital Santa Marcelina*. (Não diga, nem em pesadelo, *foi socorrido ao hospital*).

Sol / sol – Letra maiúscula quando nomear o astro (eclipse do Sol). Letra minúscula quando nomear a luz do Sol: *É bom tomar sol até as 11h. O sol do meio-dia é prejudicial à pele.*

soto – Sempre se usa com hífen: *soto-mestre*.

spread – Escreve-se assim.

- **Lucro dos bancos**
- *Spread* bancário é a diferença entre a remuneração que o banco
- paga ao aplicador para captar um recurso e o quanto o banco
- cobra para emprestar o mesmo dinheiro. Só pra entender: quando
- empresta dinheiro, o banco cobra taxa de quem recebe o emprés-
- timo, que será certamente superior à taxa de captação. A diferen-
- ça entre essas duas é o *spread* bancário.

Curio sida des

standard – Prefira *padrão*. Tamanho *standard* é tamanho padrão.

stricto sensu – Contrário de *lato sensu*.

sub – Pede hífen antes de *h*, *b* e *r*. Nos demais casos, é tudo colado: *sub-história, sub-base, sub-raça, sub-reptício, subsolo, subsistema, subalterno.*

subsídio – O *s* se pronuncia como o de subsolo.

suceder – No sentido de *substituir*, o verbo exige a preposição *a*: *A mulher sucedeu ao marido na direção da empresa. É normal o filho suceder ao pai. Ninguém lhe sucedeu (sucedeu a ela) depois da partida.*

sufragar – Transitivo direto, dispensa a preposição: *O brasiliense sufragou bons candidatos ao Senado.*

suicidar-se – O verbo é sempre – sempre mesmo – pronominal: *eu me suicido, ele se suicida, nós nos suicidamos, eles se suicidam.*

sul – Pede hífen na formação de adjetivos pátrios: *sul-americano, sul-coreano, sul-vietnamita, sul-asiático.*

sumariíssimo – Superlativo de sumário.

super / súper – **Super** = prefixo que pede hífen quando seguido de *h* e *r*. Nos demais casos, é tudo junto: *super-homem, super-região, supersensível, superativo, superexigente, supermercado.* **Súper** = interjeição: *Você fez o desenho? Súper!*

superavit – Plural: superavits.

supra – Pede hífen quando seguido de *h* e *a*. Nos demais casos, é tudo juntinho: *supra-hepático, supra-auricular, suprarregional, suprassumo.*

surpresa inesperada – Ganha um bombom Godiva quem encontrar uma surpresa esperada. A surpresa é sempre inesperada. Daí por que o adjetivo sobra. Basta surpresa.

sutiã – Essa é a forma aportuguesada.

Curiosidades

1. Lei da gravidade
Há milênios as mulheres lutam contra a maldita lei da gravidade, que empurra pra baixo o que elas gostariam que permanecesse empinadinho. Existem registros de que 2000 anos a.C., na Grécia, elas enrolavam os seios para que não balançassem. Provavelmente a tortura do espartilho foi o principal incentivo à invenção do sutiã.

2. Sutiã
Em 1889, a francesa Herminie Cadolle cortou no meio o espartilho e inventou uma geringonça que sustentava os seios com alças rígidas entre uma parte presa ao tronco e outra, em cima. O "aparelho" começou a ser comercializado com o nome de *soutien*. Na mesma época, a americana Mary Phelps, de 19 anos, irritada porque o espartilho não lhe dava conforto dentro do vestido de formatura, pegou dois lenços de seda, um cordão e duas fitas. Costurou e amarrou tudo. Fez o maior sucesso. O invento ganhou patente em 1914.

TRADUÇÃO

Nenhuma tradução traduz; no máximo, aproxima. O jeito é partir para o que Haroldo de Campos batizou de "transcriação". Três brasileiros se debruçaram sobre o romance *A trégua*, de Mario Benedetti: o gaúcho Pedro Gonzaga, a sergipana Joana Angélica d'Avila e a paulista Monica Stahel. Observe como cada um traduziu a frase "*Su traje sastre de los domingos la mejora mucho*". Monica: "Sua roupa de domingo a melhora muito". Joana Angélica apelou para um galicismo: "Seu taillerzinho dos domingos a melhora muito". E Pedro Gonzaga: "Seu traje completo de domingo a melhora muito".

Gabriel Perissé lembrou que, "talvez por ser homem, Pedro não tenha sabido associar o traje *sastre* com um tipo de roupa feminina inspirada em ternos masculinos". Ora, "roupa de domingo" diz pouco, "traje completo de domingo", também. Já "taillerzinho" chega perto (apesar de *tailler* ser palavra francesa). A rigor, nenhuma das três opções conseguiu traduzir *sastre*, vestimenta feminina popular nos anos 1930.

Arthur Dapieve, colunista de *O Globo*, tem uma amiga que cunhou uma expressão para o que aconteceu com a frase de Benedetti – "incomunicabilidade idiomática". Exemplo dado por ela: a expressão inglesa *got him / herself together*. No tradutor do Google: "Ele / ela conseguiu se recompor". O tradutor eletrônico raramente acerta porque tradução não é ação mecânica. "Ele / ela se reuniu consigo mesmo / a" é um pouco melhor, mas ia ficar um trem doido, como diria um mineirinho da gema. (Aliás, como se traduz "trem doido" para inglês? *Crazy train? Bad train? Crazy thing?*).

O mesmo Dapieve diz que "o bom profissional trai para se manter fiel". Em bom italiano: capite? Em bom português: captou? Entendeu? Copiou? Manjou? Sacou? Tá ligado, mano? If you didn't understand, aí só lendo no original.

1. Naturalidade
"Regra de ouro de toda tradução: dizer tudo o que diz o original, não dizer nada que o original não diga, e dizer tudo com a correção e a naturalidade que permita a língua para a qual se traduz." (Valentin García Yebra)

2. Conhecimento
"A arte da tradução consiste menos em conhecer a outra língua do que em conhecermos a nossa própria." (Ned Roren)

Olho na propriedade vocabular. Tecnicamente, verter é passar do português para outra língua; traduzir, de outra língua para o português.

t – Letra do alfabeto. Plural: tês, tt.

tabelião – Feminino: tabeliã (preferível) e tabelioa. Plural: tabeliães, tabeliãs, tabelioas.

Tabelião romano
A palavra tabelião teria origem na Roma antiga, onde os escravos registravam os pensamentos dos senhores em tábuas de cera, as *tábulas* que, reunidas, formavam os *tabulários*. Eles também registravam casamentos, mortes, patrimônios. Em Memphis e Tebas, os escribas tinham funções semelhantes. Arcádio e Honório, dois imperadores romanos, teriam sido os responsáveis por transformar em cargo público a função dos tabeliães.

tábua / tabuada – Com u.

- **1. Cálculo**
  A palavra tabuada vem de tábua. Daí o *u*. Na Grécia antiga, usavam-se tábuas de argila ou pedra para fazer cálculos. Elas funcionavam como gabaritos para tornar mais rápidas as transações comerciais. Pitágoras, filósofo e matemático grego do século 6º a.C., criou uma tabela que permite efetuar as operações de multiplicação da tabuada tradicional. O Museu do Cairo guarda um exemplar da invenção, escrita numa tábua de argila. Seria, por assim dizer, a trisavó da calculadora eletrônica. Ou do computador.
- **2. Pedras**
  A palavra cálculo originalmente significava pedra. Isso porque se usavam pedras para calcular. Até hoje cálculo é sinônimo de pedra. Daí *cálculo renal*, a pedra nos rins.

tachar / taxar – Prefira **tachar** para qualificar negativamente (tachou-o de traidor) e **taxar** para estipular, fixar taxas (o governo taxou produtos antes isentos).

tal – Concorda com o substantivo ou pronome a que se refere: *Que tal um cineminha? Que tais os filmes em cartaz?*

tal qual – Concordam com o substantivo ou pronome a que se referem: *Queria que o filho fosse tal quais os tios. As meninas querem ser tais quais as amigas.* (Escritores modernos mantêm a duplinha invariável porque entendem que equivale a *como*. É o caso de Paulo Mendes Campos, que escreveu: "Os cães, tal qual os homens, podem participar das três categorias".)

talvez – Olho na colocação. Se o advérbio vem antes do verbo, exige o subjuntivo. Se depois, o indicativo: *Talvez trabalhe na aplicação das provas. Talvez consigamos carta de apresentação. Talvez vá à concentração no sábado. Foi, talvez, o filme mais aplaudido do festival. Fizemos, talvez, umas cinco chamadas. Saíram, talvez, lá pela meia-noite.*

tampouco / tão pouco – **Tampouco** = também não, muito menos. **Tão pouco** = muito pouco: *Maria não fez a prova e tampouco deu explicações. O candidato falou tão pouco que surpreendeu. Comeu tão pouco que deixou a mãe preocupada. Peço tão pouco!*

tanto faz – É invariável: *Tanto faz um ou dois filhos. Tanto faz duas ou três anotações.*

tanto ... quanto (concordância) – Veja *não só...mas também / tanto... quanto (concordância).*

teipe – É a forma aportuguesada: videoteipe.

tele – Nunca se usa com hífen. Perde o *e* quando seguido de *e*: *teleducação, teleducando, teleducador, telecurso, telesserviço, telessinalização, telessonda, telerradar, telerreserva, telerremédio.*

telefonema – É nome masculino: *Recebeu vários telefonemas, mas ignorou as chamadas.*

Curiosidades

1. Ao telefone
"Quando no céu os bem-aventurados usarem o telefone, dirão o que têm a dizer – nem uma palavra a mais." (Somerset Maugham)

2. Alô!
"Se eu disquei o número errado, por que o senhor atendeu?" (James Thurber)

telex – É invariável: o telex, os telex.

tem / têm – Como nas formas do verbo *vir*, o acento se mantém: *ele tem, eles têm; ele vem, eles vêm.*

temerário / temeroso – **Temerário** = arriscado, imprudente. **Temeroso** = que tem temor: *É temerário exibir joias nas ruas das cidades grandes. Depois da advertência, Paulo anda meio temeroso.*

Curiosidades

Uiiiiiiiiiii, medão! O temor bate à porta. A palavra é antiga, dos tempos em que Adão e Eva usavam fraldas. Nasceu do latim *timor*. Lá e cá quer dizer medo, susto. Ao longo da vida, formou senhora família. Atemorizar, destemido, destemor, temente, temeridade são alguns de seus membros. Dois deles geram enorme confusão. Um: temeroso. O outro: temerário.

temperatura – Veja *frio / quente.*

tempestivo / intempestivo – Pertencem à família do substantivo tempo. **Tempestivo** = que vem ou sucede no tempo devido, oportuno. **Intempestivo** = fora do tempo próprio, inoportuno; súbito, imprevisto: *O advogado apresentou o recurso tempestivamente (no prazo). Manifestou-se intempestivamente.*

ter – Atenção à conjugação: eu tenho, ele tem, nós temos, eles têm; tive, teve, tivemos, tiveram; tinha, tinha, tínhamos, tinham; terei, terá, teremos, terão; teria, teria, teríamos, teriam; tenha, tenha, tenhamos, tenham; tiver, tiver, tivermos, tiverem; tivesse, tivesse, tivéssemos, tivessem; tendo; tido.

1. Preferível
"É melhor não ter nada do que ter sobras."
(Gilberto Amado)

2. Ter ou não ser
"Antigamente a questão era de 'ser ou não ser'. Hoje é de ter ou não ter – dinheiro principalmente."
(Mário da Silva Brito)

ter de / ter que – As duas formas são sinônimas: *Tenho de estudar para me sair bem nas provas. Tenho que estudar para me sair bem nas provas.*

termo – Pede hífen quando seguido de *h* e *o*. Nos demais casos, é tudo junto: *termo-hidroscópio, termodinâmico, termoelétrica.*

Terra / terra – Ao falar do planeta, use inicial maiúscula. No mais, minúscula: *A Terra gira em torno do Sol. A Terra é redonda e azul. Voltou à terra natal depois de 12 anos.*

1. É azul!
"A Terra é azul", Yuri Gagarin, primeiro astronauta a entrar em órbita.

2. Lá e cá
Minha terra tem palmeiras
Onde canta o sabiá.
As aves que aqui gorjeiam
Não gorjeiam como lá.
(Gonçalves Dias)

tesão – É masculino: o tesão.

Tesão
A palavra tesão nasceu latina. Tinha o sentido de força, intensida-
de, manifestação de violência. Com o tempo, ganhou acepções
novas. Entre elas, impuseram-se excitação, desejo sexual, pessoa que desperta desejos sexuais. Resultado: o vocábulo deu adeus à linguagem culta e
entrou de cabeça na popular.

testemunha – É sempre feminino: *Ele é a testemunha de acusação. Ela é a testemunha de defesa.*

tetra – Pede hífen quando seguido de *h* e *a*. Nos demais casos, é tudo colado:
tetra-hexaedro, tetracampeão, tetraetil, tetradrama.

É tetra!
Galvão Bueno, quase sem voz na final da Copa do Mundo de
1994, entrou para a crônica esportiva ao gritar: "É tetra! É tetra!"
na vitória do Brasil por pênaltis. A transmissão parou nos mais
famosos museus da imagem e do som do mundo.

tevê / TV – Abreviatura: TV ou tevê (jamais Tv ou tv). Antes do nome de
emissora, adote as formas TV ou Rede, conforme o caso (*TV Nacional, Rede
Globo, TV Brasília*). Na indicação de cor, empregue a conjunção *em* (*TV em
cores, televisão em preto e branco, filme em cores, transmissão em cores, filmes
em tecnicolor*).

1. Monólogo
"Televisão – um monólogo colorido que não deixa ninguém conversar." (Eno Teodoro)

2. Pior não dá
"Eu me lembrava sempre do que disse Sérgio Porto quando
recusaram um texto seu para a televisão porque não estava
como queriam: 'Vocês me desculpem, mas pior do isso não sei fazer'."
(Fernando Sabino)

textos legais – Escrevem-se com a inicial maiúscula se o ato oficial estiver
acompanhado do respectivo número ou do nome: o Decreto 15.613, Medida
Provisória 45, Lei de Diretrizes e Bases, Lei Afonso Arinos, Lei de Diretrizes Or-
çamentárias, Código Civil, Lei Antitruste.

Com vírgula ou sem vírgula? Se a referência obedecer à ordem crescente, a vírgula não tem vez. Caso contrário, sim: *Inciso II do § 2º do art. 5º da Constituição Federal. Constituição Federal, art. 5º, § 2º, inciso II.* Atenção, muita atenção. Misturar é proibido. Siga do começo ao fim a ordem escolhida.

tilintar / tiritar – **Tilintar** = soar. **Tiritar** = tremer: *Os gaúchos tiritam de frio quando sopra o minuano.*

- Brrrrrr!
- *Tiritar* é vocábulo onomatopeico. Imita o ruído de bater os dentes
- seja de frio, seja de medo.

tim-tim por tim-tim – Plural: tim-tins por tim-tins.

tique-taque – Plural: tique-taques.

tira-dúvida / tira-gosto / tira-teima – Plural: tira-dúvidas, tira-gostos, tira-teimas.

tireoide / tiroide – As duas formas convivem no português nosso de todos os dias.

todo / todo o / todos os – **Todo** = qualquer, inteiro: *Todo (qualquer) país tem uma capital. Todo (qualquer) homem é mortal. Li o livro todo (inteiro).* **Todo o** = inteiro: *Li todo o livro. Assisti a todo o filme. Conheço todo o mundo.* **Todos os** = todas as pessoas ou representantes de determinada categoria, grupo ou espécie: *Todos os governadores compareceram à reunião. Todos os que quiseram participaram do sorteio retiraram a senha. Dirigiu-se a todos os presentes.*

- *Todo mundo* é forma coloquial. Significa *todos*: *Todo mundo aplaudiu o convidado.*
- *Todos* é inimigo do numeral *dois* (todos os dois). Não os junte. Diga *os dois* ou *ambos*.
- Sabia? É pleonasmo escrever *unânime* e *todos* em frase do tipo *todos foram unânimes*. Unânime é relativo a todos.
- Atenção à manha de *todos os*. Em muitas construções, o pronome sobra. O artigo sozinho dá o recado. Veja: *Na reunião com todos os grevistas, o governador apresentou a proposta.* Reparou? O *todos* sobra. A presença do artigo informa que são todos: *Na reunião com os grevistas, o governador apresentou a proposta.* (Não são todos? Xô, artigo: *Na reunião com grevistas, o governador apresentou a proposta.*)

todo mundo / todo o mundo – **Todo mundo** = todos. **Todo o mundo** = todos os países, o mundo inteiro: *Todo mundo aplaudiu o cantor. Representantes de todo o mundo estavam presentes.*

todo-poderoso – O *todo*, no caso, funciona como advérbio (= totalmente). Mantém-se invariável: *o todo-poderoso, os todo-poderosos, a todo-poderosa, as todo-poderosas.*

topônimos geográficos e urbanos seguidos do nome – Escrevem-se com a letra inicial maiúscula: *Rio Amazonas, Cordilheira do Andes, Baía de Guanabara, Cabo da Boa Esperança, Mar Mediterrâneo, Oceano Atlântico, Avenida Paulista, Rua Sete de Setembro, Praça Dom Feliciano, Largo do Arouche, Parque Ibirapuera, Setor Comercial Sul.*

torcer – Torce-se por alguém ou por alguma coisa: *Torço pelo candidato da oposição. Torcemos pelo Flamengo* (Não se torce *para alguém* nem *para alguma coisa*. Xô!)

tráfego / tráfico – **Tráfego** = trânsito. **Tráfico** = comércio, não necessariamente ilícito. Daí se dizer *tráfico ilegal* ou *tráfico ilícito*. Melhor evitar confusão. Use tráfico só na acepção de comércio ilícito.

trans – Nunca se usa com hífen: *Transamazônica, transregional, transcontinental.*

trás / traz – **Trás** = preposição. **Traz** = 3ª pessoa do singular do presente do indicativo do verbo trazer: *Ele traz os documentos no bolso. Andou para trás.*

Não "trás"
Do anúncio da cartomante Madame Natasha: "*Trás a pessoa amada na palma da mão*". Se continuar maltratando a língua, Madame Natasha não vai conseguir trazer ninguém. Vai ter de corrigir o anúncio: *Traz a pessoa amada na palma da mão*. Aí, sim, ela começa a ter alguma chance de atrair a criatura.

trata-se de – O verbo fica sempre no singular: *Trata-se de problemas antigos. Tratou-se das aspirações populares.*

travessão – O sinal do travessão equivale a dois hifens (--). Use-o:

1. Na introdução de diálogos em geral:
   Andorinha lá fora está dizendo:
   – Passei o dia à toa, à toa.
   Andorinha, andorinha, minha cantiga é mais triste!
   Passei a vida à toa, à toa.
   (Manuel Bandeira)

2. Na separação das datas de nascimento e morte de uma pessoa:
   Recife, 1908 – Brasília, 1962.

3. No destaque de palavra ou expressão no interior de uma frase (no caso, é usado duplamente): *O candidato conseguiu – até – o aplauso dos adversários.*

4. No lugar dos dois pontos ao introduzir uma explicação: *Carioca do Méier, habitante de Ipanema, 70 anos de idade, corpinho de 50, conservado nas corridas diárias das seis da manhã nas areias de Ipanema. Duas datas de aniversário – uma no registro, 26 de maio de 1925; outra de nascimento, 16 de agosto de 1924.*

5. Na substituição da vírgula nos apostos: *Luiz Inácio Lula da Silva – presidente do Brasil – adotou políticas neoliberais nem sonhadas por Fernando Henrique Cardoso.*

- Se o segundo travessão coincidir com uma vírgula, use o travessão e a vírgula: *Com a inflação baixa – afirmou o ministro –, o Brasil pode pensar em modernizar-se.* Mas: *Brasília – a capital do Brasil – localiza-se no Planalto Central.*
- Não abuse do travessão. Um por parágrafo é pra lá de suficiente.

traz / trás – Veja *trás / traz.*

trazer (conjugação) – trago, trazes, traz, trazemos, trazeis, trazem; trouxe, trouxeste, trouxe, trouxemos, trouxestes, trouxeram; trazia, trazias, trazia, trazíamos, trazíeis, traziam; trarei, trarás, trará, traremos, trareis, trarão; traria, trarias, traria, trariam, traríeis, trariam; que eu traga, tragas, traga, tragamos, tragais, tragam; trouxer, trouxeres, trouxer, trouxermos, trouxerdes, trouxerem; trouxesse, trouxesses, trouxesse, trouxéssemos, trouxésseis, trouxessem; trazendo, trazido.

Atenção, moçada. Um vício anda solto por aí. Muitos trocam o particípio *trazido* pelo presente *trago*. É um tal de "tem trago", "havia trago", "tinham trago". Valha-nos, Deus! Xô! *Trazer* tem um único particípio – *trazido*: *tem trazido, havia trazido, tinham trazido.*

Três Poderes – Nome próprio, escreve-se com as iniciais maiúsculas: *Legislativo, Executivo e Judiciários são os Três Poderes da República.*

tri – Pede hífen quando seguido de *h* e *i*. No mais, é tudo colado: *tri-herói, tri-iodado, tricampeão, triatleta, trilíngue.*

triatlon – Use triatlo.

tribos indígenas – Os nomes de tribos indígenas são aportuguesados e escritos sempre no plural (*os xavantes, os tupis, os aimorés, os ianomâmis, os astecas*). Veja *índios*.

tribunal e juiz – Tribunal e juiz não opinam nem dão pareceres. Sentenciam, ordenam, mandam, determinam, condenam, absolvem.

tudo a ver – Nunca *tudo haver*. Veja *a ver / haver*.

tudo que / tudo o que – Tanto faz: *Tudo que sei é que nada sei. Tudo o que sei é que nada sei.*

tuitar – Verbo regular da primeira conjugação.

tuíte – Escreve-se assim.

- **O gorjeador**
  O Twitter foi criado em 2006 nos Estados Unidos. A ideia original dos criadores era que ele fosse uma espécie de SMS da internet, com a limitação de caracteres de uma mensagem de celular. Desde 2012, o Vaticano usa o Twitter, principalmente para atrair os jovens. A escolha do papa Francisco foi anunciada simultaneamente pela fumaça branca e pelo microblogue.

tupiniquim – Às vezes soa pejorativo. Olho vivo!

- **Vizinho**
  A palavra *tupiniquim* deriva da expressão *tupin-i-ki*, "tupi ao lado, vizinho" ou "tribo colateral, o galho dos tupis". Por metonímia, passou-se a usar *tupiniquim* como sinônimo (hoje pejorativo) de brasileiro. Originalmente, os tupiniquins são um grupo indígena pertencente à nação Tupi, cujo território atual é o município de Aracruz, no norte do Espírito Santo.

turco – Pede hífen quando forma adjetivo pátrio: *turco-francês, turco-brasileiro.*

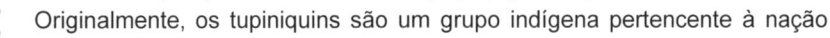

- **Nem todo turco é turco**
  Turco é o originário da Turquia. Mas muitos chamam sírios, libaneses, palestinos, sauditas de turcos. Bobeiam. A generalização se explica. Até a Primeira Guerra Mundial, o Oriente Médio pertencia ao Império Otomano (turco). Os árabes tinham passaporte turco.

TV – Veja *tevê / TV.*

USUAL

Já foi à missa de biquíni? E à praia, já foi de traje a
rigor? Já bebeu champanhe Veuve Clicquot de canudi-
nho? E refri, já bebeu em taça de cristal da Bohemia? Já
jogou futebol calçando sapatos de cromo alemão? Já foi a
um casamento calçando chuteiras? Já bebeu pinga tiran-
do gosto com caviar? Já usou Chanel nº 5 pra desinfetar
o banheiro?

Se a resposta for sim para qualquer uma das perguntas acima você é: 1) doido; 2) excêntrico; 3) exibido; ou
4) novo-rico-doido-excêntrico-exibido-torrando-dinhei-
ro-ou-querendo-aparecer. Cada terra com seu uso, cada
roca com seu fuso, cada porca com seu parafuso.

Ao falar ou escrever, a recomendação é a mesma. Ao
ser recebido pelo papa, será que dá pra dizer, com um
sotaque bem carioca: "E aí, Santidade, tudo belê?" Em
compensação, ao se dirigir à rainha da Inglaterra, o trata-

mento obrigatório é o de Vossa Majestade. *Noblesse oblige*. A nobreza obriga que se trate uma rainha de majestade. Não dá pra dizer: "E aí, Bebete, tudo em riba?"

A língua é uma só, várias são as linguagens, uma para cada ambiente, cada situação, cada destinatário. A usual é essa do dia a dia, que aceita até algumas licenças, como o verbo ter no lugar do verbo haver ("tinha muita gente na festa"). É comidinha caseira, de uso corrente, sem berloques, badulaques nem salamaleques: sem "protestos de elevada estima e distinta consideração".

Linguagem usual é arroz com feijão temperadinho, que talvez nem tenha status pra ir aos banquetes refinados do Itamaraty. Mas no dia a dia das famílias brasileiras ah!, tanto a comidinha caseira quanto a linguagem usual, cotidiana, fazem o maior sucesso. Com um torresminho, então... E com uns regionalismos pelo meio... vixe!

1. Línguas
"Não falamos português. Falamos línguas em português."
(José Saramago)

2. Do povo
A vida não me chegava pelos jornais nem pelos livros.
Vinha da boca do povo na língua errada do povo
Língua certa do povo
Porque ele é que fala gostoso o português do Brasil.
(Manuel Bandeira)

u – Letra do alfabeto. Plural: us, uu.

- A última das cinco vogais responde por senhoras confusões. Uma delas: muda o significado de palavras. É o caso de *comprimento* (extensão) e *cumprimento* (saudação, realização). É o caso também de *soar* (emitir som) e *suar* (transpirar).
- *O* ou *u*? Se tiver o dicionário por perto, pergunte a ele. Se não, grafe com **o** – b**o**lacha, búss**o**la, c**o**stume, m**o**leque, b**o**teco.
- Senhoras e senhores, abram alas para o **u**. A carta de jogar se chama c**u**ringa. A fruta pretinha e doce, jab**u**ticaba. O roedor esperto, cam**u**ndongo. O bichinho que não sobe em árvore, jab**u**ti. Da táb**u**a vem tab**u**ada.

uísque – Já está naturalizado.

1. Água da vida

Sabia? Na origem, lá na Idade Média, a bebida que conhecemos por uísque se chamava *aqua ardens*. A duplinha quer dizer *água que arde*. Daí a brasileiríssima aguardente. Tempos depois, elevaram a taxa de álcool no destilado. O nome passou para *aqua vitae*. Significa *água da vida* porque se acreditava que, incrementada, prolongasse a vida. Os irlandeses traduziram a latina – *uisce beatha*. O *uisce* (água) fez escola. O inglês o grafou *whisky* ou *whiskey*. O português, uísque. Resumo da ópera: quando nasceu, uísque era água.

Curiosidades

2. Oba! É grátis.

"A uísque dado não se olha o selo." (Luís Fernando Veríssimo)

3. Porta dos fundos

O deputado Herbert Levy, da elite paulista, dono do jornal *Gazeta Mercantil*, candidatou-se a presidente da Câmara. Ofereceu jantar para os novos deputados à cata de votos. O adversário era Flávio Marcílio, cearense atencioso e afável. O deputado catarinense Henrique Córdova chegou cedo, atrapalhou-se e, em vez de apertar a campainha da entrada social, apertou a de serviço. "Boa noite, sou o Córdova". E Levy, abrindo a porta: "Eu sei. Entre logo, o senhor está atrasado. Ali estão os copos e a bandeja. Se pedirem uísque, diga que a casa oferece a possibilidade de escolha entre whisky e wyskey", completou, na melhor pronúncia de Oxford. Córdova ouviu, saiu de mansinho, não voltou. Dois dias depois, Flávio Marcílio tomava posse.

ultimato – Não *ultimatum*.

último / última – Menor é melhor. Menos é mais. Essas são duas regras de ouro do estilo moderno. Vamos segui-las? *Último* usado para mês, ano ou século, não deve ser acompanhado do mês, ano ou século: *último mês (não último mês de julho), último ano (não último ano de 2005), último século (não último século 20)*.

ultra – Pede hífen antes de *h* e *a*. Nos demais casos, é tudo colado: *ultra-homérico, ultra-avançado, ultrarrebelde, ultrassom, ultrapassado*.

ultravioleta – É invariável (*raio ultravioleta, raios ultravioleta*): *A camada de ozônio nos protege dos raios ultravioleta*.

Cuidado com eles
O principal efeito da exposição exagerada aos raios ultravioleta (mais incidentes no sol entre as 10h e as 16h) são alterações degenerativas nas células, tecidos fibrosos e vasos sanguíneos. Além do envelhecimento prematuro da pele, abre-se a porta para o câncer e a catarata.

um dos que / um daqueles que (concordância) – O verbo, em orações que têm por sujeito a expressão *um dos que* ou *um daqueles que* nada de braçadas. Pode ficar no singular, concordando com *um*, ou no plural, concordando com *os* ou *aqueles*: *Não sou um daqueles que prometem, mas não cumprem. Não sou um daqueles que promete, mas não cumpre.*

um e outro (concordância) – Atenção às duas manhas. Uma: A expressão é seguida de substantivo no singular. O verbo pode ir para o singular ou plural: *Um e outro estudante saíram (saiu). Acompanhamos um e outro espetáculo.* A outra: quando for seguido de adjetivo, o substantivo fica no singular e o adjetivo vai para o plural: *um e outro profissional qualificados, um e outro ato administrativos, uma e outra prova rasuradas.*

um outro – Evite o artigo *um* antes do pronome outro: *Outro candidato apresentou-se inesperadamente. Outro vestido precisou ser costurado às pressas. Comprei outro presente para o aniversariante.*

O artigo indefinido é remédio de tarja preta. Causa dependência. Em excesso, pode matar: amortece a força do substantivo, torna-o vago, impreciso, desmaiado. Em 99% das frases, é gordura pura. Corte-o. O texto agradece. O leitor aplaude: *O presidente deu (uma) entrevista exclusiva ao jornal. A estilista quis impor (uma) nova moda no país. Houve (uma) renovação de 45% na Câmara dos Deputados.*

uma a uma – Sem crase.

ureter – Sem acento. Oxítona, a sílaba tônica é a última.

U

- **A pior dor**
- Cálculos renais são pedras nos rins ou nas vias urinárias. Resul-
- tam do acúmulo de cristais existentes na urina quando ela se torna
- muito concentrada. No momento em que o cálculo começa a se
- mover em direção ao ureter, causa dor muito forte, descrita como
- "a pior dor do mundo". Valha-nos, Deus!

urra / hurra – Veja *hurra / urra*.

usucapião – É substantivo masculino.

- **Agora é meu**
- Usucapião vem do latim *usucapio*. Quer dizer *adquirir pelo uso*.
- Trata-se do direito de domínio que um indivíduo adquire sobre
- bem móvel ou imóvel por tê-lo usado por determinado tempo,
- continuamente e sem contestação. Em palavras toscas: "Venho
- usando há tanto tempo, nunca reclamaram, pois agora é meu".

usufruir – Prefira a regência direta: *Usufrui os benefícios do cargo. Usufruía a companhia dos amigos. Usufruímos as praias mornas do Nordeste.*

VERBO

Do *Dicionário Etimológico*: *verbo* significa palavra. Em latim, o plural de *verbum* é *verba*. Conclusão: muito *verbum* = muita... *verba*. O *Evangelho* diz: "No princípio era o verbo". Não diz que era a verba. Logo, cuidar do verbo não significa necessariamente recompensa em verba. A menos que você consiga obrar o milagre de transformar verbo em verba, como fez Paulo Coelho.

Carlos Drummond botava o feijão na mesa batendo ponto numa repartição pública e escrevendo colunas no *JB*. Quintana fazia traduções e artigos de jornal pra garantir o mate e o cigarrinho. Edgard Allan Poe morreu devendo os tubos. Bukowski fazia bicos pra birita e para aquelas mulheres horrorosas. Herman Melville ganhou meia pataca quando publicou *Moby Dick*, monumento da literatura mundial que só estourou depois que ele morreu... na miséria. Lima Barreto, alcoólatra, morreu na pindaíba, encostado nas redações dos jornais.

Todos bons de verbo, mas ruins de verba. No princípio era – e ainda é – o verbo. Depois dele é que vieram os objetos, os adjuntos, os complementos. Aí deu pra fazer uma oração. Deus se alegrou porque, sabe como é, de oração ele entende. Mas, de verba, quem entende é o Paulo Coelho.

1. Era Deus
"No princípio era o Verbo, e o Verbo estava com Deus, e o Verbo era Deus." (João, 1, 1)

2. Verbo e verba
"Se no princípio era o verbo, no fim do ano a verba geralmente está no fim, ou não há mais verba para nada." (Eno Teodoro Wanker)

v – Letra do alfabeto. Plural: vês, vv.

vaga-lume – Plural: vaga-lumes.

Piríforas? Credo!
Vaga-lumes são insetos tão estranhos quanto as palavras usadas para designá-los no Brasil e em Portugal. Eis algumas: pirilampos, caga-lumes, caga-fogos, cudelumes, luzecus, luze-luzes, lampíri-des, lampírios, lampiros, lumeeiras, lumeeiros, moscas-de-fogo, noctiluzes, piríforas, salta-martins e uauás.

vale-alimentação / vale-brinde / vale-combustível / vale-gás / vale-refeição / vale-transporte – Plural: vales-alimentação e vales-alimen-tações, vales-brinde e vales-brindes, vales-gás, vales-combustível e vales-combustí-veis, vales-refeição e vales-refeições, vales-transporte e vales-transportes.

valer – Apresenta irregularidade na 1ª pessoa do singular do presente do indi-cativo. O presente do subjuntivo, dela derivado, vai atrás. Nas demais formas, o verbo é regular: valho, vales, vale, valemos, valeis, valem; vali, valeste, valeu, valemos, valestes, valeram; valia, valias, valia, valíamos, valíeis, valiam; valerei, valerás, valerá, valeremos, valereis, valerão; valeria, valerias, valeria, valeríamos, valeríeis, valeriam; que eu valha, tu valhas, ele valha, nós valhamos, vós valhais, eles valham; se eu valer, valeres, valer, valermos, valerdes, valeres; valesse, valesses, valesse, valêssemos, valêsseis, valessem; valendo, valido.

valorizar – Valoriza-se alguém ou alguma coisa, mas alguém ou alguma coisa se valoriza: *As medidas valorizaram o dólar. O dólar se valorizou. O chefe valorizou o servidor. O servidor se valorizou.* (Veja *verbos pronominais*.)

vem / vêm – Vir e ter mantêm o acento: ele tem, eles têm; ele vem, eles vêm.

ver (conjugação) – vejo, vês, vê, vemos, vedes, veem; vi, viste, viu, vimos, vistes, viram; via, vias, via, víamos, viam; verei, verás, verá, veremos, vereis, verão; veria, verias, veria, veríamos, veríeis, veriam; verei, verás, verá, veremos, vereis, verão; que eu veja, vejas, veja, vejamos, vejais, vejam; se eu vir, vires, vir, virmos, virdes, virem; visse, visses, visse, víssemos, vísseis, vissem; vendo, visto.

> É comum confundir a conjugação de *ver* e *vir*. O presente do indicativo de *ver* apresenta dificuldade na 3ª pessoa do plural – eles veem (a reforma or-  tográfica cassou o acento do hiato *eem*). O futuro do subjuntivo também gera confusão. Se eu vir Maria? Se ver Maria? Acredite. A resposta está no pretérito-perfeito. Dele deriva o futuro do subjuntivo: *eu vi, se eu vir.* Os derivados – prever, rever, antever – seguem os mesmos caprichos (prever, revir, antevir).

verbo (correlação) – **Futuro do subjuntivo** = indica que o verbo é de realização provável. Exige o correlato no presente ou no futuro do presente: *Se estudar, brilhará no concurso. Se frequentar a escola cedo, a criança se alfabetiza (alfabetizará) com facilidade.* **Imperfeito do subjuntivo** = avisa que o verbo é de realização improvável. Pede o futuro do pretérito: *Se estudasse, brilharia no concurso. Se frequentasse a escola cedo, a criança se alfabetizaria com facilidade.*

verbo ser (concordância) – Veja *ser (concordância).*

verbos impessoais (concordância) – Por não terem sujeito, os verbos impessoais conjugam-se sempre na 3ª pessoa do singular. São eles:
1. os que indicam fenômenos da natureza (chover, gear, nevar, alvorecer, anoitecer, ventar, trovejar): *Choveu a noite toda. Em Santa Catarina, neva no inverno. Em Brasília, amanhece às 5h. A que horas anoitece no deserto do Saara? Troveja quando ocorrem tempestades tropicais;*
2. *fazer* ao exprimir fenômeno da natureza ou contagem de tempo: *Faz frio no inverno. Neste verão, faz mais calor que habitualmente. Faz cinco anos que moro aqui. Faz duas horas que cheguei;*

3. *haver* no sentido de existir, ocorrer ou de contagem de tempo: *Cheguei há duas horas. A aula começou há pouco. Houve distúrbios nas últimas eleições. Havia duas pessoas ali sentadas*;

4. *ser* e *estar* com referência a tempo: *Está frio. É cedo.*

MANHAS DA Língua

- A impessoalidade é contagiosa. Os auxiliares dos sem-sujeito são também impessoais: *Faz duas horas que cheguei aqui. (Deve fazer duas horas que cheguei aqui. Vai fazer duas horas que cheguei aqui.) Houve distúrbios nas manifestações. (Talvez tenha havido distúrbios nas manifestações. Vai haver distúrbios nas manifestações. Pode haver distúrbios nas manifestações. Deve haver distúrbios nas manifestações.)*
- Olho vivo! Vivíssimo! O verbo impessoal detesta a solidão. De vez em quando, busca companhia. Arranja um sujeito e se torna pessoal. Resultado: flexiona-se como os demais: *Amanheci pra lá de bem-humorada. E vocês, amanheceram bem? Na discussão, choveram impropérios. Nossa alma anoitece com a notícia.*

verbos pronominais – Transitivos diretos, em algumas construções o sujeito e o objeto são a mesma pessoa. Aí, o pronome se impõe porque é o objeto exigido pelo verbo. Eis exemplos: *acender* (alguém acende a luz, mas a luz se acende); *apagar* (alguém apaga a luz, mas a luz se apaga); *aposentar* (o INSS aposenta o trabalhador, mas o trabalhador se aposenta); *complicar* (alguém complica a vida de outro, mas ele se complica); *derreter* (o calor derrete o sorvete, mas o sorvete se derrete); *distrair* (o palhaço distrai o público, mas o público se distrai); *encerrar*-se (o apresentador encerra o programa, mas o programa encerra-se); *esgotar* (o repórter esgota a matéria, mas ele se esgota); *estragar* (o sol estragou a fruta, mas a fruta estragou-se); *esvaziar* (o líder esvaziou a sessão, mas a sessão se esvaziou); *formar* (o diretor forma a equipe, mas a equipe se forma; a universidade forma o aluno, mas o aluno se forma); *iniciar* (o presidente iniciou a sessão, mas a sessão se iniciou).

verbos sem que (queísmo) – Certos verbos sofrem de alergia. Ficam vermelhos, empolados e com coceira quando seguidos do quê. Transitivos diretos, exigem objeto direto nominal, mas não aceitam a oração objetiva direta. Veja alguns: *alertar* (alerta-se alguém, mas não se alerta que); *antecipar* (antecipa-se alguma coisa, mas não se antecipa que), *definir* (define-se alguma coisa, mas não se define que), *denunciar* (denuncia-se alguma coisa ou alguém, mas não se denuncia que), *descrever* (descreve-se alguma coisa, mas não se descreve que), *expor* (expõe-se alguma coisa, mas não se expõe que), *falar* (fala-se de alguém ou de alguma coisa, mas não se fala que), *indicar* (indica-se alguma coisa ou alguém, mas não se indica que), *lamentar* (lamenta-se alguma coisa, mas não se lamenta que).

vernissage / vernissagem – **Vernissage** = masculino. **Vernissagem** = feminino.

- **Verniz protetor**
- A francesinha *vernissage* significa literalmente *envernização*.
- É que, lá nas antigas, os pintores dedicavam o dia anterior à
- abertura da exposição aos últimos retoques. Convidavam a
- imprensa e os amigos mais próximos para entrevistas e expli-
- cações sobre as obras. Na ocasião, aplicavam verniz protetor
- sobre as telas para protegê-las.

viagem / viajem – **Viagem** (substantivo) = jornada (*agência de viagens, viagem a São Paulo, boa viagem*). **Viajem** = 3ª pessoa do plural do presente do subjuntivo de viajar (que eu viaje, viajes, viaje, viajemos, viajeis, viajem). Todas as formas do verbo se escrevem com *j*: *Eu viajei para o Rio. Talvez as crianças viajem para Gramado nas férias.*

vicário – Veja *repetição*.

vice – Sempre se usa com hífen: *vice-presidente, vice-governador, vice-diretor.*

O vice, quando exerce a função do titular, deixa de ser vice e se torna *interino* ou *em exercício*: *O presidente recebeu ontem o governador interino (ou em exercício) de São Paulo* (não: *vice-governador em exercício* ou *vice-governador interino*).

- **Segundinho**
- Desde que nasceu, *vice* significa *em lugar de, que substitui a*. No
- Brasil, o segundinho é sinônimo de nada. Ser vice-campeão cons-
- titui grande feito. Mas tem sabor de derrota. Vice-presidente, en-
- tão, fica sentadinho. À espera. Quando o presidente se ausenta,
- oba! Ele assume o lugar. Aí, estufa o peito. Deixa de ser vice.

vídeo / video – **Vídeo** = substantivo (sala de vídeo, gravado em vídeo, vídeo do programa). **Video** = elemento de composição, pede hífen quando seguido de *h* e *o*: *video-homenagem, video-oferenda, videoconferência, videoexposição.*

viger – Significa ter vigor ou estar em vigor ou em execução; vigorar. Defectivo, só se conjuga nas formas em que aparece o *e* ou o *i* depois do *g*. Por isso não tem a primeira pessoa do singular presente do indicativo (vigo) nem o presente do subjuntivo (viga etc.). *Vigorar* ou *entrar em vigor* as substitui com galhardia. No mais, viger flexiona-se como viver: vives (viges), vive (vige), vivemos (vigemos), vivem (vigem); vivi (vigi), viveu (vigeu), vivemos (vigemos), viveram (vigeram); vivia (vigia); viveria (vigeria); viverei (vigerei). E por aí vai: *A lei vige. A medida provisória continua vigendo.*

vir – O verbo apresenta dificuldades na conjugação. Presente do indicativo: venho, vens, vem, vimos, vindes, vêm; perfeito do indicativo: vim, vieste, veio, viemos, viestes, vieram; futuro do subjuntivo: vier, vieres, vier, viermos, vierdes, vierem. Os verbos *intervir* e *sobrevir*, derivados de vir, conjugam-se da mesma forma. Mas atenção para a 3ª pessoa do singular do presente do indicativo. Por ser oxítona terminada em *e*, deve ser acentuada: *intervém, sobrevém.*

vírgula – Guarde isto. O emprego da vírgula independe de respiração ou de preferências. Trata-se de pausa ditada pela sintaxe. Três regras orientam o emprego do sinalzinho. Ele separa:

1. Termos coordenados.
2. Termos explicativos.
3. Termos deslocados.

Pré-regras
No emprego da vírgula, há dois pecados mortais:

1. Separar o sujeito do verbo. Cair na esparrela é como isolar a cabeça do corpo – mata a frase. Erro grosseiro, revela falta de domínio linguístico. Para evitá-lo, localize o sujeito. Dobre a atenção se ele estiver depois do verbo: *Os ex-presidentes Fernando Henrique Cardoso e Luiz Inácio Lula da Silva* (sujeito) *encontraram-se antes da entrevista coletiva* (predicado).
Receberam entusiasmado aplauso (predicado) *os filmes que disputam o Oscar* (sujeito). *É a grande atração entre as estreias dos cinemas da cidade* (predicado) *o filme cubano que mistura humor e crítica política* (sujeito). *Hoje se iniciam* (predicado) *as aulas na escola pública* (sujeito).

2. Separar o verbo do complemento. É, pois, proibido pôr vírgula entre o verbo e o objeto (direto ou indireto): *A Comissão Disciplinar da Fifa apli-*

cou (verbo) *a pena de quatro jogos e mais 30 dias de suspensão* (objeto direto) *ao jogador Edmundo* (objeto indireto). *O presidente anunciou* (verbo) *que vai reunir os presidentes dos partidos políticos e líderes do Congresso* (objeto direto). *Grave problema* (objeto direto) *o governador* (sujeito) *vai enfrentar* (verbo) *no retorno das férias.*

As regras

Use a vírgula para isolar:

1. Termos coordenados. *Coordenado* significa *colocado com, um ao lado do outro.* É como os livros na estante. A gente os organiza um ao lado do outro – e eles mantêm a independência. Um não invade as páginas do outro. O mesmo ocorre com a língua. Termos (sem verbo) e orações (com verbo) podem coordenar-se. Basta ter mais de um:

Sujeito: *Paulo, Luís e Maria foram ao cinema.*

Objeto direto: *Comprei carne, queijo, frutas, legumes, cereais.*

Objeto indireto: *Gosto de cinema, teatro, leitura.*

Predicativo: *Márcia é bonita, elegante e estudiosa.*

Adjunto adnominal: *Visite uma cidade limpa, organizada e charmosa.*

Adjunto adverbial: *Ele vai ao clube hoje, amanhã e depois de amanhã.*

> • Não há sinais inocentes. Separar os termos da enumeração por vírgula ou pela conjunção *e* dá recados diferentes. A ausência do *e* significa que a relação não chegou ao fim. Há mais. A presença do monossílabo diz o contrário. É isso e nada mais. Compare: *No mercado, comprei frutas, carnes, bebidas, cereais. No mercado, comprei frutas, carnes, bebidas e cereais.*

MANHAS DA Língua

2. Orações coordenadas. As orações coordenadas podem ser separadas por vírgula ou por conjunção coordenativa. No primeiro caso, chamam-se assindéticas. No segundo, sindéticas: *Cheguei, vi, venci. Trabalhamos e estudamos. Nem trabalhamos nem estudamos. Cheguei, liguei a máquina, comecei a escrever. Paulo fez campanha durante quatro anos, mas perdeu a eleição. Não fale alto, pois estamos em uma biblioteca. Fez competente campanha publicitária, logo ganhou pontos na avaliação. Ora chove, ora faz sol.*

Atenção ao *e*

Ao separar orações, a conjunção e só é antecedida de vírgula se preencher duas condições: ligar orações com sujeitos diferentes e haver o risco de ambiguidade: *Os Estados Unidos atacaram o Iraque, e a Rússia reagiu.* (Sem a vírgula, a primeira leitura dá a impressão de que os Estados Unidos atacaram o Iraque e a Rússia. Não é o caso.)

> **MANHAS DA Língua** • As orações coordenativas recebem o nome da conjunção coordenada que a introduz. São cinco:
> Aditiva: e, nem.
> Adversativa: mas, porém, todavia, contudo, no entanto, entretanto.
> Alternativa: ou...ou, ora...ora, já...já.
> Explicativa: que, porque, pois.
> Conclusiva: logo, portanto, pois.

• Como distinguir o *pois* explicativo do conclusivo? É fácil como tirar chupeta de bebê. Basta entender-lhes a manha:
a) O explicativo vem depois de ordem ou pedido: *Feche a janela, pois venta forte. Por favor, não façam barulho, pois o bebê está dormindo.*
b) O conclusivo nunca introduz a oração. Aparece no meio: *Tirei nota baixa na prova, não consegui, pois, classificação. Não trabalha nos fins de semana; pode, pois, sair com os filhos.*

• O termo explicativo tem várias caras. Uma é velha conhecida. Chama-se aposto. Os professores ensinam que ele não faz falta. Verdade? Sim. A ausência da ilustre criatura não causa prejuízo ao entendimento da frase. Por isso, ela vem obrigatoriamente separada por vírgula ou travessões: *D. Pedro II, imperador do Brasil, morreu em Paris. Brasília – a capital desta alegre Pindorama – tem atraído a curiosidade de candidatos mundo afora. A CBF aplicou pena de 30 dias de suspensão ao jogador Edmundo, do Palmeiras. Barack Obama, presidente dos Estados Unidos, venceu duas eleições. Luiz Inácio Lula da Silva, ex-presidente da República, mora em São Bernardo do Campo.*

• Compare as frases:
A capital do Brasil, Brasília, *localiza-se no Planalto Central.*
A ex-capital do Brasil Salvador tem um carnaval animadíssimo.
Por que um nome vem entre vírgulas e outro não? É chute? Não. O segredo reside no que vem antes de Brasília e Salvador. No primeiro caso, é capital do Brasil. Quantas existem? Só uma. *Brasília* é termo

explicativo. Funciona como aposto. Daí as vírgulas.

Há mais de uma ex-capital – Salvador e Rio de Janeiro. Se não digo a qual me refiro, deixo o leitor numa enrascada. Pode ser uma ou outra. Aí só há um jeito: dar nome ao boi. Salvador é termo restritivo. Vem soltinho da silva.

- *Meu filho* Marcelo *estudou na UnB.*
  Ops! Marcelo é termo restritivo ou explicativo? Depende do antecedente. Eu tenho um filho ou mais de um filho? Se um, é termo explicativo. Separa-se por vírgula. Se mais de um, restritivo. Aparece sem lenço nem documento.
  Mais exemplos? Ei-los: *Minha mãe, Rosa, mora em São Paulo* (só tenho uma mãe). *Minha tia Maria chega amanhã do Rio* (tenho mais de uma tia). *Os netos de Carla Rogério e Daniel estudam nos Estados Unidos* (Carla tem mais de dois netos).

- Faça o serviço completo. O termo explicativo vem presinho. Ora entre vírgulas. Ora entre travessões. Ora entre vírgula e ponto. Ora entre travessão e ponto: Dom Casmurro, *de Machado de Assis, é obra-prima do Realismo brasileiro.* Dom Casmurro – *de Machado de Assis – é obra-prima do Realismo brasileiro. Comprei um Fit, carro da Honda. Comprei um Fit – carro da Honda.*

3. orações explicativas. A língua é um conjunto de possibilidades. Flexível, oferece vários jeitos de dizer a mesma coisa. Veja:
O aluno estudioso *tira boas notas.*
O aluno que estuda *tira boas notas.*

Ambas as frases dizem que há alunos e alunos. Não é qualquer um que tira boas notas. Só chega lá quem se debruça sobre os livros. Numa, o termo restritivo é adjetivo (estudioso). Noutra, oração adjetiva (que estuda). O tratamento se mantém. Nada de vírgula.
Com as explicativas ocorre o mesmo:
O homem, mortal, *tem alma imortal.*
O homem, que é mortal, *tem alma imortal.*

Viu? Não existem homens mortais e homens imortais. São todos mortais. O adjetivo e a oração adjetiva são explicativos. Vêm entre vírgulas.

4. termos deslocados. A ordem direta – sujeito, verbo, complementos – é a preferida da clareza. Ela evita erros comuns ao ritmo apressado do trabalho. Mas, volta e meia, a inversa tem a vez. A vírgula, então, entra em campo. Com um cuidado: mesmo deslocados, sujeito e objeto não se isolam: *Maria comprou uma bolsa na liquidação* (ordem direta). *Comprou Maria uma bolsa na liquidação* (ordem inversa). *Uma bolsa Maria comprou na liquidação* (ordem inversa).

Outros termos não gozam do privilégio. É o caso do adjunto adverbial e da oração adverbial. O lugar deles é na rabeira. Observe:
Ordem direta: *O presidente se encontrou com os ministros da área econômica na Granja do Torto.*
Ordem inversa: *Na Granja do Torto, o presidente se encontrou com os ministros da área econômica. O presidente se encontrou, na Granja do Torto, com os ministros da área econômica.*

 • É facultativo o emprego da vírgula se o adjunto adverbial tiver uma palavra: *Aqui, fala-se português.* (*Aqui se fala português.*) *Visitei o Museu da República ontem.* (*Ontem, visitei o Museu da República. Visitei, ontem, o Museu da República*).

5. Orações deslocadas. Na ordem direta, a oração principal vem na frente. A adverbial, atrás. Assim: *O presidente pode interferir na eleição para evitar confronto* (ordem direta). *Para evitar confronto, o presidente pode interferir na eleição. O presidente, para evitar confronto, pode interferir na eleição* (ordem inversa). *O presidente se encontrou com os ministros da área econômica porque queria discutir a política de juros* (ordem direta). *Porque queria discutir a política de juros, o presidente se encontrou com os ministros da área econômica. O presidente, porque queria discutir a política de juros, se encontrou com os ministros da área econômica* (ordem inversa).

vírgula em endereços – Ao escrever o endereço, use vírgula entre o nome do logradouro e o número da casa ou edifício: *Avenida Lins de Vasconcelos, 234; Avenida Paulista, 316, apartamento 13.*

- Nos endereços de Brasília, não use vírgula entre a indicação da quadra ou do setor e o número: *SQS 310, bloco C, ap.407; SCLN 208, bloco C, loja 5.*

- A indicação do CEP, da caixa postal e do número do telefone não é seguida de vírgula ou outro sinal de pontuação: *CEP 70710-500; Caixa Postal 134; Fone 316-2094.*

vírgula na referência a textos legais

vírgula na referência a textos legais – Se a referência obedecer à ordem crescente (do menor para o maior), não use vírgula. Caso contrário, sim: Inciso II do parágrafo 2º do artigo 5º da Constituição Federal. Constituição Federal, art. 5º, parágrafo 2º, inciso II. (Escolha a ordem de sua preferência. Mas misturar é proibido. Siga do começo ao fim a crescente ou a decrescente.)

- Ponha a data do texto também entre vírgulas: *O Decreto 15.613, de 29.4.94, autoriza... A Medida Provisória 45, de 6.6.93, regulamenta...*

vírgula (vocativo) – O vocativo não faz parte dos termos essenciais, integrantes ou acessórios. Por isso vem sempre – sempre mesmo – separado por vírgula: *Alô, Sílvio, tudo bem? Entre, Maria, que vai chover.* (Veja *vocativo*)

Curio sida des

1. Sinais
A maioria dos sinais de pontuação apareceu na Europa entre os séculos 14 e 17 para facilitar a leitura e a compreensão dos textos. Graças à impressão tipográfica, democratizou-se o acesso a livros. Vírgulas, pontos de interrogação e dois-pontos surgiram com a popularização do hábito de ler, antes restrito aos monges na Idade Média.

2. Direto ao ponto
O ponto era usado no antigo Egito em textos poéticos e no ensino de crianças na escrita hierática – espécie de letra de forma que simplificava os complexos hieróglifos. À medida que os jovens ficavam mais fluentes na leitura, os pontos sumiam.

3. Ponto de respeito
O ponto nem sempre marcou a conclusão de um período. Na Idade Média, aparecia antes do nome dos heróis ou de personagens importantes da narrativa por respeito ou apenas ênfase.

vítima fatal – Não use. *Fatal* é o que mata. O acidente mata. É fatal. A queda mata. É fatal. O tiro mata. É fatal. A pessoa não mata, morre.

vizo (vice) – Usa-se com hífen: vizo-rei. Plural: vizo-reis.

vocativo – A palavra *vocativo* vem do latim *vocare* (chamar). Pertence à família de vocação (chamamento da alma). Seguir a vocação é atender a voz interior. Sempre que você se dirigir a alguém, não duvide. Estará usando o vocativo. *Paulo, tome banho*, manda a mãe. *Paulo* é o vocativo. *Alô, Carlos, tudo bem?*, diz Maria ao telefone. *Carlos* é o vocativo. *Senhor Diretor*, começa o ofício com o vocativo.

 Há um truque pra identificar o vocativo – antecedê-lo de ó. Se soar bem, sem forçar a barra, não duvide. Separe o termo por vírgula: *Bem-vinda, ó Maria. (ó) Maria, bem-vinda. Ó Paulo, tome banho logo. Alô, ó Carlos, tudo bem? O que houve com você, ó criatura insensata. Acorda, ó Brasil. Até tu, ó Brutus.* (Veja ó, oh!)

Ó de casa

A literatura usa e abusa do vocativo. "Deus, ó Deus, onde estás que não me escutas?", pergunta Castro Alves em *Vozes d'África*. "Tu choraste em presença da morte/ Em presença de estranhos choraste? / Não descende o covarde do forte. / Tu, covarde, meu filho não és", escreve Gonçalves Dias em *I'Juca Pirama*. "Entra, minha filha, senão vais virar prostituta", ameaça a experiente senhora. "Deus te ouça, minha mãe, Deus te ouça", responde a moça assanhada do poema de Ascenso Ferreira.

você / Vossa Excelência / Vossa Majestade / Vossa Paternidade / Vossa Senhoria – Você (originalmente Vossa Mercê), como Vossa Excelência, Vossa Majestade, Vossa Paternidade, Vossa Senhoria, é pronome de tratamento. Leva o verbo para a 3ª pessoa, mas pertence à 2ª pessoa. Por quê? Porque são seres com quem falamos: *Você saiu. Vossa Excelência fez belo discurso de despedida. Vossas Senhorias têm algo a declarar?*

- **Vossa Excelência é um idiota**
- O jornalista Dário Macedo, grande gozador, tinha o sonho de se
- eleger deputado. E explicava as razões: "É tão bom a gente ser
- deputado. Chegar à tribuna da Câmara e gritar: 'Vossa Excelência
- é um idiota!' E o sujeito replicar: 'Idiota é a mãe de Vossa Excelên-
- cia!' É sensacional, não é? Pelo menos a mãe da gente aparece de vez em
- quando e fica registrada nos anais do Congresso".

vultoso / vultuoso – **Vultoso** = alto, elevado. **Vultuoso** = atacado de vultuosidade (congestão facial).

CONSOANTE VOGAL

Muito cedo, mal chegava
pra alisar banco de escola,
e o menino já aprendia:
"As letras são divididas
em vogais e consoantes".
E tudo andava tranquilo:
cobra era bicho da terra,
passarim, bicho avoante.

Mas o mundo tá virado!
Consoante agora voga
e tem vogal... consoante!
Certa letra do alfabeto
corta é dos dois lados
que nem a gilete antiga.
É vogal ou consoante
dependendo da cantiga.

O w, ele é consoante
se vier do alemão
como na palavra Wagner.
Mas se a origem for inglesa
passa a ter som de vogal
e já toca noutro tom
como na palavra web,
ou mesmo em Washington.

Deu pra entender a razão
de todo esse meu espanto?
(ou devo dizer espante
só pra criar confusão?)
Porque, vamos combinar:
chega a ser hilariante
o w, que é vogal,
também sendo consoante!

1. _U_ ou _v_?
O _w_ soa _u_ nos vocábulos vindos do inglês. É o caso de web, watt e Washington. Pronuncia-se _v_ nos oriundos do alemão. Wagner e Weber servem de exemplo.

2. Em bom português
O _w_ é substituído por _u_ ou _v_ em palavras aportuguesadas. Sandwich virou sanduíche. Sweater, suéter. Walter, Válter.

W – Letra do alfabeto. Plural: dáblios, ww.

O penetra
O _w_ era penetra no alfabeto português. Envergonhado, aparecia em abreviaturas e símbolos de termos científicos. É o caso de _watt_ e _west_ (W). Mostrava-se também em endereços de Brasília. As avenidas W (W1, W2, W3) situam-se no setor oeste, _west_ em inglês. Nomes não aportuguesados o exibiam – show, software, web, Wagner, Walter, Newton. Mas não há bem que sempre dure nem mal que nunca se acabe. Em 1º de janeiro de 2009, a história mudou o enredo. A reforma ortográfica o naturalizou. Gloriosa, a letrinha entrou no dicionário pela porta da frente. E continua a desempenhar o papel que sempre desempenhou – sem tirar nem pôr.

water polo – Prefira o nome aportuguesado *polo aquático*.

watt – Nome da unidade de potência. Plural: watts.

- **O escocês watt**
- *Watt* se chama assim em homenagem ao escocês James Watt,
- inventor da máquina a vapor, que possibilitou a revolução indus-
- trial. O nome watt foi adotado para designar a unidade de potên-
- cia, durante o segundo congresso da Associação Britânica para o
- Avanço da Ciência, em 1889.

Curiosidades

wi-fi – Abreviatura para *wireless fidelity*, denominação para conexão à internet sem fio via rádio, que transmite dados em alta velocidade.

- **Escritórios virtuais**
- Faz algum tempo que o conceito de escritório mudou. Antiga-
- mente era o local fixo onde uma ou mais pessoas trabalhavam.
- Hoje é qualquer lugar onde haja conexão wi-fi disponível, gratuita
- ou paga. Os cafés, cada vez mais, vêm se transformando em
- locais de trabalho – "escritórios" – para várias pessoas. Elas chegam lá
- munidas de laptops, solicitam a senha e começam o batente. E também
- a namorar, a ver filmes, a acessar mensagens do Facebook. De vez em
- quando, até tomam um café.

Curiosidades

windsurf – Prancha a vela.

world wide web (www) – Traduzido como *rede mundial de computadores*, o que ajuda a evitar a repetição da palavra internet.

- **1. World wide web**
- Quem primeiro usou a expressão *world wide web* foi o cientista bri-
- tânico Tim Burners-Lee, em 1989, depois que a internet começou
- a se desenvolver. Só pra deixar claro: internet é estrutura que une
- milhões de computadores espalhados pelo mundo. *World wide web*, apenas
- um serviço.
- **2. As aranhas e a internet**
- As aranhas não sabem, mas ajudaram a desenvolver o conceito de *world*
- *wide web*. Em inglês, *web* significa *teia*. A ideia de Tim Burnes-Lee é a de que

Curiosidades

as informações circulassem livremente pela teia formada pelo conjunto mundial de computadores. Pois é: as aranhas lá, sossegadas, tecendo cuidadosamente as teias. E nós, usuários da web, alucinados por aqui, reclamando aos gritos da lentidão dos provedores.

3. Mundo conectado

Foi o *world wide web* que deu realce à internet. Em menos de cinco anos, a rede mundial de computadores alcançou um público de 50 milhões de pessoas. Só pra comparar: o rádio demorou 38 anos para chegar a esse público; a TV de sinal aberto, 13; e a TV por cabo, 10.

4. Necessidade humana

De acordo com a ONU, a *world wide web* deu ao mundo a possibilidade de as pessoas expressarem ideias e promoverem mudanças na sociedade. Por isso, o acesso à internet foi declarado "direito humano básico". Será exagero? Pois existem estudos mais ousados: até 2025, a ONU deverá considerar o acesso à internet não apenas direito, mas necessidade humana básica.

X DO PROBLEMA

O X não é letra, é ônibus de pronúncias. Na matemática, representa a incógnita, o valor desconhecido. No árabe, palavra desconhecida é escrita como *xay*. Com o tempo, nas traduções informais e econômicas, simplificou-se em X, incorporado à linguagem das equações. Pronto! Eis aí a origem do... X do problema. Noel Rosa utilizou-se desse uso do X em samba antológico, justamente chamado "X do problema". A atriz e comediante Ema D'Ávila não tinha uma canção nova para a revista musical que ia estrear. Noel apareceu com o samba, mas se desmanchando em desculpas: "Foi feito às pressas, não é lá essas coisas". Ema aproveitou para a revista. E Aracy de Almeida gravou "X do problema" em 1936. O sambinha em que Noel não botou fé converteu-se num dos seus maiores sucessos: "Já fui convidada para ser estrela do nosso cinema / Ser estrela é bem fácil / Sair do Estácio é que é / o X do problema". O X é de uso restrito a palavras de origem estrangeira. Ou de origem tupi. Hoje, incorporado à língua, nossa letra-ônibus é insubstituível. Discorda? Então, responda aí: dá pra escrever *changô* assim? E *chachado*? E *chenofobia*? E *chereca*? Caraca, *chereca*... Hi, hi, hi! E *cherife*, hein? E *cherocar*? E *chechelento*? Quá, quá, quá! E *chícara*? Eu não bebo café numa *chícara* dessas nem a pau! E *chilogravura*? E *chingar*? E *chichi*? Ora veja você: *chichi*... Quááá! E *chodó*? (Se você escrever *chodó* assim, o Dominguinhos puxa sua perna de noite). E *chote*? E *chocho*? E *chochota*? Ah, não, aí é demais...

Xô!

(Alô, revisão: Xô com xis, viu? Com xis! Senão eu vou chiar – chiar com ch! Não vão me escrever xiar com X senão eu vou ter um chilique. Com ch!)

x – Letra do alfabeto. Plural: xis, xx.

O que vier ele traça
O *x* é a letra com o maior número de pronúncias em português. Em certas palavras, pronuncia-se *ch* (enxoval). Em outras, *z* (exame). Em outras, ainda, *s* (excelência). Chega? Não. Há os casos em que a gloriosa soa *ks* (táxi). Ufa!

- Use *x* depois de ditongo (*caixa, baixa, ameixa, baixela, faixa, frouxo, peixe, trouxa, rouxinol*). Exceção? Só uma: *caucho* (árvore que dá certo tipo de látex do qual se produz borracha). Daí *recauchutar* e *recauchutagem*.
- O *x* pede passagem depois de *en* (*enxada, enxoval, enxofre, enxaguar, enxergar, enxame, enxaqueca, enxurrada*). Exceção: derivadas de palavras escritas com ch: *cheio* (*encher, enchimento, enchente*), *charco* (*encharcar, encharcado*), *chumaço* (*enchumaçar, enchumaçado*), *chocalho* (*enchocalhar*).
- Dê a vez ao *x* depois da sílaba inicial me (*mexer, mexida, mexerico, mexerica, mexilhão, México*). Exceção: *mecha* & familiares (*mechar, mechado*).
- Depois de *br*, o *x* toma assento: *bruxa, bruxaria, bruxear, bruxulear, bruxuleante, bruxuleio, Bruxelas*.
- Palavras de origem africana e indígena abrem alas para o *x*: *xavante, abacaxi, orixá, xangô, caxambu*.

xá – Veja *chá / xá*.

- **1.** O chá dos xás
- Olha que coisa mais doida: o chá (com *ch*) iraniano (a ter-
- ra dos xás, com *x*) é hábito antigo. Bebe-se ao acordar, nos
- intervalos das refeições, nas próprias refeições e antes de
- dormir. Usa-se muito a lima... da Pérsia!, para fazer chá na terra dos xás.
- **2.** Brincadeirinha
- Na terra do xá, ninguém dispensa um chá. Mas não confunda: uma coisa é xá
- da Pérsia; outra, chá da Pérsia. (A Pérsia de ontem é o Irã de hoje.)

xampu – Grafia portuguesa da inglesinha *shampoo*.

xelim – Escreve-se assim.

xeque / cheque – Veja *cheque / xeque*.

Pôr em xeque – pôr em dúvida o valor, o mérito, a importância: *As investigações põem em xeque o depoimento do ministro.*

- Xeque, cheque e xeque-xeque
- *Cheque* vem do inglês *to check* (conferir, verificar). *Xe-*
- *que-mate* é a derrota do jogador de xadrez. Ou seja,
- se você não é um xeque árabe, e antes que alguém
- coloque você em xeque e você vá parar no xadrez,
- cheque a conta para saber se pode emitir um cheque. Se você não deu
- bola para o aviso e terminou mesmo no xadrez, consiga um xeque-xeque,
- o chocalho usado pelos percussionistas dos bois-bumbás de Parintins. É
- ótimo pra passar o tempo.

xerox / xérox – Existem as duas grafias e duas pronúncias. **Xerox** = oxítona, a sílaba tônica é *rox*. **Xérox** = paroxítona, a sílaba fortona é a acentuada.

Em português, há um pacto entre as palavras. As terminadas em *x* são oxítonas. É o caso de *inox*, *pirex*, *xerox*. Mas há as rebeldes, que desrespeitam o trato. O acento avisa que as vira-casacas mudaram de time: *Félix, ônix, tórax, fênix, xérox.*

xícara – Eis a forma.

xifópago – Grafa-se desse jeito. São pessoas que nascem ligadas por uma membrana na altura do peito ou do abdome, e têm órgãos em comum.

União

Xifópago vem do grego *xifos* (apêndice em forma de espada) e *pago* (unido). A expressão sinônima *irmãos siameses* é alusão aos gêmeos Chan e Eng, nascidos em 1811 no Sião, hoje Tailândia. Quem vem ao mundo no Sião é *siamês*. Chan e Eng viveram 63 anos, sempre unidos um ao outro, pois naquele tempo nem se pensava em cirurgia de separação.

xiita – Escreve-se assim, sem acento.

xixi – De formação onomatopeica, quer dizer urina.

xuá – Variante de *chuá*: onomatopeia que reproduz o som da cascata ou de grande volume de água em queda.

Xuá

No basquete, *xuá* é como se chama o ponto conquistado com a bola passando direto pela rede, sem tocar no aro. É excepcional. A palavrinha também é usada para designar algo extraordinário. "O faturamento da NBA também foi um xuá: superou a casa dos 3 bilhões de dólares. Para o sucesso, foi fundamental a volta de Michael Jordan às quadras" (revista *Veja*).

xucro – Animal de sela não domesticado: *cavalo xucro*.

ÍPSILON, IPISSILONE
OU PISSILONE

O Y é uma letrinha bem simpática. Não parece uma forquilha? Há quem veja no Y uma árvore seca. Um menino olha para um Y e pensa logo num estilingue. Um engenheiro eletricista não tem dúvida: é o poste de uma linha de transmissão de energia. Mas alguém em dívida com as autoridades constituídas vai achar que o Y é um sujeito se entregando de mãos para o alto.

Lá no Nordeste, muito menino aprendeu as vogais antes mesmo de saber ler e escrever graças a *Sebastiana*, baião de Rosil Cavalcanti lançado em 1953 por Jackson do Pandeiro. A letra diz assim: "Convidei a comadre Sebastiana / pra dançar e xaxar lá na Paraíba / Ela veio com uma dança diferente / E pulava que nem uma guariba/ E gritava: á, é, i, ó, u, ipissilone".

A pronúncia do Y varia. Existe uma forma, digamos, castiça: ípsilon. Mas há quem diga ipsilone, como no baião de Jackson e Rosil. Existem os adeptos do pissilone. E, em Portugal, ipsilão.

Agora, vamos convir: o Y é um fofo. Charmosíssimo, representa a geração dos jovens conectados, antenados e conscientes. Defendo o Y com unhas e dentes. Afinal, é o cromossomo masculino. E, na concepção, os machos têm vantagens em relação às fêmeas (sem machismo, hein, na boa, é científico!).

É que, segundo os cientistas da Universidade Lehigh, nos Estados Unidos, existem nove espermatozoides carregando o cromossomo Y, que determina o sexo masculino, e 10 carregando o X, que determina o feminino. Mesmo assim, sempre nascem mais meninos que meninas. Ninguém explica a razão do sucesso do Y. Então, vamos combinar: o cara tá podendo, né não?

1. A forquilha
Por equívoco, afirmou-se que o *Formulário ortográfico* de 1943 teria substituído o *y* pelo *i* em todos os casos. Mas o texto o manteve só para situações especiais, como, aliás, ocorreu com o *k* e o *w*. Se o tivesse abolido, teria cometido baita bobeada porque a forquilha continuou inabalável nas palavras estrangeiras.

2. Bem-vindo!
A reforma ortográfica que entrou em vigor em 1º de janeiro de 2009 reintroduziu o *y* no alfabeto português. Que seja bem-vindo!

3. Tupi charmoso
Palavras que vieram do tupi como *yara* e *guarany* eram originalmente grafadas dessa forma. Hoje se escrevem *iara* e *guarani*.

4. O y do ítrio
Há casos em que o *y* é imprescindível. Quer ver? Internacionalmente, o símbolo químico do ítrio é o *y*. Não dá pra trocar pelo *i*, que é o símbolo do iodo.

y – Letra do alfabeto. Plural: ípsilons, yy.

Com jeito, vai
Na gramática, o *y* é vogal média, oral e fechada. Muitos acham que equivale ao *i*. Na verdade, o *y* tem um som inexistente em português. Forçando a barra, a gente pode explicar assim: ponha a língua em posição de *u*, mas os lábios espichados como se fossem dizer *i*. É fogo, mas com jeito vai. Ufa!

yang, yin, yin-yang – Princípios do pensamento oriental. *Yin-yang*, as duas forças complementares que abrangem os aspectos da vida, só pode ser escrita com *y*.

- **O tigre e o dragão**
- "Eu yang, ela yin / Eu sou tudo pra ela / Ela é tudo pra mim / Ela
- mar, eu sol / eu céu, ela chão / Ela paz, eu guerra, ela tigre, eu
- dragão / Eu luz, ela breu / ela fé, eu razão / Ela Eurides, eu Orfeu /
- ela o silêncio, eu a canção." ("Ying & Yang", Slim Rimografia)

yuppie – Plural: *yuppies*.

- **1. *Os* yuppies**
- *Yuppie* vem da sigla YUP, expressão inglesa que significa *young ur-*
- *ban professional* (jovem profissional urbano). Começou a ser usada
- na década de 1980. Designa os jovens de diversas classes sociais
- que, ao contrário dos hippies, lutam para crescer profissionalmente,
- não usam drogas, cuidam do corpo e seguem as últimas tendências
- da moda. (Ocasionalmente, a palavra é usada pejorativamente.)

- **2. Moda yuppie**
- A expressão *moda yuppie* designa certo abuso no vestir. Os *yuppies* gostam
- de aparecer arrumados e certinhos, de ostentar roupas e acessórios sofis-
- ticados e de exibir status por meio das marcas de grife. Querem mostrar à
- sociedade, com símbolos de consumo, as conquistas no plano profissional.

ZEUGMA

Ao escrever, há que se entregar ao texto como se estivesse se entregando ao objeto do desejo. É preciso – delirar. "O verbo tem que pegar delírio", ensina Manoel de Barros. Hemingway recomenda que se deve escrever "bêbado" (delirante) para reescrever (podar, cortar) sóbrio. Como num jardim: as plantas precisam primeiro crescer livres para serem podadas nos excessos. Já viu jardineiro podando planta que mal começou a desabrochar? Pois é.

Ao escrever, deliramos como numa conversa animada: vamos falando num jorro de palavras que levam junto muito lixo, feito enxurrada. Somos repetitivos, ofegantes, caudalosos. Agora, imagine alguém retirar o lixo enquanto a enxurrada corre? Deixa a chuva passar pra depois recolher, né?

Ah, sim, o zeugma. Entreti-me e quase o esqueci. É o seguinte: **A** elipse **é a** omissão de termo **que pode**

ser facilmente identificado. Na frase acima há excessos. Dá pra escrever: "Elipse: omissão de termo facilmente identificado". Pois o zeugma é um tipo específico de elipse. Ocorre quando se omite um termo mencionado: "No céu **há** estrelas; na terra **há** você". "No céu, **há** estrelas; na terra, você".

Reparou como as flores realçam mais depois de retiradas as folhas velhas e os galhos secos? Com o texto é a mesma coisa: as palavras ganham muito valor depois de podadas. O zeugma é a tesoura de poda dos jardineiros da escrita.

z – Letra do alfabeto. Plural: zês, zz.

Curiosidades

Zzzzzz...
Tudo bem. O plural de z é zês ou zz. Mas, se você puser mais um z, não significa que esteja reforçando o plural. O trio é uma onomatopeia que mora um pouquinho depois do bocejo: zzz. Significa sono. É muito usada nas histórias em quadrinhos.

MANHAS DA Língua
Embriaguez se escreve com z. Português, com s. No caso, z e s soam do mesmo jeitinho. Por que a grafia diferente? A resposta está na origem. Se a palavra primitiva for adjetivo, o z pede passagem: *macio (maciez), líquido (liquidez), sólido (solidez), frígido (frigidez), embriagado (embriaguez)*. Se substantivo, é a hora e a vez do s: *Portugal (português), corte (cortês), economia (economês), campo (camponês)*.

zangão – É o macho da abelha. Tal como *bênção* e *benção*, admite duas formas. Uma: *zangão*, que tem dois plurais – zangãos e zangões. A outra: *zângão*, cujo plural é zângãos.

zangar-se – O verbo é pronominal: *Paulo se zanga* (não: *Paulo zanga*).

zero – É singular. Por isso a palavra que o segue fica invariável: *zero hora, zero quilômetro, zero grau*.

1. As cunhas do zero

Várias culturas contribuíram para a criação do zero. Entre elas, os babilônios e os maias. As primeiras representações eram um par de cunhas angulares formando uma coluna de número vazio. Mais ou menos assim: ( ). Os maias deixavam simplesmente um espaço em branco. Os indianos recorriam a palavras como *vazio*, *céu* ou *espaço*. Em 628, o astrônomo hindu Brahmagupta representou o zero como um ponto abaixo dos números.

2. O círculo do zero

O matemático persa Al-Khowarizmi foi quem sugeriu o uso de um pequeno círculo quando nos cálculos nenhum número aparecesse na casa das dezenas. Os árabes o nomearam de *sirf* ou *vazio*. Sem ele, a álgebra não teria sido desenvolvida.

zero ano – Não existe. Ano se conta a partir de 365 dias: *Criança de até 5 anos* (não: *criança de 0 a 5 anos).*

Zona – Na referência a região, escreve-se com a inicial maiúscula: *Zona Norte, Zona Sul, Zona Leste, Zona Oeste, as Zonas Norte e Sul.* No mais, exceto nome próprio, grafa-se com a inicial pequenina: *zona de meretrício, a zona em que fica aquela loja.*

A maior zona

Apesar de *zona* vir do grego *zone* (local, região), há quem sustente que a dissílaba tem origem no hebraico *zoná* (prostituta). Daí a analogia com *bagunça*, *cabaré*, *bordel*. "Vá já arrumar seu quarto. Está a maior zona!" A verdade sobre a real etimologia da palavra perdeu-se nos tempos. Mas a referência ao hebraico até que faz sentido.

zoo – Zoológico.

O zodíaco

Você já deu uma olhadinha no céu à noite? Então viu o zodíaco. Trata-se de faixa do céu em que o Sol parece mudar de lugar. Ali há 12 constelações. Sete têm nome de animais – Áries, Touro, Câncer, Leão, Escorpião, Capricórnio e Peixes. A história dessa bicharada tem tudo a ver com personagens da mitologia grega. Hércules é um deles.

zumbir / zunir – *Zumbir* se usa para insetos (a mosca zumbe) e *zunir* para o vento (*o vento zune*).

zum-zum – Plural: zum-zuns.

Curio sida des

Abelha rainha

"É meio-dia, é meia-noite, faz zum-zum na testa / Na janela, na fresta da telha / Pela escada, pela porta, pela estrada toda a fora / Anima de vida o seio da floresta / O amor empresta a praia deserta / zumbe na orelha, concha do mar / Ó abelha, boca de mel, carmim, carnuda, vermelha / Ó abelha rainha faz de mim / um instrumento de teu prazer / Sim, e de tua glória." (Wally Salomão em "Abelha Rainha", com Caetano Veloso)

OS AUTORES

Dad Squarisi

Gosto de ler e escrever. Entre um e outro, fico com escrever. Não por acaso cursei Letras e me pós-graduei em Teoria da Literatura. As atividades que exerço têm tudo a ver com a escrita. Jornalista, escrevo editoriais e reportagens no *Correio Braziliense*. Blogueira, escrevo posts que alimentam o Blog da Dad todos os dias. Articulista, escrevo colunas de português para jornais, revistas e televisão. Escritora, escrevo livros para adultos e crianças. Entre eles, *A arte de escrever bem, Escrever melhor, Redação para concursos e vestibulares, Como escrever na internet.* A prática, porém, não me livra de dúvidas. Um dia, sem dicionário e gramática por perto, pintou a ideia. Que tal escrever um manual de consulta rápida e agradável? Escrevi. É este.

Paulo José Cunha

O piauiense-candango Paulo José Cunha é poeta, jornalista, professor e documentarista. Vive em Brasília desde os anos 70. É autor de *Salto sem Trapézio* e do memorial poético *Perfume de Resedá*, além de *Vermelho – Um Pessoal Garantido* e *Caprichoso – A Terra do Azul,* sobre os bois-bumbás de Parintins, e de cinco edições da *Grande Enciclopédia Internacional de Piauiês*. Seu primeiro livro foi publicado em 1978: *A Noite das Reformas*, sobre a extinção do AI-5. Trabalhou na TV Globo, em *O Globo*, na Rádio Nacional e no *Jornal do Brasil*. É âncora e diretor de programas na TV Câmara, onde dirige e apresenta o Casa das Palavras, sobre livros, escritores e política editorial. Leciona na Faculdade de Comunicação da Universidade de Brasília. Entre 2005 e 2006 desenvolveu na TV Globo de Brasília um projeto de crônicas poéticas, com grande sucesso de público.

GRÁFICA PAYM
Tel. [11] 4392-3344
paym@graficapaym.com.br